中国社会科学院创新工程学术出版资助项目

钢铁产业循环经济发展与技术创新

GANGTIE CHANYE XUNHUAN JINGJIFAZHAN YU JISHU CHUANGXIN

彭绪庶 著

经济管理出版社
ECONOMY & MANAGEMENT PUBLISHING HOUSE

图书在版编目（CIP）数据

钢铁产业循环经济发展与技术创新/彭绪庶著. —北京：经济管理出版社，2015.12
ISBN 978-7-5096-4096-8

Ⅰ.①钢…　Ⅱ.①彭…　Ⅲ.①钢铁工业—自然资源—资源利用—研究—中国　Ⅳ.①F426.31

中国版本图书馆 CIP 数据核字（2015）第 285277 号

组稿编辑：张永美
责任编辑：胡　茜　王格格
责任印制：司东翔
责任校对：王　淼

出版发行：经济管理出版社
（北京市海淀区北蜂窝 8 号中雅大厦 A 座 11 层　100038）
网　址：www. E-mp. com. cn
电　话：(010) 51915602
印　刷：北京九州迅驰传媒文化有限公司
经　销：新华书店
开　本：720mm×1000mm/16
印　张：16.5
字　数：241 千字
版　次：2015 年 12 月第 1 版　2015 年 12 月第 1 次印刷
书　号：ISBN 978-7-5096-4096-8
定　价：58.00 元

序 言

钢铁产业是为经济社会发展和人民生活提供最基本的结构材料和部分功能材料的重要产业，也是工业化的三大支柱产业之一。根据钢铁产业界通常的划分，钢铁生产包括长流程生产工艺和短流程生产工艺两种。短流程生产工艺主要以废钢为原料，由于不涉及铁矿石冶炼，物耗、能耗、水耗和污染排放水平都相对较低。但由于废钢原料有限，因此短流程钢铁占比较低。全球范围内短流程炼钢占比不足30%，我国短流程炼钢占比仅为10%左右。采用长流程生产工艺的钢铁生产包括炼焦、炼铁、炼钢和轧钢四大组成部分，从最基本的铁矿石选冶开始，除铁矿石外，钢铁生产所涉及的资源主要包括铁矿石和煤炭，此外还需要多种其他金属矿和非金属矿作为添加剂和辅助材料，并需要大量水资源和能源。在传统的全流程钢铁生产过程中，资源和能源消耗强度很大，同时会产生大量烟尘粉尘、二氧化硫、氮氧化物、低热值煤气、污水、冶金渣等多种固液气废弃物。因此，传统的钢铁产业也常常被称为高资源消耗、高能源消耗、高污染排放的“三高”产业。工业化发展和人民生活离不开钢铁材料的支撑，钢铁生产又大量消耗资源能源并排放污染物，因此，钢铁产业便成为工业化过程中经济增长与资源安全和环境保护之间的矛盾焦点之一。

改革开放以后，我国逐步进入工业化和城市化快速发展时期，对钢材的需求量持续高速增长。我国的粗钢产量已经从1978年的3000多万吨增加到2014年的8.2亿吨左右，增长了近30倍，消耗的能源约占全国能源消耗总量的15%左右，是典型的能源消耗大户。即使是利用较为先进的技术，在传统的非循环经济模式下，生产1吨钢也会消耗20多吨各种资源（含矿山开采物耗），产生2200~2500立方米废气，1.1千克烟尘粉尘，1.6千克二氧化硫，0.5千克氮氧化物，10多吨污水，480千克左右冶金渣等多种固液气废弃物。2010年前后，京津冀地区钢铁产能达3亿多吨，其中河北省约占90%，仅唐山市高峰时钢铁产能就达到1.5亿吨以上，几乎接近美国和日本目前粗钢产量的总和。密集布局的钢铁企业对京津冀大气环境产生了严重影响，消耗了本已短缺的大量水资源，是雾霾加剧的重要原因之一。如何改变钢铁产业高资源消耗、高能耗、高污染问题，是新型工业化建设和生态文明建设的重要课题。

近30年来，国内外钢铁业界一直在加大力度研究与开发钢铁冶炼清洁生产和资源循环利用技术。特别是20世纪90年代以来，循环经济作为一种经济发展模式逐步从理论萌芽走向大规模实践，为钢铁产业解决“三高”问题带来了希望。

彭绪庶博士是我的硕士和博士学位研究生。2003年以来他一直与我合作，共同研究循环经济的理论与实践问题。我们到过作为国家循环经济试点企业的宝钢、济钢、唐钢、日照钢铁等国内多家钢铁企业进行深入调查研究，为河北津西钢铁园区等一些钢铁企业和钢铁产业园区进行过循环经济实施方案规划，在钢铁产业循环经济发展方面积累了许多实践经验。2005年，彭绪庶在中国社会科学院研究生院取得博士学位。2008年他又进入中国科学院研究生院博士后流动站工作，专门以“钢铁产业循环经济与技术创新”为研究课题进行了三年专题研究。《钢铁产业循环经济发展与技术创新》一书即是他在多年对钢铁产业循环经济实践研究的基础上，通过理论梳理和总结而形成的较为系统的研究成果。

正如本书分析所指出的那样，钢铁产业作为典型的化学冶金流程型产业，天然具有发展循环经济的优势。但是，在没有循环经济理论指导的时期，我国的钢铁产业从企业布局到企业工艺流程设计和技术路线选择，都没有考虑资源循环利用。例如，20世纪中后期，我国在山西、北京、天津等地分别布局了一个钢铁产业长流程生产体系。山西利用煤炭资源和铁矿资源优势炼铁，将1100多摄氏度的高温铁水铸成铁锭运到北京的首钢，在那里用冲天炉重新熔化成铁水炼钢，然后再将超过1400摄氏度的钢水铸成钢锭，运往天津的轧钢厂，经过再次加热到1100摄氏度左右后轧制成钢材，运往上海、沈阳等地进行深加工，制成各种机械和钢铁产品。跨越几个省市的企业布局，使钢铁经过两次铸锭、两次高温加工，浪费了大量能源。企业之间的物质资源无法循环利用，余热余压浪费，水资源浪费，烟尘粉尘排放污染环境，焦炉煤气"点天灯"，高炉煤气、转炉煤气直接向大气排放，高炉渣和转炉渣需要长距离运输到填埋场填埋。在这样的生产模式下，吨钢综合能耗超过2.3吨标准煤，吨钢耗新水超过30吨，生产每吨钢材要填埋近500千克固体废弃物，排放超过2500立方米的废气。

2000年前后，我国引入了循环经济理念，并将其作为从源头预防环境污染的手段进行研究和试验。2005年以后，我国开始将钢铁产业作为发展循环经济的七大重点产业之一进行试点，开启了钢铁产业循环经济发展新篇章。经过10年的发展，我国钢铁产业已经成为循环经济发展较为充分的产业。不仅新建钢铁企业都是按照循环经济原理进行工艺设计和技术路线选择，而且多数以焦（炭）、（炼）铁、（炼）钢联产的钢铁循环经济产业园区模式进行布局建设，绝大多数老钢铁企业也都按照循环经济原理进行了循环化改造，几乎全部钢铁企业都实现了水资源分级循环利用，余热余压回收利用，高炉煤气、转炉煤气、焦炉煤气全部回收利用，高炉渣、转炉渣、废弃耐火材料等固体废弃物全部回收利用，部分钢铁企业还实现了烟尘粉尘回收提取金属元素后的综合利用。钢铁联合企业从单纯生产钢铁转变为钢铁、建材、发电，甚至是精细化工等产业的循环经济联合体。重点企业钢铁综合能耗也从过去超过2吨标准煤降低到0.6吨标准煤左右。一些企业与城市组成了产城一体化循环经济体系，钢铁企业向城市供热，协助城市处理有毒有害废弃物，利用城市污水处理后用于钢铁生产，实现了钢铁生产不耗新水，固体废弃物基本做到了零排放。随着脱硫脱硝技术的强制推广，未来钢铁企业将会成为无味无烟产业。

钢铁产业循环经济的发展，使得企业经济效益的50%以上来自废弃物的综合循环利用。钢铁生产成本在资源能源成本和工资成本不断翻倍的情况下因循环经济发展反而不断降低。未来熔融炼钢循环经济体系的发展，有可能使钢铁企业变为一个集煤化工产业与钢铁产业为一体的循环经济联合体，甚至使粗钢成为煤气化工产业的副产品。总之，钢铁产业循环经济模式的发展与演变，展示了循环经济技术范式的新前景。

彭绪庶博士把钢铁产业循环经济与技术创新结合起来写成此书，从钢铁产业资源循环利用的角度，展示了技术创新的重要性。实际上，循环经济模式本身就是可持续发展理念下技术创新的结果。技术创新一方面沿着人类思想和知识的发展方向纵深发展，不断创造高新技术和新产品；另一方面沿着传统的资源可持续利用与生态环境保护方向，构建出新的循环经济技术体系。技术创新是循环经济既循环又经济的基本保障。

中国经济发展已经进入工业化和城市化的后期阶段，用当前流行的话说就是进入了经济发展的“新常态”。经济发展模式需要进行整体转型，生态文明建设将成为经济社会发展的新内涵，循环经济将成为新时期新经济模式的标志。实际上，作为人类高级文明形态的生态文明，其核心就是通过技术创新和制度创新实现经济社会的循环化转型和进行生态建设。希望彭绪庶博士的这本书能够对读者深入理解循环经济和技术创新的真谛有所帮助。

中国社会科学院数量经济与技术经济研究所研究员

中国循环经济与环境预测评估中心主任

齐建国

2015年9月3日于北京

目 录

第一章 绪 论

第一节 中国不能承受之“重”

改革开放以来，我国 GDP 年均增长超过 9%，创造了世界经济史的奇迹，并迅速成长为世界第二大经济体。不同的是，先行发达国家的工业化道路历时上百年，资源能源约束相对较小，而我国要在较短时间完成工业化，提高城镇化水平，是一种典型的压缩型工业化模式，加之人口规模大，导致资源能源消耗、污染排放相对集中。由于产业技术水平差距和产业结构的差异，无论是从能源强度还是从全要素能源效率的角度来看，我国都与发达国家存在一定差距。因此，尽管我国经济规模总量快速增长，但由于资源和能源利用效率不高，在工业化和城镇化推动下，污染排放强度高的重化工产品的消耗增速仅略低于经济总量增速，但仍然保持较快增长，由此带来了巨大的资源和环境约束，尤其是土地、水资源等均已接近资源承载力红线。在矿产资源方面，我国多数矿产资源储量不足，尤其是近年来石油、铁矿石等重要战略性资源对外依存度均已超过 50%，资源约束严重威胁着我国经济安全。至于生态环境破坏和污染治理，尽管末端治理的污染治理投入巨大，管理也越来越严格，但仍不可避免地进入了环境污染的高峰期，局部地区甚至超过了生态和环境承载能力极限。在经济高速发展的同时，我们也付出了巨大的资源、能源和环境代价。

一个大国经济体在由传统农业社会向现代工业社会转变的过程中，必然体现为工业优先发展和占主导地位。在 20 世纪 90 年代我国开始的新一轮经济增长中，在体制改革、基础设施建设、消费升级和城镇化等多重因素驱动下，重化工业主导的工业化快速发展。如图 1–1 所示，不仅重工业年增速远超过工业增速和国内生产总值增速，在 2012 年前，重工业增速也始终高于轻工业增速。与 2000 年相比，2012 年工业增加值大约增长了 5.05 倍，同期轻工业年增加值大约增长了 5.18 倍，而同期重工业年增加值大约增长了 7.62 倍。2012 年，重工业比重大约为 72%，比 2000 年提高了约 12 个百分点。重工业成为引领工业增长甚至是引领经济快速增长的主要力量，重工业主导的工业化特征极其明显。

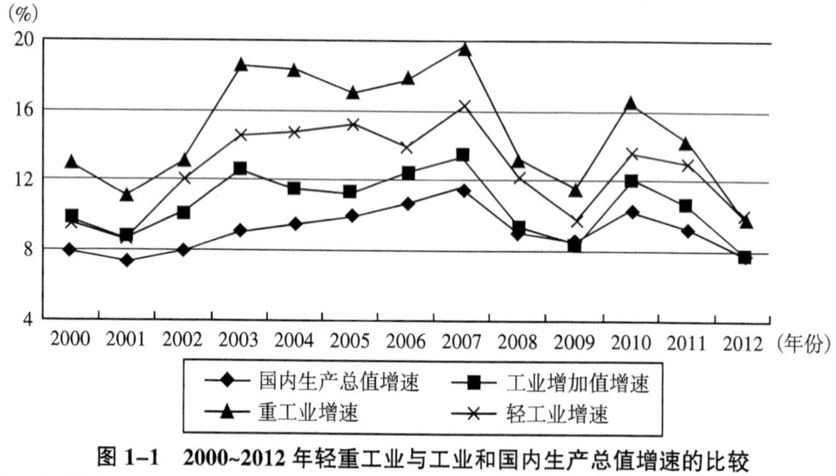

图 1–1　2000~2012 年轻重工业与工业和国内生产总值增速的比较

注：为了使我国工业行业分类和国际统一标准接轨，自 2013 年下半年起，国家统计局不再使用“重工业”、“轻工业”的统计分类，故本书此处最新数据只截止到 2012 年。

资料来源：笔者根据历年《国民经济和社会发展统计公报》相关数据整理。

在重工业中，增长最快的则是以原材料和能源为典型代表的重化工业，主要包括钢铁和有色金属等冶金工业，煤炭和石油、电力等能源工业，化学工业，金属矿物制品如水泥和玻璃等建材工业等。例如，2014 年，粗钢、十种有色金属、原煤、焦炭、平板玻璃和烧碱等重化工产品的产量大约分别是 2000 年产量的 6.4 倍、5.6 倍、2.8 倍、3.9 倍、4.3 倍和 4.6 倍。这些产品代表的都是典型的资源密集型产业，污染排放水平相对较高。显然，中国面临的资源和环境约束的根源主要来自重化工业发展。以钢铁产业为例，据统计分析，中国钢铁产业单位增加值能耗是全部工业平均值的 3 倍以上①，能耗占全国工业能耗的比重高达 15%左右②，二氧化硫排放占全国工业排放总量的 10%左右③。

按照全面建成小康社会的目标任务，如果维持现有资源消耗水平和污染排放水平不变，按照 GDP 年均 7%的增长速度，到 2020 年，年均资源需求总量和污染排放量将在现有基础上增长 50%以上。即便是考虑按照正常路径的技术进步和加强污染治理，年资源需求总量和污染排放量只同步增长 30%以上，相当一部分资源和相当一部分地区环境都将超过资源承载力和环境承载力。从国内各地区环境状况来看，绝大部分重化工产业发展占有较大比重的地区都是总体环境质量相对较低的地区。华北地区大面积的雾霾就是最典型的例子。

因此，中国经济社会发展无法承受重化工产业按传统方式发展，要缓解未来发展面临的资源和环境约束，必须解决好重化工产业发展问题。

第二节　重化工产业发展到“天花板”了吗

近年来，我国经济增速放缓，钢铁、煤炭、电子等部分重化工产业出现

① 张群等. 论中国钢铁产业发展和循环经济［J］. 冶金管理，2007（8）.
李世俊. 钢铁行业节能减排现状、目标和工作思路——在中国钢铁产业协会第三次会员代表大会上的报告［J］. 冶金管理，2007（2）.
② 赵昌武. 国内外钢铁行业的未来发展形势分析［J］. 冶金经济与管理，2004（5）.
③ 兰兴华编译. 印度——崛起中的金属和矿物大国［J］. 中国金属通报，2007（34）.

了较为严重的产能过剩现象。在地方政府和行业主管部门的强力推动下，通过淘汰落后产能等措施，煤炭生产和消费总量都出现了小幅下降。2014 年，全国粗钢产量为 8.2 亿吨，同比增长 0.9%，20 年来产量增幅最小。国内粗钢表观消费量 7.4 亿吨，同比下降 4%，钢铁行业固定资产投资增幅同比下降 3.8%。国内外均有相关报道认为，中国对煤炭、钢铁等的生产和需求已达到峰值并开始进入峰值期[①]。如果钢铁、煤炭等重化工产业发展真的进入了峰值期，那么对中国经济社会发展资源环境约束的担心显然可以稍微松一口气。

但以钢铁产业为例，似乎并不乐观。钢铁需求受很多不确定性因素的影响，从国内学术界和产业界的多次预测可以看出，准确预测中国钢铁需求并不是一件容易事。例如，20 世纪末即有研究预测，2010 年前后，中国钢需求将达到高峰。2001 年，中国钢铁产业协会通过大量调研，分析估计我国 2010 年左右的粗钢生产峰值将超过 3 亿吨[②]。事实上，仅过了 4 年时间，中国粗钢产量即突破 3 亿吨。国家发改委、日本钢铁联盟、ARCELOR 和 Mckinsey 分别预测 2010 年中国粗钢表观消费量为 3.2 亿吨、3.6 亿吨、3.8 亿吨和 3.72 亿吨。2003 年，中国工程院张寿荣院士预计，中国钢产量进入稳定期可能需要 60 亿吨的累计产量，2004~2005 年将进入高峰期，并将持续到 2020 年以后。从目前中国粗钢的生产和表观消费量来看，这些预测无一例外地都低估了中国的钢需求高峰。因此，后来的一些研究大大提高了对中国钢需求高峰的估

① 商务部网站. 全球钢铁供需进入“峰值期”［EB/OL］. 2012-07-11，http：//www.mofcom.gov.cn/aarticle/hyxx/fuwu/201207/20120708224698.html.

中国日报中文网. 中国或已达煤炭峰值　再生能源投资激增［EB/OL］. 2015-03-03，http：//caijing.chinadaily.com.cn/2015-03/03/content_19700634_5.htm.

② 2006 年，中国钢铁产业协会的预测是：a. 依据《“十一五”国民经济和社会发展规划纲要》关于 GDP 增长 7.5%的考虑，预测 2010 年粗钢消费 4.7 亿吨（钢材 4.4 亿吨）。b. 根据各省区市人大通过的地方“十一五”发展规划，汇总得到的 GDP 总量，预测 2010 年钢消费为 5.6 亿吨。c. 根据国家宏观调控要求，“十一五”前三年和后两年 GDP 分别按 9%和 7.5%的增长率预测，2010 年钢消费 4.9 亿吨。

2007 年，中国钢铁产业协会组织冶金工业规划研究院、冶金工业经济发展研究中心和冶金工业信息标准研究院三家单位分别进行了研究，结果是：a. 冶金工业规划研究院预测 2010 年粗钢消费量最大值为 5.6 亿吨，最小值为 4.96 亿吨，最可能值为 5.49 亿吨；b. 冶金工业经济发展研究中心预测 2010 年粗钢消费量最大值为 51450 万吨，最小值为 49930 万吨，中间值为 50690 万吨；c. 冶金工业信息标准研究院预测 2010 年粗钢消费量最大值为 55737 万吨，最小值为 53121 万吨，最可能值为 54674 万吨。据此结果，中国钢铁产业协会推荐 2010 年中国粗钢需求预测值最小为 5.1 亿吨，最大为 5.5 亿吨。

计。例如，美国国际钢铁协会估计中国 2010 年钢消费将达到 5.26 亿吨，近期并不会出现类似于日本近 15 年来的饱和状态。金琳预测中国钢需求高峰将出现在 2020 年之后，峰值将达到 6 亿吨；徐向春、王玉刚预测的高峰时间在 2020 年前后，消费峰值则为 7.10 亿~7.38 亿吨。这些针对中国钢需求预测的分歧，尤其是早期预测出现的较大偏差，反映出我们对中国钢铁产业发展规律和中国社会经济发展进程的认识还有待深入。

钢铁是工业经济的基础材料，钢需求主要是工业需求和建筑需求。从中长期看，决定钢产量的需求因素主要是工业化和城镇化进程的快慢和阶段性特征。在欧美等发达国家，城镇化与工业化几乎是同步发展的，因此钢铁产业的发展总是与工业化进程密切联系在一起，如图 1-2 所示。从这些国家的经验来看，工业化早期，起步阶段的工业如纺织、水力等对钢铁需求较小，钢铁生产发展较为缓慢。随着机械、动力、交通、运输等工业发展，城市数量越来越多，规模越来越大，工业化和城镇化进一步推进，基础设施开始大量建设，钢铁需求随之迅速增加，钢铁生产快速发展。机械化和自动化的大规模应用大大提高了社会生产效率和单位产出，工业发展不断拉长社会生产链条，带动了第三产业发展。与此同时，工业生产方式也决定工业部门会产生产业结构升级要求，用钢较少的高新技术产业逐步得到发展。因此，到工业化后期，钢铁需求将随着工业化的实现而逐步达到高峰。知识经济逐渐代替工业经济开始占据主导地位，随着产业结构出现的变化，在后工业化时期，一些国家在持续一段时间的饱和状态后，钢生产甚至钢需求呈缓慢下降趋势。对这些国家的经验统计也发现，人均 GDP 小于 1000 美元时，社会大致处于工业化前期或起步阶段，钢铁需求较小，生产发展缓慢；人均 GDP 达到 2000 美元时，社会处于工业化中前期，经济开始起飞，钢铁需求和生产快速增加；人均 GDP 达到 3000~4000 美元时，社会处于工业化中期，工业化和城镇化进程加快，基础设施大量建设，经济加速发展，钢铁需求和生产也飞速增加；人均 GDP 达到 6000 美元时，基本完成工业化，人口增长放缓，人均住房达到较高水平，基础设施建设基本完成，钢铁需求达到高峰，开始进入饱和状态。此后，产业结构调整促进用钢较少的高新技术产业逐步得到发展，出现明显的新兴产业替代效应，钢铁产业需求开始缓慢下降。

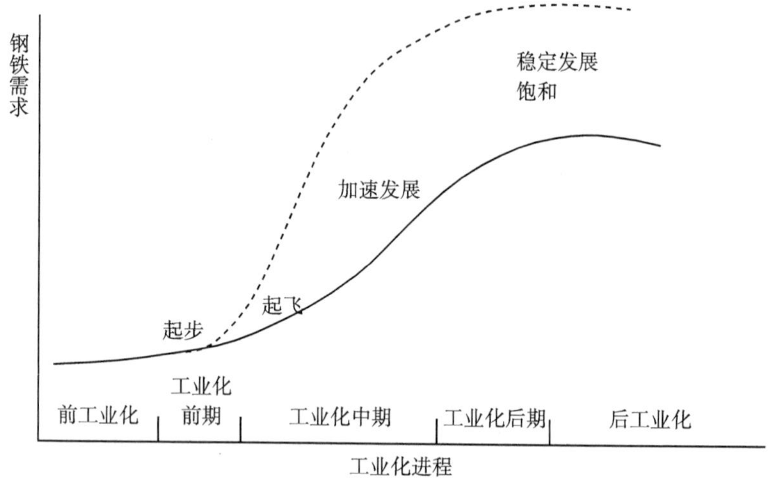

图 1–2　钢铁需求变化与工业化进程

注：实线和虚线分别为先行工业化国家和新兴工业化国家的工业化进程特征。

由于大规模的工业生产促进经济快速发展，人均 GDP 增加是以资源大量消耗为基础的，当以人均钢铁消费量表示需求变化时，钢铁需求发展随工业化进程而呈现的这种“S”形曲线发展规律表现得更为明显。无论是早期的欧美发达国家，还是类似日本和韩国这样的新兴发达国家，钢铁需求和生产都具有类似的特征和规律。

研究还发现，代际工业化国家钢铁需求变化的基本规律是，第一代工业化国家工业化持续时间较长，人均钢铁消费高峰持续时间也较长，例如英国。第二代工业化国家工业化持续时间比第一代持续时间短，人均钢铁消费高峰值比第一代工业化国家要高，但持续时间略短，例如美国。第三代工业化国家属于赶超型工业化国家，工业化持续时间更短，但人均钢铁消费高峰值更高，持续时间也更短，如日本和韩国。这一规律表明，包括中国、印度等在内的第四代后起赶超型国家，完成工业化时间最晚，工业化和城镇化速度最快，很可能其人均钢铁消费的高峰值也最高。这也意味着，中国要想用比其他发达国家等更短的时间完成工业化，使城镇化达到中等发达国家水平，由于届时中国人口将达到接近14亿，中国国内粗钢消费量则完全有可能达到10亿~12亿吨。目前中国粗钢产量已超过8亿吨，产能超过11亿吨，如果这一统计数据准确[①]，显然目前的产量距离“峰值”还有一定差距。

虽然近两年，重化工产业无论是就产量还是固定资产投资而言，产业发展明显放缓，但现在即断言重化工产品产量达到“峰值”，产业发展到了“天花板”为时尚早，还需要进一步观察。至少就钢铁产业而言，很可能为时尚早。众所周知，钢铁产业发展放缓离不开经济“新常态”下宏观经济整体放缓，随着未来经济增速由高速增长转为中高速增长，甚至是中速增长，钢铁产业投资和发展增速必然要相应下降。另外，房地产受宏观调控影响发展放缓，尤其是城镇化率到达较高水平后发展趋缓，必然减弱对下游钢铁等产业的拉动。

从钢铁产业发展现状来看，虽然2014年钢铁产业固定资产投资同比下降，粗钢产量增速明显放缓，但2013年粗钢产量为7.7亿吨，比2012年增长了7.5%。2014年6月粗钢产量为6929万吨，日均产量达230.97万吨，创历史新高。很显然，这并非一个产量达到“峰值”后产业发展达到“天花板”时应有的发展状态。因此，当前的产业发展放缓更多地受宏观经济和上游产业发展放缓影响。从工业化过程中钢铁需求的发展规律来看，由于我国工业化尚未完成，钢产量虽然不可能再像过去那样快速增长，但在找到其他替代材料前，钢铁产业还有一定的发展潜力和空间。

第三节　重化工产业面向循环经济的转型与创新

一方面，我国已进入以重化工为特征的工业化中后期阶段，这也是大国

---

① 但据笔者调研时发现，受节能减排压力，北方某两个省的三个钢铁产业大市均有不同程度的钢产量数据少报现象。

经济体工业化过程中绕不过去的一段历程。当前我国的工业化进程尚未完成，城镇化还有较大发展空间，基础设施建设、公共服务设施建设和住宅建设等对原材料和能源等重化工产品的需求仍有较大发展空间。不同于小国经济体，除非中国不发展，只要中国发展，就需要重化工产品。由于美国、欧盟、日本等已完成工业化和产业结构的调整，没有任何其他国家能满足中国工业化和城镇化对原材料和能源等重化工产品的需求，中国也不可能寄希望于其他经济体提供。从全球角度看，如由其他发展中国家生产、提供原材料和能源，则对全球生态环境的破坏、排放的温室气体可能比中国自己生产更加严重。

另一方面，资源能源和环境、气候的约束日益强化也显而易见。尤其是在环境方面，按《环境空气质量标准》（GB3095—2012）六项指标进行评价，2013 年上半年，全国 74 个城市平均达标天数比例仅为 54.8%，超标天数比例高达 45.2%。京津冀地区空气质量平均达标天数比例仅为 31.0%，低于 74 个城市平均值 23.8 个百分点，是全国空气污染最严重的地区，重度污染以上天数占 26.2%。在温室气体减排方面，中国已宣布到 2020 年单位国内生产总值二氧化碳排放比 2005 年下降 40%~45%的约束性目标指标。在这些强约束和外部压力作用下，中国要实现工业化，实现全面建成小康社会的发展目标，必须转变经济社会发展模式，其中一点就是在加快经济结构战略性调整的同时，建设资源节约型和环境友好型社会，这也是中国在 21 世纪和新时期面临重化工支撑的经济增长与资源环境约束矛盾日益突出的新形势下做出的重大战略决策。

由于重化工产业发展是加剧资源环境约束的主要原因，因此转变重化工产业发展方式，发展资源节约型和环境友好型产业，既义不容辞，也是必要之举。重化工不等于污染，关键在于是否采用循环经济模式进行改造。按照学术界多数人的理解，自 20 世纪末中国从西方引进循环经济理念以来，循环经济就被认为是在深刻认识资源消耗与环境污染之间关系的基础上，以提高资源与环境效率为目标，以资源节约和物质循环利用为手段，在满足社会发展需要和经济上可行前提下，实现资源效率最大化、废弃物排放和环境污染最小化的一种经济发展模式[①]。从产业角度来看，循环经济就是要通过产业链延伸拓展，通过废弃物回收直接作为原料进行利用或再生利用，在上下游产业链、生产过程耦合的基础上，建立物质流、能量流的循环利用、梯级利用网络，提高资源能源利用效率和产出效率，减少生产过程中资源消耗和废弃物产生。

从全社会层面来看，循环经济模式要求一方面通过资源配置的优化、资源节约技术的创新和组合，提高资源深加工度和资源产出效率，降低经济增长对初始资源的需求强度，实现经济增长的“减物质化”；另一方面通过废弃物资源化，物尽其用、变废为宝，促进资源循环再生利用，不仅保护了环境，而且为经济发展提供了新的资源供应渠道。可以说，循环经济模式通过资源能源高效利用，降低了国民经济的初级资源开采产业和资源初级加工产业的比重，改变了重化工“独大”的局面。循环经济模式在实现经济结构的“高加工度化”的同时，也实现了经济增长的资源效率最大化，解决了经济增长与资源消耗增长、重化工产业发展与生态破坏和环境污染之间的矛盾。因此，选择循环经济模式既是重化工产业也是中国工业发展转型的客观要求。

实践证明，重化工产业循环经济模式不仅能产生良好的资源能源和环境效益，也能产生很好的经济效益。以钢铁产业为例，2000 年全国重点钢铁企业吨钢综合能耗为 885 千克标准煤[②]，2013 年，重点大中型钢铁企业吨钢综合能耗降低到 592 千克标准煤[③]，13 年降低了 33.1%，已经接近国际先进水平。综合能耗大幅度降低的主要原因是焦炉煤气、高炉煤气、转炉煤气全部回收用于燃料或发电，高炉炉顶余压发电（TRT），以及各种余热余压回收利用，吨钢综合耗新水降低超过 40%。过去炼 1 吨钢需要填埋处理 0.4 吨左右的冶炼渣固体废弃物，现在将冶炼渣固体废弃物全部回收用于制造建筑材料。从

① 齐建国，尤完，杨涛. 现代循环经济理论与运行机制［M］. 北京：新华出版社，2006.

② 王泰昌，迟京东. 中国钢铁产业节能降耗现状分析与措施建议［J］. 冶金管理，2007（3）.

③ 中华人民共和国工业和信息化部原材料工业司. 2013 年钢铁产业经济运行情况［EB/OL］. 2014-02-21，http：//www.miit.gov.cn/n11293472/n11293832/n11294132/n12858402/n12858492/15891265.html。

1994年到2014年的20年间，中国市场上的铁矿石价格、能源价格、水价格、劳动力价格普遍上涨了5倍以上，但国内市场的建筑用钢材价格与1994年基本持平，在这样的背景下，钢铁企业还能运行，主要原因是由于循环经济的发展，将原来废弃物转化为资源和能源利用，节约了资源消耗成本，减少了废弃物处理成本，抵消了生产要素价格上涨带来的成本上升。在过去10多年里，中国企业通过发展循环经济，使得资源利用效率至少提高了30%，污染排放强度至少降低了30%。显然，正是因为发展循环经济，重化工产业发展方式才得到根本性改造，因此在重化工产品产量快速增加的背景下，中国环境的现状虽然难以令人满意，但尚未崩溃，循环经济功不可没。这也从另一个方面证明了发展循环经济是重化工产业和中国经济转型的必要选择。

当然，用循环经济模式改造重化工产业传统发展模式并非仅仅是一种理念，而是必须依靠技术创新来保障实现。根据循环经济的要求，在技术层面，循环经济减量化首先要求通过生产技术与资源节约技术融合，强调首先减少单位产出资源的消耗，节约使用资源（Reduce），减少废弃物排放；其次通过生产技术与环境保护技术相融合，形成清洁生产体系，减少生产过程中的污染排放，甚至实现零排放；最后通过废弃物综合回收利用和再生利用，实现物质资源的循环使用，包括再利用和资源化（Reuse-Recycle）。对于最终无法利用或无法达到经济目的的废弃物即垃圾，要通过垃圾无害化处理技术，实现生态环境的平衡。可以说，在技术创新基础上发展循环经济已成为重化工产业和中国经济转型的必然现实选择。

第四节 研究选题背景与现状述评

一、选题背景

钢铁产业是重化工中的典型产业，也是发展循环经济的重点产业之一。我国现在已是世界第一大钢铁生产国和消费国。2014 年，我国粗钢产量约占全球的 49.4%，钢铁生产主要原料中铁矿石对外依存度超过 50%；钢铁行业能耗占全国总能耗的比重超过 14%；排放粉尘烟尘占工业企业的 15%左右，是控制资源能源消耗和污染排放的重要行业。显然，用循环经济模式建设好钢铁产业，不仅对钢铁产业、重化工产业甚至中国经济整体转型发展具有重要的实践意义，从学术研究的角度来看，把钢铁行业作为一个案例进行深入分析研究，可以为重化工产业和工业整体转型发展提供一个重要的观察窗口。

近年来，一方面，在笔者的实践调研中，发现一些钢铁企业如宝钢集团、济钢集团等已较好地实践了循环经济发展模式，但是由于中国钢铁产业组织结构中中小企业占有较大比重，规模集中度低，也有相当多钢铁企业对循环经济的认识还相当模糊，循环经济发展仍处于煤气或冶金渣利用层次。另一方面，循环经济发展离不开技术创新支撑，但目前我国钢铁产业中，虽然如宝钢集团、首钢曹妃甸钢铁等少数钢铁企业和项目拥有了世界领先的设备和技术水平，但整体上由于产业组织结构分散，产业技术结构先进与落后并存，技术支撑能力还不强。此外，基于循环经济的集成创新虽然能提高钢铁企业的资源利用率，降低能耗、水耗和污染排放水平，即使每个企业都有较高的资源产出率和能源、水资源利用水平，以及达标甚至极低的污染排放水平，但由于我国钢铁产业规模过于庞大，在现行占主导地位的生产技术体系下，钢铁产业整体的资源、能源和水资源消耗与污染排放规模仍然巨大。我们还需要思考在循环经济的集成创新基础上，如何选择未来的技术创新战略以支撑钢铁产业的可持续发展问题。

综上所述，本书把循环经济与技术创新结合起来作为研究主题，目的是梳理、分析一些企业的先进经验，系统总结钢铁产业如何通过技术创新发展循环经济，为钢铁企业的循环经济发展提供参考，同时探讨基于循环经济的钢铁产业技术创新模式和发展趋势，为钢铁企业、研究机构和国家政策部门规划技术创新方向提供参考。理论上，探讨钢铁产业发展循环经济与技术创新的关系，重点在于归纳、总结钢铁产业基于循环经济的技术创新模式，以及如何通过技术体系变革式的技术创新战略支撑钢铁产业可持续发展。这对重化工产业的转型发展具有重要启示。

二、研究现状简述

循环经济理论的引入为解决钢铁产业发展面临的资源环境问题提供了新思路。殷瑞钰（2004，2008）和徐匡迪（2006）等较早探讨了钢铁企业发展循环经济的必要性和可行性，指出钢铁企业的制造业流程特征决定了其是发展循环经济的最佳切入点。企业界和学术界在实践分析总结与理论归纳指导相结合的基础上，发表了大量关于钢铁企业或钢铁产业发展循环经济的文章。综合来看，主要包括如下三个方面：

一是钢铁产业发展循环经济的途径。殷瑞钰、张春霞（2005）等指出，发挥钢铁企业的三大功能——钢铁产品制造、能源转换和社会大宗废弃物处理、消纳功能是钢铁企业融入循环经济社会的有效途径。曹辉、董巧龙等（2006）分析钢铁产业循环经济发展的总体思路，设计了不同类型物质的循环利用路径和多条钢铁产业的生态产业链。在微观问题方面，大量研究（徐竞成等，2007；邹元龙、赵锐锐等，2007；彭锋、邹真勤，2007）探讨了钢铁企业的节能、污染治理、煤气综合利用、冶金渣综合利用等问题，成金华和杜春丽（2010）对此有过较为详细的综述。

节能减排是我国“十一五”期间推出的一项重要政策。节能减排既是循环经济发展的重要目的，也是其重要内容。魏建新（2008）提出了我国钢铁企业推进节能减排的八种途径，即加快淘汰落后工艺、技术和设备，优化调整企业用能结构，充分回收利用余热余压，实施能量系统优化（系统节能）工程，降低企业铁钢比，推进污染物治理，开发和使用节能减排技术，强化节能减排管理工作。

二是钢铁企业发展循环经济的模式研究。这方面的研究较为零散，例如，在钢铁企业循环经济发展模式上，殷瑞钰、张春霞（2005）分析探讨了城市周边型和海港工业生态（带）型两种主要模式；包菊芳、诸圣国（2007）则认为，钢铁产业循环经济发展模式是实现钢铁产业功能的拓展，应构建钢铁产业链，建造循环生态圈，实现生态化转型；徐大立（2006）指出了基于循环经济的发展模式应结合技术创新战略和管理创新战略，提高钢铁产业在国际市场的竞争力；柳克勋（2008）提出了建设以钢铁企业为核心的生态工业园的三种模式，包括改造型、全新创建型以及虚拟共建型；柳克勋、王林森（2009）提出了长流程钢铁企业发展循环经济的“四四”模式，即重新认识钢铁制造流程的四大功能（钢铁产品制造功能、能源转换功能、生产排泄物资源化功能、社会废弃物消纳和无害化处理功能），推进四大类物质和能源（铁元素，能源，水，固体废弃物及废酸、废油）的循环再利用，依靠四个支撑（国家法律法规和政策，科学技术，落后工艺设备的淘汰、结构的优化，科学管理），实现四个提高（提高钢铁产品制造水平，提高资源能源利用效率，提高清洁生产、环境保护水平，提高经济效益、环境效益和社会效益），推动钢铁企业向可循环钢铁制造流程和绿色钢铁制造发展。

三是钢铁产业循环经济发展途径和发展模式的研究。一些研究进一步分析探讨了钢铁企业发展循环经济的技术支撑体系（王维兴，2007），尤其是业界技术专家对共性关键技术有较多分析。这些对具体技术的分析和归纳，也成为国家政策层面推动钢铁产业循环经济发展的重要指导。

综合地看，现有研究为钢铁产业发展循环经济提供了重要指导和参考作用。但是现有研究多数是从具体企业、具体工序、具体物质流类型、具体废弃物或具体技术的角度进行分析讨论，缺乏系统性。此外，技术创新对循环经济发展的支撑作用得到共识，但在研究中技术专家通常过于强调技术，管理学者和经济学者过于强调竞争力和数字，二者存在脱节的现象。尤其是从循环经济的视角，技术创新模式、方向和重点缺乏归纳和总结。这都是今后需要研究的，本书不拘泥于具体技术细节，希望能在此进行一些尝试。

第五节 本书研究框架

除第一章绪论外，本书主要包括九章，具体如下：

第二章是循环经济的概念、基本理论和实践。主要是从资源环境问题的由来出发，将循环经济视作在工业化发展到一定阶段后解决资源环境问题的一种技术和制度创新安排。在此基础上，本书从经济发展模式的角度定义了循环经济的概念，简要介绍了循环经济理念诞生的理论脉络，分析了循环经济理论中的资源、环境和废弃物三个基本概念，介绍了清洁生产与循环经济、全生命周期理论、物质代谢理论和物质流分析的基本知识。这也是理解本书和分析钢铁产业循环经济发展时的相关基础概念和理论。同时，清洁生产、生命周期和物质流也是分析钢铁产业循环经济的重要理论方法。此外，本书的理论部分还简要分析了相关学科知识对循环经济理论的贡献以及循环经济理论创新对传统经济学研究创新的贡献和挑战。在实践部分，主要是介绍循环经济在我国的实践、进展和成效，有助于读者理解钢铁产业循环经济发展。

第三章是钢铁产业特性与循环经济。主要分析钢铁产业的技术经济特性，简述循环经济的基本理论。考虑到资源环境问题及其对可持续发展的影响，对钢铁产业技术经济特性的分析主要是基于高炉—转炉长流程钢铁产业，其技术经济特性包括流程工业特性，火法冶金特性，高资源消耗、高能源消耗和高污染排放特性，企业规模经济性，以及高产业关联度。这些特性既是钢铁产业开展循环经济的必要条件和依据，同时也影响钢铁产业循环经济的发展模式和发展重点。该章最后把钢铁产业技术经济特性与循环经济发展脉络结合起来简要说明钢铁产业发展循环经济的必要性。

第四章是钢铁产业循环经济发展模式。根据第三章将循环经济理解成一种发展模式，本章进一步从技术经济范式的角度深入探讨了模式、范式与技术经济范式的关系，明确指出钢铁产业发展循环经济就是要建立一种新的技术经济范式。根据不同定义和标准，可以区分归类不同的循环经济发展模式。该章重点是分别从钢铁企业和钢铁产业的角度分析相应的循环经济发展模式。对钢铁企业而言，发展循环经济的重点是通过资源综合开发利用和节能节水实现资源效率提高和污染减排的兼顾，以及在此基础上结合不同企业实情构建以钢铁冶炼生产为核心的循环型产业体系。对钢铁产业而言，需要分别从生产组织模式重构和生产布局模式调整两个不同角度定义循环经济发展模式。

第五章是基于循环经济的钢铁产业关键共性技术创新。主要包括三部分内容，首先，从内容完整性的角度，对本书需要涉及的技术创新类型进行概念界定，并对循环经济与技术创新的关系进行了简要的理论分析。其次，提出由于钢铁产业的多工序、多生产单元、高产业关联度，发展循环经济需要建立技术支撑体系，并分析了技术支撑体系的具体内容。最后，由于产业共性关键技术不是针对某一种类型的物质流，但因涉及关键设备和生产制造流程，是钢铁产业作为流程制造业的基础性技术创新，对资源和能源的节约使用与高效使用，以及废弃物资源化等都有着重要影响，本书对此进行了分析讨论，包括高炉工艺发展循环经济的关键共性技术创新、非高炉工艺发展循环经济的关键共性技术创新和管理技术创新三个方面。

第六章至第八章分别从能量流、固体废弃物流（包括含铁素废物）和水流三种类型物质流的角度，结合生产制造流程，分类型、分工序，比较全面地分析总结了技术创新促进减量化、再利用和资源化的途径。

第九章是基于循环经济的钢铁产业技术创新模式和发展趋势。与前几章主要分析技术创新如何支撑循环经济发展不同，该章主要是反过来分析讨论循环经济对技术创新的影响，包括从循环经济视角看，钢铁产业技术创新的模式、特点和发展趋势。由于优化和简化钢铁生产制造流程，促进钢铁生产制造流程的连续、紧凑和高效化发展是钢铁产业技术创新的核心任务，其中非高炉工艺将成为长流程钢铁技术创新的主攻方向，本书还专门分析了主要的“非高炉工艺——熔融还原技术”的发展前景。

第十章是中国钢铁产业技术创新模式和战略选择。在回顾我国钢铁产业发展演变和冶炼技术体系演变的基础上，说明在我国工业化尚未最后完成，城镇化质量有待提高的情况下，钢铁产业在国民经济中的地位及其自身可持续发展的重要性，以及加强技术创新的必要性。同时，本章也分析了我国钢铁产业的技术创新模式，归纳了钢铁产业技术创新的特点，指出未来加强技术创新面临的挑战和目标方向，重点是指出要解决我国钢铁产业发展面临的压力，必须加快建设世界钢铁产业技术创新中心。在加快推进应用现有先进技术，努力缩小与世界先进技术水平差距的同时，一个更重要的任务是，走非常规路径，即加快引进和完善熔融还原技术，促进钢铁产业再次实现技术体系的变革，争取在新生产技术体系中占据领先地位，甚至是引领未来钢铁产业技术发展方向。

第六节　本书特色和拟实现的创新点

本书的第一个特色是内容组织的鲜明逻辑性。本书内在逻辑紧扣钢铁产业的技术经济特性，尤其是其工业流程特性，高资源消耗、高能源消耗和高污染排放特性，以及高产业关联度特性。循环经济发展及技术创新的支撑作用，均围绕钢铁产业的生命周期、物质流和流程中的主要工序展开，主要内容均体现在提高资源能源产出率，降低污染排放水平，缓解资源能源约束和环境压力方面。全书思路清晰，内容组织逻辑性强。

本书的第二个特色是内容的全面系统性。对钢铁产业循环经济发展的分析和总结不是拘泥于某一类型物质、废物或生产工序、产业链等，而是从流程和关键共性技术入手，比较全面系统地分析了钢铁产业如何依靠技术创新发展循环经济。

本书的第三个特色是技术、经济可行性的统一。从经济学的视角和字面来理解，循环经济中物质“循环”是路径，“经济”效益是目标，手段应服从目标，不能追求单纯的“循环不经济”，只有既“循环”又“经济”才能实现可持续发展。本书的研究对象是钢铁产业循环经济发展，它离不开具体技术的选择和介绍，但与一般技术专家的介绍不同，本书选择的技术并不追求技术先进性，而是追求其操作层面的技术可行性与实践层面的经济可行性。同时，在对技术的介绍和分析上并不拘泥于技术细节，而是把重点放在具体技术对循环经济发展的支撑作用上，体现了技术和经济的有机统一。

本书的第四个特色是体现循环经济与技术创新的互动性。本书不仅分析了技术创新如何支撑循环经济发展，同时还从循环经济的视角，探讨了循环经济对技术创新的影响。由于熔融还原技术推动的技术体系变革将引发钢铁产业生产制造的流程革命，这也可以从更宏观视角和更高的战略层面推动钢铁产业循环经济发展。

全书始终从钢铁产业作为典型流程工业这一最重要的技术经济产业属性出发进行分析并探讨其循环经济发展模式和技术创新模式。这是因为，钢铁产业因其重化工衍生出资源环境问题并催生出可持续发展需求，根源都是因为工序流程复杂。虽然可以从多种不同途径总结归纳钢铁产业发展循环经济模式，但最终解决途径都是围绕流程并结合不同工序和不同物质流来展开。本书对钢铁产业循环经济发展的叙述都是对现有实践的分析和归纳总结。在此意义上，本书希望实现的一个主要创新是通过分析技术创新对钢铁产业发展循环经济起到支撑作用。本书进一步提炼概括了钢铁产业的技术创新模式，即将钢铁产业的技术创新分为设备进化、功能分化、流程优化和流程简化四种类型，并指出不仅促进流程优化和流程简化是技术创新的重点，通常突破性创新都是可以促进流程优化和流程简化的创新，关键冶炼设备替代技术进步则通常会成为促使钢铁产业出现技术体系变革的突破口。在此基础上，本书指出，从发展循环经济的视角来看，钢铁产业技术创新最重要的发展趋势是优化和简化钢铁生产制造流程，促进钢铁生产制造流程的连续、紧凑和高效发展是钢铁产业技术创新的核心任务，可循环的非高炉工艺技术体系将成为长流程钢铁技术创新的主攻方向。

正是因为这个原因，本书认为，单个钢铁企业基于循环经济的集成技术创新虽然可以提高资源产出率，提高能源和水资源效率，实现污染达标排放，但由于钢铁产业整体规模过大，要实现钢铁产业支撑工业化和自身可持续发展的需要，传统的技术创新和循环经济发展模式难以从根本上缓解钢铁产业未来发展面临的挑战和压力，需要在推广普及现有先进技术和循环经济模式的同时，加快引进和完善熔融还原技术等，促进流程大幅度简化，促进再次实现钢铁工业生产技术体系的变革。这也是我国创建世界钢铁产业技术创新中心、做大做强钢铁产业的战略选择。

第二章　循环经济的概念、基本理论和实践

第一节　循环经济的由来与基本概念

一、资源环境问题与循环经济的产生

从生态学的角度看，自然界本身就是循环的。至少在工业革命前，土壤、空气、水分、阳光都是无限供给，几乎不存在任何外部环境约束，植物生长哺育以碳水化合物为食物的动物，肉食性动物捕食草食性动物，所有动物死后成为各种食腐类动物的食物，所有动物不能食用的物质连同动物的排泄物，由细菌进行分解还原后成为养分、水和二氧化碳等，养分和水直接供植物和动物生长，动植物呼出的二氧化碳又与水通过光合作用转化成有机物，成为动物的营养与能量来源。显然，不仅生物链，自然界整体就是一个接近完美的循环链，自然力作用下的物质和能量的循环保障所有植物、动物和人类的生存繁衍，“生产者”、“消费者”和“分解者”相生相克、循环成链、生生不息。

不仅自然界如此，早期人类社会经济活动中对循环经济的实践也是由来

已久，而且一直没有停止过。例如，在我国传统上自给自足的小农家庭和小农经济中，在消费领域，较小的孩子捡拾较大孩子的衣服穿用，破旧无法穿用的衣服被裁剪用来补衣服，甚至碎布头都被用作纳“千层底”的布料；加工稻米的米糠和加工小麦的麦麸，包括家庭泔水被用来喂养牲畜和家禽等。在生产领域，秸秆埋田、草木灰肥以及牲畜、家禽和人类粪便堆肥更是被广泛使用。中国传统农业中类似于“桑基鱼塘”和“鸭稻共生”等模式①，如图2-1所示，都是通过水陆立体种养、动植物共生互利，巧妙地利用现代生态技术措施，依托食物链形成生物链结构，实现营养物质循环利用和能量多级利用的典型循环系统，从而有效地解决资源（如土地、肥料等，也包括人力）供给不足问题。古今中外，类似的例子不胜枚举。

工业革命后，随着技术创新在世界范围内的扩散，人类改造自然、利用自然资源的能力获得了极大提高。但物极必反，在先行工业化国家，大规模生产、大规模消耗、大量抛弃废弃物的生产方式和生活方式，使人与自然、人与资源环境的矛盾也达到前所未有的高度，虽然已完成工业化国家的人口只有全球人口的1/5，但资源短缺也足以让有识之士感受到“增长的极限”正在迫近。与此同时，20世纪30年代到60年代发生的一系列环境污染公害事件②使人们意识到，环境污染和生态恶化直接影响着当代人的生活、生存和发展，对人类的威胁比资源枯竭更为现实和紧迫。虽然1970年美国举行的“地球日”大游行和1972年召开的联合国人类环境会议，将人类对环境问题的关注提到了前所未有的高度，但此后的世界环境总体上并没有根本好转。显然，资源问题将成为人类未来发展的约束，而环境问题更是已成为人类发展乃至生存的现实约束。《寂静的春天》③ 和《增长的极限》④ 对人类未来环境和资源

① 解振华. 领导干部循环经济知识读本［M］. 北京：中国环境科学出版社，2005.

② 这些著名环境公害事件包括比利时马斯河谷烟雾事件（1930）、日本富山骨痛病事件（1931）、洛杉矶光化学烟雾事件（1943）、伦敦烟雾事件（1952）、日本熊本水俣病事件（1953）、日本四日市哮喘病事件（1961）和日本爱知米糠油事件（1968）等。

③［美］R. 卡逊等. 寂静的春天［M］. 吕瑞兰，李长生译. 上海：上海译文出版社，2008.

④［美］D. 梅多斯等. 增长的极限——罗马俱乐部关于人类困境的报告［M］. 李宝恒译. 长春：吉林人民出版社，1997.

前景的可怕预测虽然至今未曾成为现实，但也绝非危言耸听。一语惊醒梦中人，这促使人类意识到，当代资源环境问题日益严重的根本原因在于工业化运动以来以高开采、低利用、高排放（所谓“两高一低”）为特征的线性经济模式①，而破解环境、资源对社会经济发展的“瓶颈”约束，谋求人与自然和谐共存，正是现代循环经济诞生的出发点②。

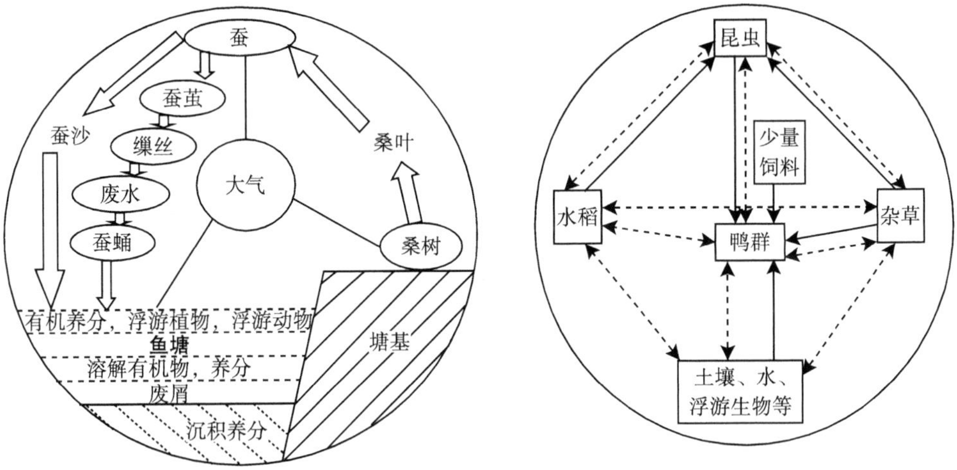

桑基鱼塘生态系统模式　　　　鸭稻共生系统模式

图 2-1　中国传统农业的典型物质循环模式示意

资料来源：解振华. 领导干部循环经济知识读本 [M]. 北京：中国环境科学出版社，2005.

因此，本书讨论的循环经济与传统社会基于自然经济实践的循环经济有着本质不同。今天人类将循环经济作为一种经济行为模式自觉地去认识和系统实践，是在工业化发展到一定阶段后，出现巨大的资源和环境压力时才有可能产生。在此意义上，循环经济也是工业革命的产物，是人类为应对社会经济发展导致的资源、环境约束而逐步形成的一种技术和制度创新安排。

二、循环经济诞生的理论背景

“循环经济”（Circular Economy）的表述最早由英国环境经济学家 D.

① 诸大建. 从可持续发展到循环型经济 [J]. 世界环境，2000 (3).

② 齐建国，尤完. 发展循环经济：背景与对策 [J]. 新视野，2005 (6).

Pearce 和 R. K. Turner 在其《自然资源和环境经济学》(Economics of Natural Resources and the Environment, Harvester Wheatsheaf, 1990) 一书中首先提出，但我国理论界多数人认同 1966 年美国经济学家鲍尔丁提出的“宇宙飞船理论”是现代循环经济思想萌芽。地球如同飞船，人类生活于其中。资源本身是有限的，资源再生能力、生态恢复能力和平衡能力也是有限的，而过度的人类活动导致资源消耗速度和生态破坏速度远超过其恢复能力。当资源不断耗尽，环境改变不适合人类生存时，人类就会在其内部毁灭，因此必须建立能循环使用各种资源的循环式经济代替过去的单程式经济，既不会使资源枯竭，又不会造成环境污染和生态破坏①。

显然，在鲍尔丁的循环经济思想中，环境问题仅居次要位置，其立论基础仍然是自李嘉图以来的资源相对稀缺论，这也一直被认为是西方经济学研究的基本前提假设。对于资源稀缺问题，古典经济学家们给出了不同的答案。例如马尔萨斯提出通过控制人口数量或指数增长，减轻土地资源有限性对经济增长的约束；李嘉图提出通过引入科技进步因素，提高单位产出，引入贸易，发挥比较优势；穆勒不仅认同技术进步的作用，更提出了改革收入分配的初步思想。由于当时的生产力低下，资源的稀缺主要反映在土地和劳动力上，人类社会经济活动对环境的影响有限，尽管后来的马歇尔提出了资源环境的要素投入功能和自然环境价值问题，但除庇古外，总体而言，早期的经济学家们大都没有真正意识到环境问题的重要性。鲍尔丁不仅认识到资源稀缺对可持续发展的影响，也将资源过度开发使用与环境问题联系起来，直接提出要建立在系统内部循环使用各种资源的循环式经济，这是一个巨大进步。

从理论渊源来看，虽然有研究认为是马克思而非鲍尔丁更早对废弃物（马克思称之为废料）循环利用进行了系统分析②。例如，马克思指出，废料在再生产过程中的循环使用，即大规模社会劳动产生的废料仍然具有交换价

---

① K. Boulding. The Economics of the Coming Spaceship Earth [J]. in Environmental Q in a Growing Economy, edit by K.Boulding et.al., USA, 1966.

② 齐建国，尤完，杨涛. 现代循环经济理论与运行机制 [M]. 北京：新华出版社，2006.

值，可以转化为同一个产业部门或另一个产业部门的新的生产要素，回到生产和消费循环中，从而提高利润率。但坦率地说，马克思仍然是从资本节约和提高利润率角度来讨论资源和废弃物问题，既不是为了解决资源稀缺问题，更没有把废弃物的循环利用和减少与环境保护和污染问题联系起来，也很难说对现代循环经济的产生究竟有多大的影响。相比较而言，可持续发展理论和环境经济学研究对推动现代循环经济的形成和研究的影响更为直接和显著。

可持续发展理论诞生的时代背景是 20 世纪 60 年代，人类发展由于资源枯竭风险而面临“增长的极限”。严重的环境污染，不仅严重影响当代人的健康，也正在走向“幸福的坟墓”。这促使人们开始反思大工业生产的二重性，大规模生产和高度发达的生产力在创造经济高速增长和巨大财富时，也消耗了大量自然资源，污染了生态环境。与此同时，许多研究促使政策制定者开始重视资源和环境问题。尤其到 20 世纪 70 年代，生态环境事实上已经从单纯自然意义上的人类生存要素转变为社会意义上的经济要素。这是因为，自然生态环境对人类社会经济活动所排放废弃物的吸纳能力开始出现饱和甚至超载，符合人类生活需要的良好的自然生态环境出现短缺，要继续利用它进行生产必须再生产出新的环境容量，需要人类投入资源进行“制造（生态恢复和污染治理）”，良好的自然生态环境已经成为人类的劳动“产品”之一，不仅是生产条件，也是生产要素的一部分①。早期一些经济学家受哲学家提出关于对后代责任和正义社会等理论的影响，开始提出与可持续发展相近的概念，认为应提倡把环保的最低安全标准作为资源和环境政策的基石，避免资源耗竭临界区域的出现。当代人不拥有资源基础，就没有权利耗尽由资源基础提供的机会②。与此同时，大众环境意识开始苏醒，直接促进了政策制定者关注资源和公共环境问题。联合国人类环境会议（1972）、环境发展大会（1992）和可持续发展首脑会议（2002）是三个里程碑性的事件，标志着环境

① 解振华. 关于循环经济理论与政策的几点思考［N］. 光明日报，2003-11-03.

② 阿兰·V. 尼斯，詹姆斯·L. 斯威尼. 自然资源与能源经济学手册［M］. 李晓西，李培军等译校. 北京：经济科学出版社，2007.

开始成为发展的中心议题，也标志着人们开始在“可持续发展”的旗帜下采取实际行动[①]。

从资源的角度看，可持续发展目标着眼于未来，因此需要实现用尽可能少的资源消耗创造更多的物质财富；而从环境的角度看，可持续发展的目标着眼于现在，需要用尽可能少的废弃物排放降低物质财富创造和生活消费活动的生态环境压力，二者密切相关。尽管学术界对可持续发展仍存在争议和批评，例如，认为发展内涵不明确，没有揭示不可持续的根源，代际公平原则存在现实悖论，以及实现可持续发展的路径缺乏等。但在社会经济领域，可持续发展作为一种理念，它的重要性在于促使学术界和政策制定者意识到必须寻找一种新的发展方式，解决资源、环境对经济发展的约束问题。因此，在可持续发展思潮的影响下，从 20 世纪 90 年代开始，体现循环经济思想的“零排放工厂”、“产品生命周期”等理念开始逐步出现，并涌现了具有典型意义的生态经济效益和工业生态系统实践，以及基于废弃物再利用的减量化和资源化等物质闭环型经济活动[②]。可持续发展理论研究的深入，影响的扩大，也推动了各种新的理论研究逐步摒弃传统上对生态和环境问题的忽视。尤其是资源与环境问题的凸显，直接推动了资源经济学、环境经济学和生态经济学的诞生和发展。这些学科的发展不仅有力地推动了循环经济概念的诞生和发展，不同学科融合的共同内核也奠定了循环经济概念的基石。在下一节中我们还将专门讨论资源、环境这些概念在循环经济视角下的特殊含义。在制度层面，在各国推行清洁生产政策和开展清洁生产示范的基础上，引入了环境规制和环境交易制度体系，把环境作为经济要素纳入到市场经济的循环之中，尤其是对循环利用资源和废弃物进行立法，实现制度创新，现代循环经济正式产生。

---

① 齐建国，尤完，杨涛. 现代循环经济理论与运行机制 [M]. 北京：新华出版社，2006.

② 诸大建. 从可持续发展到循环经济 [J]. 世界环境，2000 (3).

三、循环经济的概念分析

在鲍尔丁的论述中，循环式经济并没有明确的定义，主要是相对于单程式经济而言，目标是在有限的地球空间内，能通过循环利用各种资源实现既不会使资源枯竭，又不会造成环境污染和生态破坏。同样，Pearce 和 Turner（1990）也没有对其定义给予明确的表述。这主要是因为在西方学者的学术话语体系中，除百科和辞书外，学术术语定义只可意会不可言传。20 世纪 90 年代后期，循环经济这一概念被引入中国，很快得到生态环境保护专家和学者、环境保护部门和国家高层领导的重视。综观现有研究和各种文献表述，不同学者从各自观察的视角出发，对循环经济的认知并不一致，总体上可以归纳为如下三类观点①②：

第一类是从人与自然的关系角度定义循环经济，主张人类的经济活动要遵从自然生态规律，维持生态平衡。从这一角度出发，循环经济的本质被定义为尽可能地少用和循环利用资源，降低社会经济活动的环境影响。这类似于鲍尔丁的循环经济思想。例如，吴绍中认为，循环经济就是在人类的生产活动过程中，控制废弃物的产生，建立起反复利用自然的循环机制，把人类的生产活动纳入到自然循环中去，维护自然生态平衡③。诸大建认为，循环经济是针对工业化运行以来高消耗、高排放的线性经济而言的，它要求把经济活动组织成“自然资源—产品和用品—再生资源”的反馈式流程，所有的原料和能源都能在这个不断进行的经济循环中得到最合理的利用，从而使经济活动对自然环境的影响控制在尽可能小的程度④。

第二类观点认为循环经济是一种新的生产方式，基本上应归属于生态经济的范畴。该类观点从生产的技术范式角度定义循环经济，主张清洁生产和

① 李兆前. 地方政府在发展循环经济中的作用、局限性及对策［D］. 清华大学博士学位论文，2007.
② 李兆前，齐建国. 循环经济理论与实践综述［J］. 数量经济与技术经济研究，2004（9）.
③ 吴绍中. 循环经济是经济发展的新增长点［J］. 社会科学，1998（10）.
④ 诸大建. 可持续发展呼唤循环经济［J］. 科技导报，1998（9）.

环境保护，使生产过程的技术范式从“资源消费→产品→废弃物排放”开放（或称为单程）型物质流动模式转向“资源消费→产品→再生资源”闭环型物质流动模式。其技术特征表现为资源消耗的减量化、再利用和资源再生化，本质是生态经济学，核心是提高生态环境的利用效率。例如，曹凤中等认为，循环经济的核心是以物质闭环流动为特征，运用生态学规律把经济活动重构组成一个“资源→产品→再生资源”的反馈式流程和“低开采→高利用→低排放”的循环利用模式，使得经济系统和谐地纳入自然生态系统的物质循环过程中，最大限度地提高资源与能源利用率，从而实现经济活动的生态化，达到消除环境污染、提高经济发展质量的目的①。曲格平认为，循环经济就是把清洁生产和废弃物的综合利用融为一体的经济，它要求运用生态学的规律来指导人类的经济活动，按照自然生态系统物质循环和能量流动规律重构经济系统，使经济系统和谐地纳入到自然生态系统的物质循环过程中，建立起一种新形态的经济②。其他如刘平宇等③，吴季松④，冯之浚等⑤，陈锐、牛文元⑥等，也都持类似的观点。

第三类观点认为循环经济是一种新的经济形态。但也有不同的看法，如从生态环境视角出发的学者认为，依据“资源→生产/消费→再生资源”的物质代谢循环模式而建立的一种既具有自身内部的物质循环反馈机制，又能合理融入生态大系统物质循环过程中的经济发展体系形态，其出发点是将人类社会看作生态系统的子系统，资源环境是支撑人类经济发展的物质基础，目的是不断减小人类社会线性物质代谢过程对生态系统的冲击压力，实现人类子系统与生态环境的协调相容⑦。从经济学视角出发的学者则认为，循环经济

① 曹凤中等. 生态全息论对发展循环经济的启示［J］. 环境污染与防治，2002（6）.
② 曲格平. 循环经济与环境保护［N］. 光明日报，2000-11-20.
③ 刘平宇等. 论循环经济发展的必然性［J］. 绿色经济，2002（4）.
④ 吴季松. 循环经济［M］. 北京：北京出版社，2003.
⑤ 冯之浚等. 循环经济是个大战略，载于毛如柏，冯之浚主编：论循环经济［M］. 北京：经济科学出版社，2003.
⑥ 陈锐，牛文元. 循环经济：21 世纪的理想经济模式［J］. 中国发展，2002（2）.
⑦ 张天柱. 循环经济的概念框架［J］. 环境科学动态，2004（2）.

是在生态环境成为经济增长制约要素、良好的生态环境成为一种公共财富阶段的一种新的技术经济范式，是建立在人类生存条件和福利平等基础上的以全体社会成员生活福利最大化为目标的一种新的经济形态。这类观点特别强调，“资源消费→产品→再生资源”闭环型物质流动模式、资源消耗的减量化、再利用和资源再生化都仅仅是其技术经济范式的表征，其本质是对人类生产关系进行调整，其目标是追求可持续发展①②。

显然，由于角度和出发点不同，不同学者对循环经济概念的理解出现偏差自在情理之中，并无对错之分。但也可以看出，随着研究的深入，对循环经济概念的定义表述也从环境保护、节约资源的一般性角度上升到经济发展模式和人与环境、资源、生态协调发展的地位。这种认识上的深化，对于循环经济的理论研究、宏观政策导向、立法、推动实际工作都具有积极的作用③。

上述三类认知中，第一类概念认知侧重于从循环经济思想诞生的时代背景出发，希望通过循环式的反馈过程回归并维持工业革命前处于和谐状态的自然生态状态。如果从字面上来理解，第二类观点和第三类观点的侧重点可以分别归纳为“循环”和“经济”两个关键词。

“循环”是物质层面概念，指的是生态学意义上的循环④，以及物质在生产、生活以及社会活动中的闭环式流动过程，不同环节中物质形态的改变是为了创造有用价值，只发生物质循环代谢，而不应排放到外部危害环境。有学者⑤认为，从侧重“循环”的技术结构理论模式来看，循环经济是要模拟自然生态系统的“生产者→消费者→分解者（或还原者）”三元组织结构，通过技术安排，人为地创造类似于“桑基鱼塘”和“鸭稻共生”等古典循环经济模式中的生产者、消费者和分解者，构筑物质财富创造即生产活动中的循环链，建立生态系统各要素之间的协同稳态关系或共生关系，通过互动整合

① 解振华. 关于循环经济理论与政策的几点思考［N］. 光明日报，2003-11-03.
② 齐建国. 关于循环经济理论与政策的思考［J］. 新视野，2004（4）.
③ 李兆前，齐建国. 循环经济理论与实践综述［J］. 数量经济与技术经济研究，2004（9）.
④ 周宏春. 循环经济与循环经济学［J］. 科技中国，2005（9）.
⑤ 李康. 循环经济理论思索［J］. 环境科学研究，2007（1）.

和反馈循环等共同作用，实现物质循环、能量梯级利用和无废少废生产的基本功能。因此，第二类观点总体上反映了国内工程技术学界对循环经济概念的认知。

“经济”是社会科学概念，指的是人类生产、流通、分配、消费的总和，其核心是节约使用，提高效率，后者正是经济学的基本内涵。因此，循环经济中的“经济”应该指的是在生产、流通、分配和消费各环节中，物质流动不断提高物质消耗和环境利用效率。其产生背景是传统工业化模式打破了自然经济的自然循环状态，需要一种新的技术安排和制度安排，降低甚至是消除这些负面影响。技术安排和制度安排实际上都是代行自然生态系统中资源生产者和废弃物的分解者角色，其实质是通过废弃物资源化发展经济，类似于“废弃物经济”、“垃圾经济”范畴。如果把开发利用自然资源形成的产业称之为“动脉产业”，在循环经济概念产生的德国和日本①，废弃物资源化形成的产业就是“静脉产业”。因此，循环经济也被称为“静脉经济”。

“静脉经济”被认为是狭义循环经济，而广义循环经济是针对资源和环境压力而发展演变出的一种新的经济发展模式，也是指一种新的技术经济范式。从侧重“经济”的产业属性和产业形态来看，循环经济是根据不同生产流程或产业之间的内在联系，建立集约化流程链或产业链的集群。在此意义上，循环经济是集约经济的高级形态和理想模式，可以减少或消除经济增长的外部不经济性，因而循环经济的本质就是要在生产、流通、分配和消费各环节中，通过物质“无终点”的流动，不断提高物质消耗和环境利用效率。从制度安排的角度看，循环经济描述的是经济各个环节中物质循环利用方式及其效率的不断提高，其实质就是通过经济激励手段或者其他方式引导以利润最大化为目标的企业和以效用最大化为目标的消费者个体，减少物质消耗，并把废弃物作为资源重新引回生产过程，以实现资源消耗和最终废弃物的减量化。因此，第三类观点总体上反映了经济学视角上的循环经济概念认知。

---

① 任勇. 中外循环经济的比较 [N]. 中国环境报，2004-06-22.

国内外学术理论界对循环经济尚没有形成统一的界定，各国政策实践对循环经济也没有形成一致的看法。抛开概念和名词术语之争，本书认为，循环经济就是以资源和能源的高效利用和循环利用为目标，以“减量化、再利用、资源化”为原则，以物质闭路循环利用和能量梯次使用为特征，促进经济系统按照自然生态系统物质循环和能量流动方式运行，在宏观上表现为一种新的技术经济范式，在微观上则体现为一种新的生产组织方式。具体到本书的研究对象钢铁产业循环经济和技术创新而言，循环经济就是一种以技术创新为支撑，通过“减量化、再利用和资源化”，实现资源效率最大化、污染排放最小化的生产组织模式。

第二节　循环经济的若干理论问题

一、循环经济视角下的资源、环境和废弃物

在某种意义上，可持续发展问题是由资源问题和环境问题所引发的。资源、环境以及与二者均密切相关的废弃物，既是关于可持续发展研究的三个重要概念，也是支撑循环经济理论的三个基本概念。因此，从循环经济视角来重新审视资源、环境和废弃物这三个概念的经济性质，有助于我们更好地理解循环经济概念的本质。

（一）资源及其经济性质

资源有广义和狭义之分。从经济意义上看，广义的资源泛指任何可作为投入品并带来收益的要素，通常可分为自然资源、人力资源、技术资源和资本资源四大类。狭义的资源则通常仅指自然资源，按照联合国环境规划署（1972）的定义，是指“在一定时间和地点的条件下，能够产生经济价值、提高人类当前和未来福利的自然环境因素的综合”，通常包括土地、水、森林、

草原、动植物、矿产和能源等。“一定时间和地点的条件”实际上就是一定的技术条件，强调资源开发的技术可行性；“产生经济价值”则是从经济角度定义资源的前提，强调资源开发的经济可行性，这一技术经济可行性构成定义资源的必要条件。因此，虽然所有土地、水、森林、草原、动植物、矿产和能源等都是自然因素，但并不都是自然资源，例如多数情况下的气候资源，特定状态下的土地资源等。此外，这也意味着自然资源的范围很小。根据不同特征，资源可以分为不同类型。从可持续发展的角度看，自然资源中的不可再生资源与再生资源、人力资源、技术资源和资本资源对经济增长的作用机理略有不同。引起可持续发展问题的主要是不可再生资源。此外，虽然当前多数分析中将资源与能源并列起来，但是由于能源也是资源的一种，因此，循环经济学研究中的资源的表述都是指不可再生资源（包括能源）。

在经济学史上，资源只是在重农主义盛行的古典经济学时代受到过重视，至少在后来的主流经济学中，人们虽然注意到了资源价格和价值，而对资源作为一种物质本身的数量却是置若罔闻。然而，随着工业化的发展和大规模的资源开采和利用，悲观主义者发现，资源数量上的可用性正在或将受到影响，并很可能导致经济增长停滞。乐观主义者认为，考虑到技术进步和价格机制，长期来看，资源约束增长只是一个伪命题。即便如此，但只要存在资源作为经济活动投入品的经济性质，就不能完全否认资源的约束作用。研究①表明，由于某些资源供给与需求短期价格弹性较低，对经济的短期约束较大，尽管价格机制会实现长期的资源供求平衡，但资源价格在偏离均衡价格后，需要较长时间才能实现供需平衡，将会造成社会福利的较大损失，从而造成资源约束经济增长。

资源在经济活动中充当投入品这一经济性质的政策启示：第一，不应只重视资源价格和价值，还应当把资源规模数量纳入经济分析中。由资源规模

① 李钢，陈志，金碚．“资源约束下经济增长”的经济学解释［J］．财贸经济，2007（9）．
李钢，陈志，金碚，崔云．矿产资源对中国经济增长约束的估计［J］．财贸经济，2008（7）．

数量不足导致的资源约束通常可以用资源稀缺性来衡量，包括资源绝对稀缺和相对稀缺。虽然资源稀缺性问题是现代西方经济学的基本前提假设，但由于同时认为价格发挥了资源配置“无形之手”的作用，所以解决了资源低效利用的问题，也相应巧妙地绕过了资源稀缺性问题。在可持续发展理论诞生之前，古典经济学和新古典经济学或者不考虑资源稀缺性问题，或者仅仅考虑资源相对稀缺问题。考虑资源绝对稀缺，将资源规模数量纳入分析框架，这是循环经济研究与其他研究的一个重大区别。第二，资源稀缺是相对还是绝对，在某种程度上与期限有关。在长期内，由于资源的可再生能力，尤其是伴随技术进步出现了可替代资源，所有资源稀缺性问题都是相对稀缺性问题。但在短期内，更多的资源性问题都是绝对性稀缺导致的硬约束。要缓解资源约束，至少在短期内，应把寻找不可再生自然资源的替代品作为一种可行的解决方案。这意味着，包括但不限于直接从自然开采的资源，凡是能够在经济活动中起投入品作用的，都应视作资源。

（二）环境的经济性质

经济视角的环境是相对于商品生产、交换、流通和消费等人类活动而言的，是人们从事活动的物质空间的要素综合。在此意义上，资源就是从经济学角度描述环境要素的有用性和价值性的物质。环境同资源一样也是一种物质，只是在工业化发展到一定阶段前，环境被认为是无限量的自由物品，不具有经济价值。但随着污染增加，环境的性质发生了变化。这主要体现在洁净的环境与被污染环境之间的差异性，而差异性意味着有限，有限即意味着稀缺。具备稀缺性特点的环境即从无限量的自由物品转变成了经济物品。

根据福利经济学的观点，成为经济物品的环境实际上是一种“俱乐部产品”。这意味着，首先，环境不具有排他性，但有容量限制。环境容量通常也被称为环境负载容量或环境负荷量，是指在人类生存和自然生态系统可得到再生、适应和更新的条件下，环境所能容纳的最大污染物负荷量。显然，环境容量实际上也是对环境稀缺性的一种衡量。不同于其他不可能再生资源的稀缺性，由于环境容量类似于存在一个阈值，在达到环境容量之前，环境的稀缺是一种相对稀缺，而在超过环境容量之前，环境的稀缺变成了一种绝对稀缺。转变经济发展模式，必须把环境的稀缺性和公共性纳入分析框架和政策视野。其次，污染治理成本将远超过造成污染的收益，且一个人造成环境污染，将会由社会共同承担，由此产生负的外部性。将污染水平控制在环境容量许可范围内，既可以选择环境保持，即全程污染预防和减少污染，也可以选择环境恢复，即先污染后治理。应把重点放在污染预防、减少污染上，而不是采取“先污染，后治理”的策略。前者正是循环经济所强调的，而后者正是先行发达国家曾经采用的末端治理模式。

（三）废弃物的经济性质

废弃物包括生产废弃物和生活废弃物，分别是在生产过程和消费过程中产生的排放物，但都因此而导致出现环境污染。按照资源的定义，废弃物实际上是不能产生经济价值的要素。日本著名的循环经济物质流专家 Yuichi[①] 认为，所谓的废弃物，可以认为是系统产出的一种专门类型的物质。所有从自然活动到经济活动的投入都是潜在的废弃物，废弃物的定义高度依赖社会经济背景。在特定的经济语境中，通常需要区分副产品和废弃物的效用和市场价值。从经济的观点来看，判定一种物质是否是废弃物，可将其价值与其他某种物质的价值进行比较，或者是根据供给和需求之间的平衡关系。因此，这些被称为废弃物的物质的特性并不是天生固有的，而是依赖于特定的社会经济语境。

从自然界开采的资源作为人类经济活动的投入就是废弃物产生的起点。所谓的废弃物与资源都是相对而言的，正因为如此，才会有类似“只有被错误处置的才是废弃物”、“废弃物是放错了地方的资源”的说法。赵京兴[②] 认为，废弃物是“一种无用的副产品”，且“有用与无用都是相对于需要而言”，废弃物的经济性质将决定其能否转化为再生资源。首先，从环境的角度来看，

① Yuichi Moriguchi. Recycling and Waste Management from the Viewpoint of Material Flow Accounting [J]. Mater Cycles Waste Management，1999 (11).

② 解振华. 领导干部循环经济知识读本 [M]. 北京：中国环境科学出版社，2005.

废弃物排放虽然增加了环境负荷，但废弃物与污染物既有联系也有区别，两者都是生产生活过程中的排放物，但污染物强调了排放物的环境影响，废弃物则是从使用价值层面定义了排放物与正常资源的区别，二者关注的侧重点不同。因此，从资源的角度也可以认为，污染物是废弃物，但废弃物并不等于污染物。此外，废弃物和污染物也是相对于特定时期的特定技术条件而言的。技术进步可以无害化污染物，将其变成单纯的废弃物；也可以将废弃物变成具有一定使用价值的副产品，或者是循环经济视角下可资源化的资源。其次，废弃物排放产生负的外部性，将导致市场失灵，无法反映资源的真正价值。废弃物资源化后的经济价值将最终决定是将废弃物经过处理排到环境中，还是循环利用，抑或从源头上减少废弃物产生。再次，由于存在边际效用递减，随着经济发展和生活水平提高，生活垃圾中可被循环利用的废弃物越来越多，客观上需要发展循环经济。但以对垃圾收费的形式作为发展循环经济的手段则越来越弱，需要制定新的政策工具。最后，无论是生产还是生活，废弃物排放都是一种成本，因而人们在生产生活中都不希望产生废弃物。废弃物排放量最小化符合人们的经济利益，也是循环经济得以实现的现实基础。

在此基础上，赵京兴提出了废弃物丢弃权的概念，以进一步对废弃物与环境进行区别。由于废弃物的一个基本特征是丢弃物，与丢弃处置行为相关的权利义务关系即丢弃权。可以按照成本最小化的原则制定丢弃权的价格并选择适当的价格形式，使丢弃权的价格体现为废弃物排放的社会成本并将社会成本内部化。对某些废弃物而言，可以由此形成价格而进入市场。对于其他废弃物而言，则可以通过受管制的政府收费来实现社会成本内部化。在这种情形下，政府收费实际上也是一种特殊的市场价格。这样不仅使得废弃物的丢弃权与通常环保界使用的“排放”更具有一般性，也区分了废弃物与环境的经济性质。

二、清洁生产和全生命周期理论

（一）清洁生产与循环经济

循环经济的思想萌芽虽然早于清洁生产，但在国际上，无论是理论的形成还是实践的开展，清洁生产（Cleaner Production）都要早于循环经济。一方面，从起源来看，循环经济和清洁生产诞生的背景都是工业革命后人类经济快速增长，生产规模扩大和人口规模扩大，导致大量资源能源被消耗，污染排放急剧增加，生态环境不断恶化。另一方面，传统的末端治理的污染控制模式难以解决当时日益严重的生态退化和环境污染问题，人们思考和探索资源环境问题不同形式的解决方案。在可持续发展思想产生后，可持续发展的理念逐渐深入人心，但始终缺乏现实可操作的路径给予参考和实践。在此背景下，清洁生产思想和实践开始引起学术界和政策制定者的广泛关注，并逐渐成为实践可持续发展的重要支撑。现在公认的清洁生产起源于 20 世纪 60 年代美国化学行业开展的污染预防审计[①]，以及 1976 年欧共体“无废工艺和无废生产国际研讨会”提出的“消除造成污染的根源”的思想和欧共体理事会正式推行的清洁生产政策，所以在有些国家和地区也将清洁生产称为“无废工艺”或“废物最小化”。在此之后，欧共体先后分别于 1984 年、1985 年和 1987 年组织开展了三批次清洁生产示范工程。1989 年联合国环境规划署开始在全球范围内推行清洁生产。1994 年，联合国可持续发展委员会认定清洁生产是可持续发展的基本条件。目前清洁生产已获得了国际上的广泛认可，并得到了普遍推广。因此，从理论起源和现实实践来看，清洁生产是先行工业化国家在总结末端治理环境保护模式弊端，探索预防污染模式的基础上提出来的。由于清洁生产的广泛实践，也直接推动了现代循环经济理论的产生和发展。

① 这也是清洁生产作为一种环境管理手段，各国广泛推行清洁生产审核的重要历史渊源。

不同国家、地区和组织对清洁生产有不同定义①。例如，联合国环境规划署将清洁生产定义为一种将整体预防的环境战略持续应用于生产过程、产品和服务中，以增加生态效率和减少人类及环境风险的创造性思想。在美国，美国环保署将清洁生产定义为“污染预防”，是在可能的最大限度内减少生产场地所产生的废物量，包括源头削减、提高能源效率、在生产中重复使用投入的原料以及降低水消耗量来合理利用资源。《中国21世纪议程》认为，清洁生产是指既可满足人们的需要又可合理使用自然资源和能源并保护环境的实用生产方法和措施，其实质是一种物料和能耗最少的人类生产活动的规划和管理，将废物减量化、资源化和无害化，或消灭于生产过程之中。我国《清洁生产促进法》指出，清洁生产是指不断采取改进设计，使用清洁的能源和原料，采用先进的工艺技术与设备，通过改善管理、综合利用等措施，从源头削减污染，提高资源利用效率，减少或者避免生产服务和产品使用过程中污染物的产生和排放，以减轻或者消除对人类健康和环境的危害。显然，联合国环境规划署和我国21世纪议程定义的是一种广义的清洁生产，美国环保署和我国《清洁生产促进法》定义的是一种狭义的清洁生产。这些定义虽然侧重点不同，但基本都涵盖了清洁生产的基本内涵和重点，包括清洁能源、清洁生产过程和清洁产品。通过这些定义也可以看出，清洁生产与循环经济既有联系，也有显著的区别。

微观上，清洁生产和循环经济同样都是强调从源头开始产品生态设计，生产过程中都强调减量化和废弃物的资源化，从而实现资源、能源利用效率的提高，最大限度地减少废弃物排放。二者不仅在节约使用资源能源、全程减少污染排放和保护生态环境的目标上是一致的，在实现目标的手段诸如产品生态设计、以技术创新实现废弃物资源化和污染减量化等诸多方面也是完全一致的。因此，在微观层面尤其是微观的企业层面，也可以认为企业的清

---

① 中国清洁生产网. 清洁生产基本概念［EB/OL］. http：//www.cncpn.org.cn/lanmu.jspx？id=103&pid=67&url=/cms/jbgn.htm.

洁生产就是循环经济。

不同的是，清洁生产更加强调尽可能不使用或少使用有毒有害原料和中间产品，循环经济则强调通过物质循环利用的路径实现资源能源效率提高，直接和间接促进资源消耗减量化和污染排放减量化。从实施对象来看，循环经济的对象既可以是企业、产业或社会，也可以是区域或国家，而清洁生产的对象除了企业和产业层面外，还可以深入到具体的产品、企业生产线。显然，清洁生产主要是关注具体生产工艺过程的控制，对不同生产系统的连接以及产品使用和消费后的环境影响关注不够，对社会、区域或国家等更宏观层面的问题更甚少涉及。从手段或方法来看，延续污染审计的思路，实施清洁生产的方法主要是清洁生产审核，即通过审核发现主要排污点，分析排污原因，进而制定或筛选减少或清除污染物的方案，并分析经济和环境效益。此外，清洁生产作为一种环境管理手段，通常还与国家标准化组织制定的ISO14000 环境管理系列标准结合使用。发展循环经济通常需要通过生产组织模式的调整甚至是生产力布局模式的调整，以适应物质循环利用并满足减量化、资源化和再利用的要求。因此，在此意义上也可以认为清洁生产是发展循环经济的基础，循环经济是对清洁生产的深化。

（二）产品生命周期评价和全生命周期理论

区别于传统的末端治理模式，无论是清洁生产还是循环经济，都强调从源头做起，实施全过程控制，后来逐渐演变为循环经济研究中的全生命周期理论。不同于其他学科或研究中的生命周期理论，从理论根源来看，循环经济的全生命周期理论最早可以上溯到 20 世纪 60 年代末的产品生命周期评价①。1969 年美国中西部资源研究所（MRI）针对可口可乐公司的饮料瓶包装，从最初的原材料采掘到最终废弃物处理的全过程进行了系统分析评价，由此引发了一系列针对废弃包装品的资源与环境状况分析（REPA）。此后，美国国

① 曹华林. 产品生命周期评价（LCA）的理论及方法研究［J］. 西南民族大学学报（人文社科版），2004(2).

家环保署和瑞士环境部各自支持开展了一些有关包装材料的研究，直到 20 世纪 90 年代，随着区域性与全球性环境问题的日益严重，公众和社会关注热点也逐渐转移到大量废弃产品上。1990 年，荷兰针对传统末端控制环境政策的缺陷，首次正式提出制定面向产品的环境政策，要对产品整个生命周期内的所有环境影响进行评价。1991 年，生命周期评价的概念被正式提出，1993 年国际标准化组织起草了 ISO14000 国际标准，正式将生命周期评价纳入该体系，从而使其成为与环境影响评价（EIA）、环境审计（EA）和环境绩效等管理工具互为补充的重要环境管理工具。此后相关研究日益丰富，逐步形成了较为系统的产品生命周期评价理论（Life Cycle Assessment，LCA）。

产品生命周期指产品生产、流通、使用到废弃处置的全过程，因此产品生命周期评价也被称为产品（服务）“从摇篮到坟墓”的评价，其本质是对产品从制造前期原料获取和加工开始，再到产品制造和包装、运输和买卖、消费者使用、维修和再利用以及用后废弃产品处置过程中所有投入及产出所产生环境负荷的综合评价。美国环保署更将产品生命周期评价定义为对自最初从地球中获得原材料开始，到最终所有的残留物质返归地球结束的任何一种产品或人类活动所带来的污染物排放及其环境影响进行估测的方法。由于污染排放和环境影响离不开资源利用，目前产品生命周期评价进一步衍生为对产品及其包装物、生产工艺、原材料、能源或其他某种人类活动行为的全过程进行资源和环境影响的分析与评价。在国际标准化组织和各国的推动下，目前已形成了较为成熟的生命周期评价方法，很多国家、研究单位或商业咨询公司还建立了通用的专业数据库和多种定量分析工具。限于篇幅和本书主题，这里不再赘述。

目前产品生命周期评价已成为发展循环经济的基础工具。对企业而言，产品生命周期评价不仅可以识别评价关键污染点，更重要的是还可以通过比较产品在生产前后的变化或比较不同产品设计，促进企业采用新材料、新技术、新设计和重新组织生产以实现绿色化转型。以生态设计为例，产品生命周期评价可以帮助企业选择使用新的材料和原料组合来减少污染，设计更便利于拆解和再循环利用的产品，提升企业市场竞争力。从社会或政策管理的角度看，产品生命周期评价的思想和操作方式可以用于法律法规或者是产品管理政策的制定。例如，笔者 2012 年在德国参加欧盟第七框架计划（7th Framework Programme，FP7）支持的一项关于循环经济研究的会议时了解到，欧盟正在支持开发不同产品的生命周期评价基础数据库，未来将可以对不同国家和地区采用不同原料、不同工艺、不同设备或技术等生产的相同产品（服务）进行资源和环境评价。未来这些产品进入欧盟市场时，欧盟将有可能实现根据产品生命周期评价的结果发出相应的评价申明，并据此实施不同的市场准入和税收政策。

需要特别指出的是，无论是企业产品生态设计还是国家环境政策制定，产品生命周期评价的出发点和着眼点都是全生命周期内的资源投入最小化和环境影响最小化，而不是对产品本身或某一个环节的资源和环境影响评价。这是因为后者可能对企业有利而对社会不利，而前者对社会有利但可能会增加企业成本。例如，麦当劳屈服于消费者对天然材料的偏爱，汉堡包装盒的材料选用了木浆纸而非聚苯乙烯。同时，考虑到在废弃包装处理时聚苯乙烯泡沫盒需要更多的填埋场空间，麦当劳的选择似乎是理性的。但如果进行产品生命周期评价，事实上在各自生产过程中，纸盒耗能比聚苯乙烯泡沫盒耗能多 36 倍，并且多 580 倍废水。在废弃处理时，纸盒还会在填埋场中发生厌氧发酵分解产生甲烷气，增加温室气体①。显然，麦当劳纸盒方案并非是生态设计的最佳选择。这从侧面说明，着眼全生命周期需要完善环境管理政策、避免市场失灵。

在循环经济研究中，产品生命周期评价是重要内容，但其仅仅是面向产品（服务），依托产品评价拓展到企业生产线和生产工艺技术体系。但产品生态设计仅仅是循环经济的一小部分，这就需要将面向产品的生命周期评价扩展到产业的全生命周期和社会环境管理政策。从产业全生命周期的角度来看，

① 解振华. 领导干部循环经济知识读本［M］. 北京：中国环境科学出版社，2005.

主要是着眼于产业上下游产业链和外围周边产业整体的资源和环境影响评价。以钢铁产业为例，图 2-2 显示了钢铁产品生命周期评价的系统边界，即从最开始的铁矿石原材料到钢铁产品生产，以及利用钢铁材料生产制品废弃后的废钢循环。图 2-3 则显示了针对产业的全生命周期资源和环境影响评价，其涉及的相关概念和知识将在本书后面进行分析，但从该图可以看出，其实质是针对以钢铁生产为核心的产业生态系统的资源和环境影响评价。由此也可以看出，如果仅从钢铁产品生产或钢铁产业链自身进行资源和环境影响评价，钢铁产业无疑是资源能源密集型和高污染排放企业，但如果将与之相关的产业生态系统作为一个整体进行综合的资源和环境影响评价，则在社会经济系统下，通过循环经济模式大大降低了钢铁产业的资源能源消耗水平和污染排放水平。

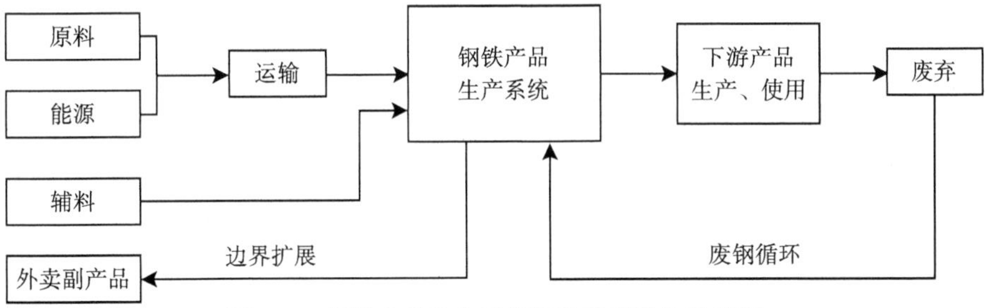

图 2-2 钢铁产品生命周期评价的系统边界示意

资料来源：刘涛，刘颖昊. 钢铁产品生命周期评价研究现状及意义 [J]. 冶金经济与管理，2009（5）：25-28.

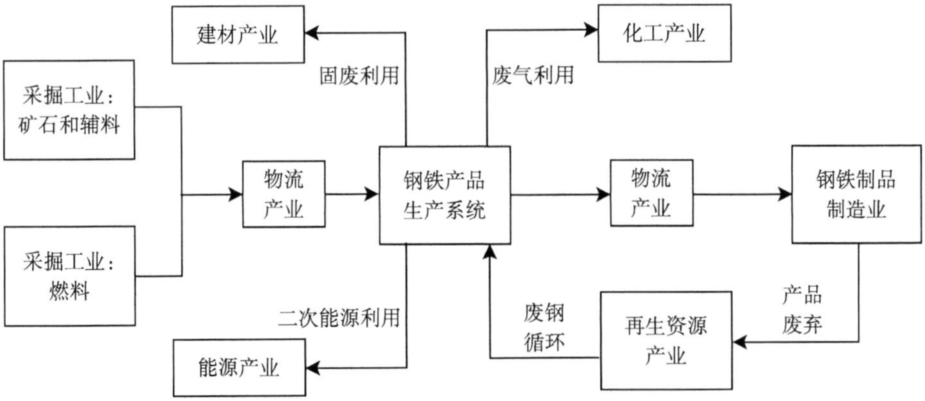

图 2-3 钢铁产业全生命周期的系统边界示意

三、物质代谢理论和物质流分析

（一）物质代谢理论和循环经济

在经济系统中的物质代谢理论研究借鉴了自然系统的物质代谢。在自然系统中，物质代谢过程通常可分为同化作用和异化作用两种代谢变化。在同化作用下，输入物的一部分转化为有机体的一部分，而在异化作用下，输入物的一部分则以废弃物的形式被排除在有机体外。有机体通过持续不断的代谢过程，借以维持系统功能。生态经济学的兴起和发展促使人们意识到经济系统与自然生态系统的相似性，人类社会经济活动中也存在类似的代谢过程。1965 年，Wolman[①] 研究了城市代谢循环问题，将城市代谢需求界定为维持城市居民生活、工作和娱乐的物质需求，但由于废弃物等的存在，代谢循环并不完整。Ayres 等[②③] 较早地较系统地研究了产业代谢问题，认为经济系统的产业活动与生物学中的代谢过程具有类似性，产业活动甚至整个经济系统与生物有机体都是对产业活动（或者整个经济系统）与生物有机体之间进行比较，两者都是以由能源驱动的物质过程为基础的系统，同时也都是远离热力学平衡、自组织的稳态“耗散系统”。产业代谢的本质就是在一定的稳态条件下，覆盖原料投入、能源投入、劳动投入、生产最终产品和废弃物的物理过程的集合。企业的经济活动与此类似，这实际上表明在社会经济系统中，任何具有物质代谢活动且可独立观测的基本单位都是代谢主体，都可以作为研究分析的对象。在 1969 年的那篇论文中，Ayres 和 Kneese 在一个修正的瓦尔拉斯一般均衡模型中，根据物质平衡原理，分析了生产和消费活动中代谢产物——废弃物的外部性问题。如果认为是鲍尔丁提出了最初的循环经济思想，则可以认为 Ayres 等是最早将循环经济理论纳入传统主流经济学的分析框架，

① Wolman A. The Metabolism of Cities [J]. Scientific American, 1965.

② Ayres R.U.and Kneese A.V. Production Consumption and Externalities [J]. American Economic Review, 1969 (3).

③ Ayres R. U.and Simonis E. Industrial Metabolism: Restructuring for Sustainable Development [M]. United Nations University Press, 1994.

但又突破传统主流经济学理论的开创者。

社会生产和消费过程中，无论是资源被生产成产品和废弃物，还是产品经消费变为废弃物，虽然经历了一系列看似复杂的物理反应和化学反应，但只是物质形态和功能的变化，物质本身并没有消灭，仍然遵从质量守恒定律。这是自然系统的物质代谢理论之所以能被应用于分析人类社会经济系统的理论依据。如图 2-4 所示，在最极端的情形下，生产和消费过程中不存在积累，从自然系统中投入到经济系统中的物质最终都将转化为环境系统中的污染物。在传统经济系统中，由于不存在物质循环利用，自然物质投入规模等于经济系统中生产和消费积累与排放的污染物的总和。显然，在存在物质循环利用的情形下，物质循环利用规模越充分，规模越大，由于物质守恒，需要从自然系统中投入的物质需求就越小，向环境系统中排放的污染物规模也越小。从这里也可以看出，与一般经济学研究中以价格体现要素投入和产品产出之间关系的一般均衡模型不同，循环经济研究中主要观察的是以质量体现的资源输入和污染输出之间关系的物质代谢和平衡模型。

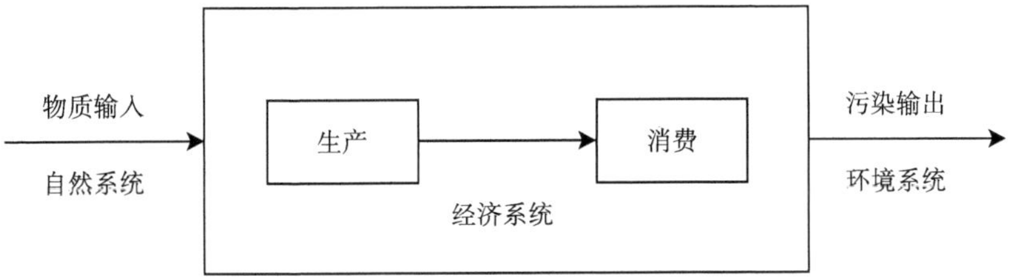

图 2-4（a） 不存在物质循环利用的物质流动和代谢示意

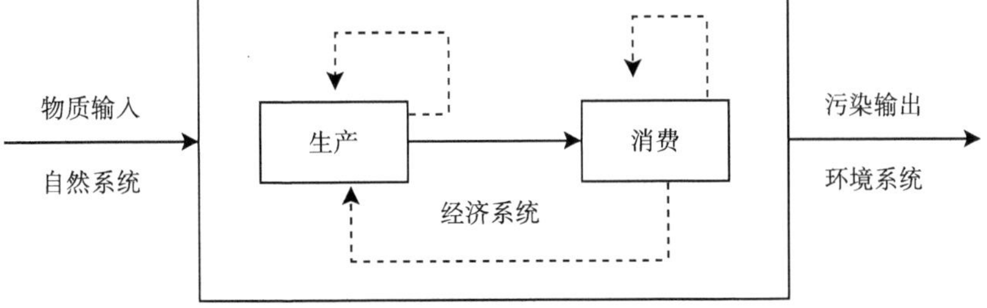

图 2-4（b） 存在物质循环利用的物质流动和代谢示意

代谢理论的本源是反映自然系统的生物、物理、化学变化，然后应用于生态学研究，进而扩展到分析经济系统的物质代谢研究，并形成产业代谢、区域代谢等分支。但经济系统与自然系统既有联系，也有很大的不同。例如，自然系统的代谢主体间的协作是一种类似于食物链的自然协同关系，而经济系统的代谢主体由于都是"理性经济人"，其协作需要外生的制度安排。在一定意义上，可以认为循环经济研究的是物质循环的技术经济问题。本质上，物质循环属于物质代谢的一种形式。因此，物质代谢理论的主要贡献一是为循环经济理论的诞生提供了理论基础；二是提供了基于物质流的研究视角，开辟了一个以物质流分析为中心的研究领域，并使物质流分析成为循环经济研究中最重要的分析工具。

（二）物质流分析与循环经济

物质是人类社会经济活动的载体，能量流、信息流、价值流等研究都基于物质流。除物质代谢理论的发展，环境经济统一核算、自然资源核算、投入产出分析、企业物料管理、环境科学管理等都在一定程度上促成了物质流分析的发展。概括地说，物质流分析就是对环境—经济中的物质输入输出进行量化分析，建立物质流账户，并在此基础上进行基于特定目标的管理。由于经济系统与环境系统的相互作用主要是环境作为资源提供方，向经济系统输入自然资源，经济系统获取资源并消耗后向环境输出废弃物，从而会产生资源环境问题。因此，根据物质代谢理论和质量守恒定律，一定时期输入经济系统的物质总量等于输出系统的物质总量与留在经济系统内部的物质总量之和。这是物质流分析的基本理论依据，现有研究基本上都是在此基础上对资源类型、输入系统和输出系统进行细分，进而建立物质流分析的基本框架。

根据物质的流向，物质流包括三种类型：一是环境与经济系统间的物质流，主要是天然资源的开采及投入到经济系统的物质流。二是经济内部（主体间的）物质流，主要是产业代谢间的物质流，企业和区域、国家甚至全球的物质流，国际贸易物质流等。三是环境中的物质流。根据物质流分析的对象，一种被称为元素流（Substance Flow Analysis，SFA），主要是分析特定物质元素如铁、铜、铅、磷等对国民经济和环境有重要意义的物质的输入和输出，还可以结合特定产业如钢铁等产业部门进行研究；另一种被称为材料流（Material Flow Analysis，MFA）或总体物质流（Bulk-MFA），主要用于分析区域或国家层次上的总的物质输入和输出，在这种情况下，只计算输入输出物质总的数量，不区分物质类型。理论上，SFA 便于分析污染问题，而 MFA 便于分析资源问题和由此导致的宏观层面的污染问题。但 SFA 和 MFA 并不是对立的，从图 2-5 可以看出，两者是有机联系在一起的。

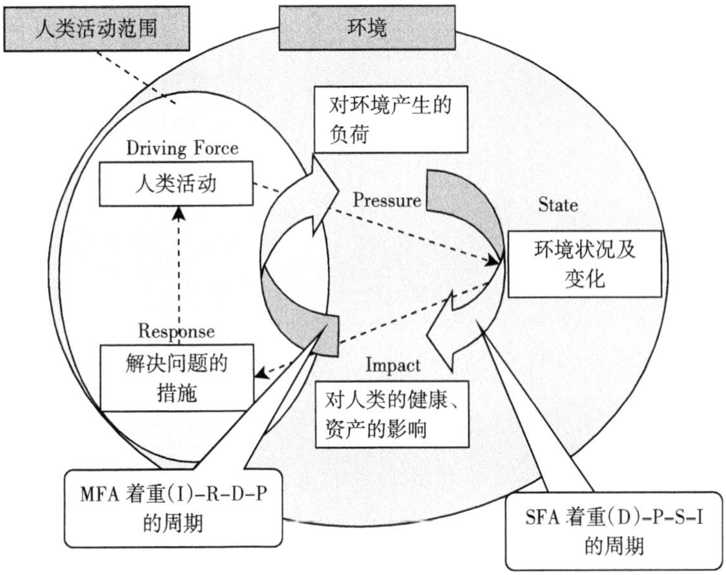

图 2-5　物质流分析的 DPSIR 模型

资料来源：森口佑一. 物质流分析（MFA）的国际动向、手法以及对日本循环型社会政策的贡献［R］. 中日友好环境中心学术报告，2005.

学术界对物质流分析进行了大量研究，充分体现了物质流分析的独特作用。如图 2-6 所示，物质流分析不仅揭示了经济系统与环境系统的关系，更通过对经济系统物质流的静态和动态描述，解释了经济系统物质流流动的影响因素。通过技术安排和制度安排，例如发展循环经济，实现图 2-6 中左图向右图的转变，可以引导物质在经济系统和环境系统之间的改变，改善二者的关系，这对在政策上提高资源利用水平，降低环境负荷，减轻环境污染提供了可能，20 世纪 90 年代以来已引起了发达国家和国家组织的广泛关注。目前基于国家系统的总体物质流研究即 MFA 已成为研究和应用的主流，联合国、OECD 和欧盟等国际组织，以及日本、奥地利、美国、丹麦、荷兰等国家都已建立了国家层次的物质流账户，并开始通过物质流分析提供决策支持。

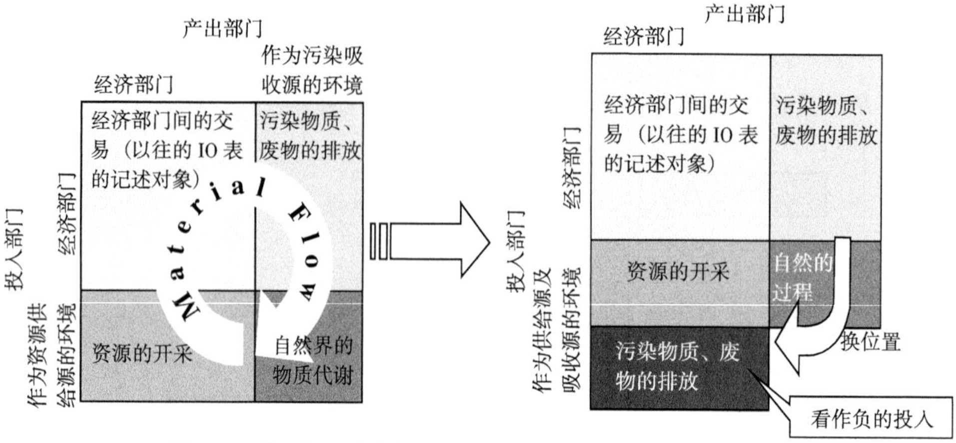

图 2-6　基于投入产出的环境—经济系统间的物质流变化示意

资料来源：森口佑一. 物质流分析（MFA）的国际动向、手法以及对日本循环型社会政策的贡献［R］. 中日友好环境中心学术报告，2005.

物质流分析是循环经济研究和实践中可用来监测物质利用效率的基本手段。物质流分析及管理对循环经济发展的方法学指导作用主要体现在①：一是减少物质总量。物质流分析可帮助人们认识社会经济活动的资源消耗量和调控环节，实现资源消耗减量化。二是提高资源利用效率。物质流分析可以分析和掌握物质投入和产品产出之间的关系，通过技术、工艺改造和更新，提高物质和产品之间的转化效率，提高资源利用效率，达到减量化目的。三是增加物质循环量。物质流分析可以发现废弃物再利用和再资源化的途径，通过提高资源循环利用率，增加物质循环次数和数量，实现资源消耗和废弃物排放的减量化。四是开展循环经济发展评价。由于物质流分析是分析经济活动效率、资源环境压力的科学方法，基于物质流分析的指标体系因而可以成

① 解振华. 领导干部循环经济知识读本［M］. 北京：中国环境科学出版社，2005.

为评价经济活动效率和循环经济发展的重要参考。国家发展和改革委员会牵头制定的和现有研究的循环经济发展评价指标体系，基本上都是以物质流分析指标为基础。图 2-7 显示了循环经济发展较为先进的日本的物质流分析结果，从中可以看出，从 2000 年到 2002 年，日本总物质投入量从 21.3 亿吨下降到 20.7 亿吨，其中天然资源等的投入量从 19.12 亿吨下降到 18.58 亿吨；循环利用量占总物质投入量的比重从 2000 年的 10.23%增加到 2002 年的 10.24%，循环利用量占废弃物的比重则从 2000 年的 36.3%增加到 2002 年的 36.5%。显然，这中间既有资源利用率直接提高的结果，也有废弃物循环利用导致天然资源投入减少的原因。

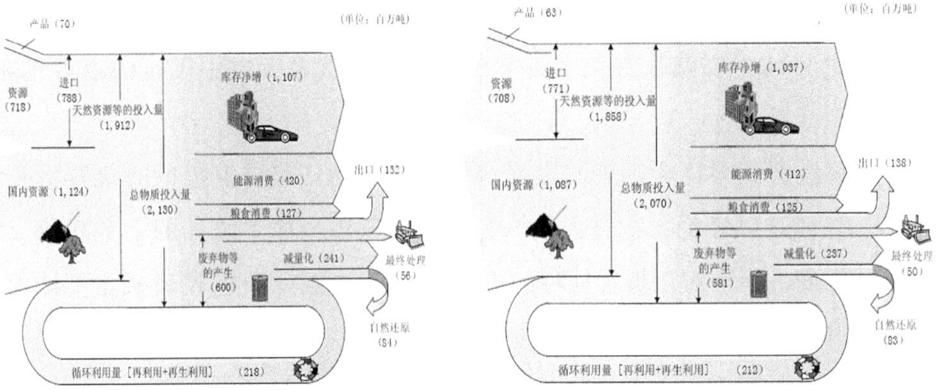

图 2-7　2000 年（左）和 2002 年（右）日本物质流分析

资料来源：日本环境省，转摘自染野宪治. 日本的循环型社会法规体系［R］. 内部报告讲座材料.

四、循环经济的经济学理论基础和创新

（一）循环经济的经济学理论基础

从理论渊源来看，循环经济理论的产生具有明显的交叉学科特征，它与其他相关学科的关系直接构成了其重要的经济学理论基础。

第一是资源经济学和环境经济学。自然资源的显著特点是多用途性和稀缺性，资源稀缺是现代西方经济学研究的出发点。因此，如果不加说明，资源经济学通常就是指自然资源经济学。简单地说，资源经济学主要是研究如何实现资源最佳利用和配置以避免资源稀缺成为现实，避免出现资源约束经

济发展的局面。罗马俱乐部的悲观言论并非仅仅是盛世警言，20 世纪 70 年代石油危机的爆发，以及 21 世纪初世界范围内的资源性商品短缺和供应紧张表明，在一个特定时间和空间点上，资源稀缺和资源约束完全有可能成为现实，资源开发和利用应有一个合理的“度”，人类社会经济活动也应符合资源供求平衡和物质循环的基本规律，不仅要保障近期的资源需求，还要实现资源的可持续供给。此外，生态恶化、环境污染等问题与资源消费规模、速度以及开发和利用方式直接相关，资源配置、开发、利用的最优化不仅要体现在经济价值上，也要平衡生态环境的吸纳能力及相应的成本效益。因此，资源节约、高效使用、循环利用以及废弃物再利用和资源化就显得极为必要，而这正是循环经济的范畴。实际上，在鲍尔丁最初的循环经济思想中，循环式经济的目的主要就是避免宇宙飞船（指地球就像太空中飞行的宇宙飞船）中的资源耗竭。

环境经济学因环境污染问题而产生，这与循环经济诞生的时代背景是相同的。环境难以计价，在过去被认为是独立于市场体系之外的上帝恩赐。20 世纪初，庇古提出对污染者征税的方式即“庇古税”，在生产者成本中计入环境成本和污染治理费用，解决污染外部性问题，引起了广泛关注，也促进了环境经济学的诞生。在微观经济学和福利经济学的基础上，环境经济学的研究内容已远超过“庇古税”的范畴，项目环境经济评价、污染损失与治理的成本效益比较、污染治理的经济分析、污染控制的最佳经济水平、环境经济政策、环境价值核算、环境与发展、环境与全球化和贸易、全球气候变化等，甚至与环境相关的各种议题似乎都可以被纳入环境经济的研究范畴。也正因如此，早期的循环经济是由环境工作者将其作为环境经济的热点进行研究。无论是从对环境问题的关注，还是从经济学视角上把污染问题内部化且把环境纳入整体考虑，环境经济和循环经济都是站在相同的立场上，把循环经济看作是环境经济的一个分支学科，有其一定道理，至少也可以认为是环境经济直接推动了循环经济的诞生。

第二是生态经济学。生态经济学是以生态学原理为基础，以经济学理论为指导，以人类经济活动为中心，以人类经济活动与自然生态之间的相互发展的关系为主题，研究社会物质资料生产和再生产运动过程中经济系统与生态系统之间物质循环、能量流动、信息传递、价值转移和增值以及四者内在联系的一般规律及其应用的科学①。简单地说，其重点是关注生态系统和经济系统的相互作用，在人类社会经济活动中实现人与自然生态的和谐，保障社会经济和自然生态的可持续发展。显然，这与循环经济的目标是一致的。

资源与环境问题密切相关，而由于在一定意义上，资源和环境问题既与生态相关，也可以纳入生态范畴，因此也有学者认为环境经济学和资源经济学都是生态经济学的内容。事实上，很多问题既是资源问题，也是生态问题和环境问题，由此也可以看出，在研究上，资源经济、环境经济和生态经济既存在着一定区别，也有相当大的交叉重合，甚至在可持续发展的旗帜下正在出现融合发展的趋势。如果把环境、生态和资源看作自然界的三个不同方面，环境可以认为是人们从事社会经济活动的物质空间的要素总和，生态则描述了生物活动，包括人类自然社会经济活动与其所处环境要素的关系状态，资源则是从经济学角度描述环境要素的有用性和价值性，是对自然界以价值衡量为特征的概念描述，三者分别从空间要素、关系状态和价值衡量三个维度描述自然界。由于描述的是同一事物，不仅交叉重合难以避免，而且三者融合的共同内核正是循环经济概念的基石，直接促进了循环经济的诞生和理论发展。

第三是福利经济学和制度经济学。福利经济学为循环经济诞生和发展提供的理论支持主要有三方面的贡献。一是公共物品概念。根据福利经济学的观点，成为经济物品的环境实际上是一种“俱乐部产品”。这意味着，环境不具有排他性，但有容量限制，必须把环境的稀缺性和公共性纳入分析框架和政策视野。二是外部性概念及其内部化手段。由于污染的负外部性，污染造成的外部损失通常远超过微观经济主体从制造污染中获得的收益，污染治理的成本超过污染预防的成本，但完全避免污染的成本在经济上通常也是不可

① 陈德昌. 生态经济学［M］. 上海：上海科学技术文献出版社，2003.

行的，因此应采用内部化的手段，将污染排放控制在合理水平，实现微观经济主体与环境和其他主体之间的平衡。将污染水平控制在环境容量许可范围内，既可以选择环境保持，即全程污染预防和减少污染，也可以选择环境恢复，即先污染后治理。应把重点放在污染预防、减少污染上，而不是采取“先污染、后治理”的策略上。前者正是循环经济所强调的，后者则是先行发达国家曾经采用的末端治理模式。三是社会福利的分析视角。以资源的经济分析为例，研究[①]表明，由于某些资源供给与需求短期价格弹性较低，对经济的短期约束较大。尽管价格机制会实现长期的资源供求平衡，但资源价格在偏离均衡价格后，需要较长时间才能实现供需平衡，将会造成社会福利的较大损失，从而造成资源约束经济增长。因此，不应仅仅重视资源价格和价值，还应当把资源数量纳入经济分析中。循环经济物质流分析在这方面发挥了巨大作用。此外，要缓解资源约束，至少在短期内，应把寻找不可再生自然资源的替代品作为一种可行的解决方案。这意味着，资源包括但不限于直接从自然开采的资源，凡是能够在经济活动中起投入品作用的，都应视作资源。环境本身即是资源的一种形式。

制度经济学为循环经济诞生和发展提供的理论支持，主要是市场失灵理论。在市场经济中，“无形的手”在社会资源配置中起关键作用，但社会福利的损失，资源紧缺、生态恶化、污染加剧等现象的存在，表明以价格信号为核心的市场机制存在着一些自身无法克服的缺陷，这意味着必须寻找一种解决市场失灵的制度安排。在此意义上，循环经济同末端治理、清洁生产等一样，都是制度试验的产物。由于技术只有在特定的制度框架中才能发挥最佳效能，作为一种新的经济发展模式，循环经济就是要建立一种新的制度安排。

（二）循环经济理论对传统经济学理论的挑战与创新

诸大建[②]认为，当前制约经济增长与福利发展的限制性因素已经从人造

---

① 李钢，陈志，金碚.“资源约束下经济增长”的经济学解释[J]. 财贸经济，2007（9）.
李钢，陈志，金碚，崔云. 矿产资源对中国经济增长约束的估计［J］. 财贸经济，2008（7）.

② 诸大建. 探索循环经济的经济学理论及其政策意义——基于生态经济学的视角［J］. 中国发展，2008（3）.

资本转移到了自然资本，因此有效地配置自然资本已经成为经济发展的重要内容。这里的自然资本不仅包括传统的资源供给能力，还包括地球对污染和垃圾的吸收与降解能力，以及生态愉悦能力等生态系统为人类提供的服务。经济增长的物质规模必须稳定在自然可以承受的范围之内，传统经济模式仅仅关注传统的自然资源，关注提高劳动生产率和资本生产率等要素，而循环经济关注提高资源生产率，以便用较小的自然资本成本为取得较高的人造资本服务，通过物质循环来创造更多的价值。刘学敏①② 认为，现代经济学是建立在“资源→产品→废弃物”的线性经济模式基础上的，而循环经济以物质封闭循环流动为基本特征，运用生态学规律把经济活动组成一个“资源→产品→再生资源”的反馈式流程和“低开采→高利用→低排放”的循环利用模式，不仅挑战传统线性经济发展模式，也使以此为基础而产生的现代经济学面临挑战。第一，挑战现代经济学的思维和理念。现代经济学假设人类社会经济活动的目的是发展生产力、征服和改造自然，人与自然处于对立位置。而循环经济的目标是从根本上解决环境与发展之间的冲突，达到环境与经济的“双赢”，实现人与自然的和谐相处。至于出现这种差异的原因，很可能是因为传统经济学的“理性经济人”假设，只重视微观经济主体的当期利润最大化和效用最大化，不考虑代内，更不考虑代际其他微观经济主体的权利和利益，助长了向自然索取资源和环境过程中的不可持续行为③。第二，挑战既有的市场规律。传统经济学的市场规律秉承古典主义，认为价格取决于要素的稀缺程度。然而，自然界中不仅不可再生资源是有限的，即使是可再生资源，如果使用量超出其再生能力，也会转化成不可再生资源。市场规律的运行结果是“先污染，后治理；先破坏，后修复”，因此导致环境日益恶化。循环经济把资源环境的消耗严格限制在它的阈值内，根据环境的自净能力和资源的再生能力来使用资源和环境，其本质是用生态学规律而不是现代经济学

---

① 刘学敏. 循环经济挑战现代经济学［N］. 光明日报，2004-02-10.

② 刘学敏. 从“庇古税”到“科斯定理”经济学进步了多少［J］. 中国人口·资源与环境，2004（3）.

③ 彭易成，张霞. 循环经济与传统经济学的比较研究［J］. 宏观经济，2005（7）.

的机械论规律来指导人类社会的经济活动。第三，挑战现代产权理论。市场机制会因为外部性而出现市场失灵，不仅“庇古税”的方法仍然是一种“先污染，后治理”的方法，科斯定理通过界定产权来解决外部性问题看起来完美，促进了现代经济学的很大进步，但并没有跳出“先污染，后治理”的窠臼，仍然忽视了产权的实质是污染的权利，忽视了无论产权如何界定都给社会现实地造成污染或损害这个结果。作为一种新的经济形态，循环经济严格避免污染，同时也排除给任何人污染环境的权利，因而现代产权理论受到挑战。

基于经济学视角的循环经济理论研究，尽管还是初步的，但仍然可以发现其呈现出一些新的面貌：

首先，生态和环境如阳光、空气一样，不在传统主流经济学视野之内。即便是福利经济学和制度经济学分析了污染问题，但“庇古税”等各种制度设计的最终目的仍然是希望将外部问题内部化，借以绕开环境问题，而不是真正解决环境问题。环境问题是循环经济的立论前提，其根本目的是真正解决环境问题。更有学者认为，与传统主流经济学不同，循环经济将“环境”由经济外部的制约性因素提升为经济内部的新的生产要素①。从分析方法来看，循环经济把自然资源和生态环境看成稀缺的社会大众共有的自然福利资本，因而要求将生态环境纳入到经济循环过程之中参与定价和分配。它要求改变生产的社会成本与私人获利的不对称性，使外部成本内部化；要求改变环保企业治理生态环境的内部成本与外部获利的不对称性，使外部效益内部化，最终实现经济增长、资源供给与生态环境的均衡，实现社会福利最大化和社会公平②。

其次，自然和资源问题也是如此。传统经济学视自然和资源为经济的子系统和要素库，而循环经济视经济和自然、资源为同一系统的不同子系统。更重要的是，传统主流经济学关注的稀缺性是自然资源相对于人类的无限欲

---

① 徐嵩龄. 循环经济的理论平台和实验平台［N］. 光明日报，2004-01-06.
② 齐建国. 中国循环经济发展的若干理论与实践探索［J］. 学习与探索，2005（2）.

望所表现出来的稀少性和不足，是相对有限的含义。这一假设前提的目的是当世界上仅存在最后一个单位资源时，设计一种市场机制将其配置到最有效率、最具价值的用途上①。而循环经济关注的稀缺性是绝对的资源枯竭的前提假设，目的是通过制度安排，避免或减缓这一时刻的到来。

循环经济的物质流分析表明，人类的社会经济活动中，不应只重视资源价格和价值，还应当把资源数量纳入经济分析中。传统主流经济学的立论基础虽然是资源稀缺论，但在经济学史上，资源只是在重农主义盛行的古典经济学时代受到过重视，至少在后来的主流经济学中，人们只注意到了资源价格、价值和效用，而对资源作为一种物质本身的数量却是置若罔闻。此外，至少在短期内，应把寻找不可再生自然资源的替代品作为一种可行的解决方案。这意味着，包括但不限于直接从自然开采的资源，凡是能够在经济活动中起投入品作用的，都应视作资源。前述对废弃物的经济分析就是典型例证。

最后，经济过程包括物质能量流动与价值转移。传统经济学只关注价值转移，效率高低都是以价值转移为基础的。物质能量流动属于工程技术和管理的范畴。循环经济则既关注物质能量的流动，也关注价值转移。在此意义上，传统经济学也可以认为属于形而上的宏观范畴，而循环经济属于形而下的微观范畴。就转变经济发展方式而言，循环经济在操作层面更具有指导意义。

第三节　循环经济在我国的发展和实践

一、循环经济的国家战略地位的确立

我国是从 20 世纪末开始从国外引入循环经济理念的。当时以末端治理为

① 夏频，杨虎涛. 重读稳态经济：循环经济热的冷思考［J］. 中国人口·资源与环境，2007，17 (3).

主体的污染防治管理体系，对控制我国污染、加强环境保护起到了积极作用。但与发达国家时间相对较长的工业化过程相比，我国工业化进程速度快、时间短，导致污染出现复合型、压缩型的特点，资源、环境问题更加集中突出，污染治理难度更大。末端治理的本质是“先污染，后治理”，而污染治理的成本远高于污染预防成本，负外部效应造成的福利损失远超过企业获利，企业和地方政府态度消极，本来就不足的污染治理设施受到限制，污染偷排不断，治理处于疲于应付状态。因此，环境保护并未能达到理想结果和预期目的，环境保护战略开始由被动治理向主动预防转变。但无论是末端治理还是同期从国外引进的清洁生产，受技术发展水平制约，存在某种程度上的先天不足。由于环境污染，中国为经济奇迹付出了巨大的环境代价。总体而言，在全球化背景下，中国处于工业化、城镇化和信息化加速发展之中，经济增长所引发的资源环境问题已不容回避。另外，中国经济社会发展面临着诸多内部压力，扩大就业、缩小收入差距、国家财政增收、人口老龄化等问题均需要经济保持较快增长。相对于发达国家的工业化，中国既不能继续走“先污染，后治理”的老路，同时作为发展中大国，在经济全球化条件下也已经不具备上述条件。在这一背景下，学术界也开始意识到，环境污染问题不仅仅是一个污染预防和治理的技术问题，污染排放权、公平、污染成本的内部化等，都说明环境保护首先是一个经济问题，它反映了更深层次的利益调整机制，改变现有的经济发展方式，可以从源头上、从过程中预防问题的产生。因此，找到一种全新的实现环境保护与经济发展真正“双赢”的发展模式已成为现实发展的迫切需要。

由生态环境保护和环境经济学者引入的循环经济概念很快就引起生态环境保护专家、官员尤其是环境保护部门官员的重视。原国家环境保护总局在2000年开始率先提倡在中国发展循环经济，先后批准建立了8个生态省建设试点和一个循环经济试点省，在指导不同类型的生态省、生态市、生态县创建活动中，积极促进循环经济发展。但在2004年以前，我国主要是直接采用发达国家的循环经济概念，将循环经济定位于废弃物处理、处置和综合利用产业，在政策层面作为一种环境保护手段进行推广和实践。例如，2002 年 6 月，第九届人大常委会通过《中华人民共和国清洁生产促进法》，其中第九条规定“县级以上地方人民政府应当合理规划本行政区域的经济布局，调整产业结构，发展循环经济，促进企业在资源和废物综合利用等领域进行合作，实现资源的高效利用和循环使用”。2003 年 5 月，时任国务院总理朱镕基在第十届全国人民代表大会第一次会议上，在总结中国政府环境污染防治工作时，将“支持发展环保产业和循环经济”作为一项重要举措和经验归纳出来。这一表述虽然将循环经济与环保产业进行了区分，但其性质仍然是相同的，并没有发生明显变化。

2003 年 3 月，时任国家总书记胡锦涛在中央人口资源环境座谈会上的讲话指出：“要加快转变经济增长方式，将循环经济的发展理念贯穿到区域经济发展、城乡建设和产品生产中，使资源得到最有效的利用。最大限度地减少废弃物排放，逐步使生态步入良性循环。”标志着决策层面开始将循环经济作为一种新的经济增长方式来看待。2004 年 12 月，时任国家总书记胡锦涛在中央经济工作会议上的讲话再次指出：“要坚持开发与节约并举，把节约放在首位，大力发展循环经济，逐步构建节约型的产业结构和消费结构，走出一条具有中国特色的节约型发展道路。”表明决策层面已开始将循环经济看成一种支撑中国走节约型发展道路的经济发展模式。

随着决策层对循环经济认识的改变，循环经济的综合管理职能开始由早期的原国家环保总局推动逐渐转移到国家发展和改革委员会综合管理。这是因为“循环经济并非简单地强化环境保护和污染治理。它是一种新的经济发展模式，其核心是最有效地利用资源，提高经济增长质量，保护和改善环境。它首先强调的是资源的节约利用，然后是资源的重复利用和资源再生”[①]。表明在我国，循环经济已由早期的环境保护手段上升为协调经济发展与资源节约和环境保护关系的制度安排。

---

① 解振华. 坚持求真务实　树立科学发展观　推进循环经济发展 [N]. 光明日报，2004-06-23.

2005年3月，时任国家总理温家宝在十届全国人大三次会议的《政府工作报告》中强调指出，要“大力发展循环经济，从资源开采、生产消耗、废弃物利用和社会消费等环节，加快推进资源综合利用和循环利用”。2006年3月，《中华人民共和国国民经济和社会发展第十一个五年规划纲要》首次把发展循环经济作为建设资源节约型、环境友好型社会的重要组成部分进行了专门论述。至此，循环经济正式上升为新时期的国家战略。2008年8月29日，全国人大常委会第四次会议审议通过《中华人民共和国循环经济促进法》，并于2009年1月1日起正式施行，从法律层面明确了循环经济的地位，也标志着依法促进循环经济发展的时代到来。

二、发展循环经济的主要工作

循环经济作为新时期国家战略确立后，概括起来，国家宏观管理层面在推动循环经济发展方面主要做了四个方面的工作：

（一）建立不同层面的领导与协调机制

我国循环经济发展是在最高层领导取得共识，并上升为新时期国家战略情况下得到发展的。为了使发展循环经济成为转变经济发展方式的重要实践，从2006年起，实施了举国机制，经国务院批准，建立了由国家发展和改革委员会牵头，环保部、科技部、财政部、国土资源部、工业和信息化部、商务部、建设部、农业部、水利部、税务总局、统计局、林业局共13个部委组成的部际联席会议制度，每年至少召开一次例会[①]。相应地，大部分省市甚至县都成立了相应的领导机构和工作机制。在大多数市或县都成立了由市县最高行政负责人亲自领导的循环经济发展促进协调机构。这是政府发挥“看得见的手”作用的一大特色。

（二）建立完善不同层次的制度保障

除了上述行政组织层面的措施外，政府这只“看得见的手”最重要的功

① 国务院. 关于同意建立发展循环经济工作部际联席会议制度的批复［Z］. 国函〔2006〕5号，2006-01-27.

能是不断完善规划、标准、法律法规和政策体系，在不同层次形成促进循环经济发展的制度保障，主要可以概括为以下五个方面：

一是强化法律法规和政策保障，如制定《循环经济促进法》，使我国成为世界上第三个正式颁布循环经济法律的国家。二是完善促进循环经济发展的政策体系。除国务院颁发的纲领性文件外，据笔者梳理和不完全统计，国务院、财政部、国家税务总局等有关部门先后组织制定、调整或修订了 64 项与循环经济发展相关的环境保护、资源综合利用与废弃物管理、科学技术发展、产业发展和财政税收等方面的政策。三是制定循环经济规划。从第十一个“五年计划”开始，国家《规划纲要》中均对发展循环经济进行了专门规划，并经国务院批准，制定了《国家循环经济发展战略与近期行动计划》。同时，钢铁、煤炭等一些重点行业或重点再生资源领域等也都制定了专门规划，例如秸秆综合利用规划、中水资源利用规划等。四是逐步完善标准体系。据初步统计，2004~2014 年，环保部先后发布了火力发电等 24 个行业清洁生产评价指标体系和 25 项行业清洁生产标准，发布了 3 项生态工业园区标准和 7 项再生利用企业污染控制标准。国家发改委与工业和信息化部也先后分别发布了近 20 项不同行业或领域的清洁生产标准。五是探索循环经济发展评价和考核制度。国家发改委会同环境保护部、国家统计局等制定发布了循环经济评价指标体系，相关统计制度建设工作正在加快进行。资源产出率作为评价循环经济的指标被纳入国家“十二五”规划。

（三）运用财政手段直接支持开展循环经济实践试点

为了促进循环经济发展，国家财政部专门设立了每年 50 亿元人民币的国家循环经济基金。除国家发改委外，其他部委在循环经济领域也投入了巨额财政资金。10 年来，在中央政府层面运用国家循环经济资金，组织了多种形式的试点示范活动。据不完全统计，主要有国家循环经济综合试点和示范、再制造试点（三批次）、餐厨废弃物资源化利用和无害化处理试点（五批次）、城市矿产示范基地建设行动（四批次）、园区循环化改造行动（五批次）、再生资源回收体系建设试点（三批次）、资源综合利用示范行动（两批次）。除此之外，国务院其他部委根据各自职责范围，针对某些具体重要领域或废弃物也组织开展实施了不同形式的试点行动。例如，工业和信息化部开展了清洁示范企业，国家低碳工业园区试点，创建资源节约型、环境友好型企业试点，尾矿综合利用示范工程和工业循环经济重大示范工程等，农业部组织开展了秸秆综合利用和畜禽粪便能源化利用等试点，国家统计局组织开展了资源产出率统计试点等。各省、自治区和直辖市在其辖区范围内，也相应开展了不同形式的试点活动。由此可见，针对不同具体领域开展多种形式的试点行动，并由政府财政给予适当资助，可以提高地方和企业发展循环经济的积极性，同时在试点基础上进一步总结经验，在全国范围内进行示范推广，“看得见的手”对推动循环经济发展发挥了巨大作用。

（四）加强国际合作

从“十一五”开始，循环经济领域的国际合作持续深化，中国已陆续与欧盟、日本、韩国、美国等国家和地区以及世界银行等国际组织开展节能环保和循环经济项目、人员培训等方面的国际合作。此外，我国清洁能源机制发展迅速。据统计，截至 2011 年 2 月 25 日，国家发改委共批准 CDM 项目 2941 个[①]，项目涉及新能源、节能、资源再生利用、环保等多个领域，国外合作方涉及美国、欧洲、日本、俄罗斯等世界多个国家和地区。

三、发展循环经济的主要进展和成效

总体来看，我国循环经济发展还处于全面推动的起步阶段，但在国家、地方和企业等多方共同推动下，取得了积极进展和明显成效。

一是由理念变为共同行动。发展循环经济上升为协调经济发展与资源节约、环境保护关系的制度安排后，发展循环经济不仅成为全社会共识，更逐渐成为全社会的共同行动。

二是自主创新支撑作用显著增强。国家促进自主创新的政策和推动循环

① 中国清洁能源发展机制网，2011-03-21.

经济发展，大大激励了企业加快基于资源高效利用和循环利用的自主创新的积极性，催生了一批针对提高资源利用效率和废弃物综合利用的新技术，不仅逐步改变了传统上对循环经济是“破烂经济”的认识和看法，也支撑了循环经济发展。

三是科技支撑体系初步形成。循环经济技术开发和示范应用已被列入国家中长期科技发展专项规划，初步建立了“官产学研”合作机制，启动了一批重大攻关项目，组织开发、示范和推广了一批对行业有重大带动作用的共性技术、关键技术和适用技术。

四是涌现了一批典型的企业（园区）和模式。经过几年的摸索，我国逐步探索出许多具有中国特色的高效率的循环经济发展模式，涌现出一批典型循环经济企业（园区），对循环经济发展起到了重要的先导作用。

五是取得了明显的资源能源和环境效益。据初步统计，我国工业固体废物排放量逐年下降。一些废物基本实现了由“以储为主”向“以用为主”的转变。社会再生资源回收利用快速发展。由于资源综合利用效率提高产生了节约效应和大量资源得到循环利用，我国资源产出率不断提高。

六是有力促进了发展方式转变。企业通过发展循环经济，在实现较好经济效益的同时，大大缓解了对资源的依赖，极大促进了区域环境改善和地方经济发展。园区和区域发展循环经济，促进了区域生产力优化布局和产业集聚，提升了区域竞争力和经济发展水平。资源综合利用产业、节能环保产业和再制造产业成为我国新的经济增长点，节能环保产业年均增速达到15%~17%，再制造产业成为富有中国特色的战略性新兴产业。发展循环经济已成为我国走新型工业化道路、促进结构优化、转变经济发展方式的重要载体。

本章小结

与自然界本身存在的生态循环和早期人类社会经济活动中为解决资源供给不足而采取的物品再利用或物质循环利用不同，现代循环经济是工业化发展到一定阶段后为缓解资源和环境压力而不断探索产生的一种经济行为模式，也是为了实践可持续发展而逐步形成的一种技术和制度创新安排。

虽然很多学科研究对推动循环经济理论的产生发挥了重要作用，但起最直接和最显著影响的主要是可持续发展理论和环境经济学研究。本书认为，循环经济既是对可持续发展理念的深化和进一步探索，更是实践可持续发展理念的具体载体。循环经济要求以资源和能源的高效利用和循环利用为目标，以“减量化、再利用、资源化”为原则，以物质闭路循环利用和能量梯次使用为特征，促进经济系统按照自然生态系统的物质循环和能量流动方式运行。在宏观上，循环经济表现为一种新的技术经济范式，在微观上它体现为一种以技术创新为支撑，实现资源效率最大化、污染排放最小化的生产组织模式。与传统生产方式相比，循环经济具有完全不同的技术经济特征，既强调提高资源利用效率、实现资源能源消耗和污染排放减量化，也强调生产技术链延伸拓展、实现污染内部化，并强调回收循环利用废旧产品和最终垃圾的集中回收处理，减轻环境污染负荷。与传统线性生产和增长模式所要求的大规模开采、大规模生产和大规模废弃相比，循环经济通过在输入端、过程端和全过程控制，将物质流在经济活动中的单向流动转变为循环流动，减少资源投入和废弃物排放，促进废弃物资源化和再利用，提升物质资源产出率，实现经济增长的减物质化，促进产业和经济社会可持续发展。

资源、环境和废弃物是循环经济理论中三个重要的基本概念。在循环经济视角下，资源主要是指可作为投入品产生收益的不可再生资源，不仅具有价格和价值，资源规模数量体现的资源绝对稀缺性对其作为经济投入品的约束作用更加显著。一个重要的政策启示是，在短期硬约束条件下，可以从资源物理量的绝对稀缺出发，寻求提高物质循环利用次数，开发利用可替代资源。环境是一种典型的“俱乐部产品”，环境容量的存在表明环境的稀缺性，其环境负荷阈值即是“俱乐部产品”的“门票”，也是环境由无限量自由物品转变为经济物品的重要体现，更是将环境相对稀缺转变为环境绝对稀缺的标志。发展循环经济强调全过程污染减量化，将污染排放量控制在环境容量许可的范围内。废弃物不同于污染物，二者既有联系也有区别。在循环经济视角下，废弃物是一定条件下可资源化利用的资源，其资源化的经济价值将决定是内部化废弃物产生的环境污染成本还是外部化其污染治理成本。废弃物排放量最小化符合各方经济利益，是发展循环经济的最优选择。

清洁生产也是针对末端治理环境保护模式弊端、探索预防污染模式的一种可持续发展路径的理论和实践，其实践直接推动了现代循环经济理论的产生和发展。清洁生产的核心是清洁能源、清洁生产过程和清洁产品。与循环经济相比，二者微观发展目标和发展路径是一致的，微观企业层面的清洁生产就是循环经济。但清洁生产与循环经济在实施对象、侧重点等方面都存在显著区别。围绕清洁生产审核，产品生命周期评价发展成为一种重要的环境管理工具，进一步演变为循环经济的全生命周期评价理论，并已成为循环经济的重要理论研究方法。

借鉴自然生态系统中的物质代谢理论和质量守恒定律，相关研究逐渐形成了社会经济系统产业代谢理论、区域代谢理论，并最终形成了适用于分析社会经济系统的物质代谢理论。这不仅为研究物质循环利用技术经济问题的循环经济理论诞生提供了重要理论基础，也使物质流分析成为循环经济研究中重要的基础分析工具。可以根据物质流向和分析对象将物质流区分为不同类型，从而实现对企业、产业和社会经济整体宏观物质循环利用或特定元素层面的物质流动的深层次分析，并结合不同目的进一步研究揭示经济系统与环境之间的关系，以及物质流动的影响，从而为决策提供科学理论支持。

循环经济理论具有交叉学科特征，资源经济学、环境经济学和生态经济学直接促进了循环经济的诞生和理论发展，四者的融合构成循环经济概念和理论基石。福利经济学和制度经济学也为循环经济理论发展提供了重要理论支持。与此同时，循环经济理论也拓展了传统经济学的研究对象、研究领域和研究方法。

发展循环经济是我国新时期的一项国家战略。在宏观管理层面，主要是建立领导与协调机制、建立完善不同层次制度保障、运用财政手段直接支持开展循环经济实践试点和加强国家合作。虽然我国循环经济发展仍处于全面推动的起步阶段，但在多方推动下已取得了积极进展和明显成效。

第三章　钢铁产业特性与循环经济

第一节　钢铁产业的技术经济特性

一、钢铁产业概述

钢铁产业是黑色金属冶炼及压延加工业的俗称。这是因为我国沿用前苏联关于金属的分类管理方法，将金属元素分为黑色金属和有色金属两大类。在国民经济行业分类中，以黑色金属为对象的加工业即是黑色金属冶炼及压延加工业，或黑色冶金工业，是指以黑色金属（铁、铬、锰三种金属元素）矿物作为主要开采、冶炼及压延加工对象的生产活动，主要包括金属铁、铬、锰等的矿物采选、炼铁业、炼钢业、钢加工业、铁合金冶炼业、钢丝及其制品业等细分行业。同时，黑色金属中铁元素在地壳中分布相对最为集中，储量最为丰富，规模化开采、冶炼加工最为成熟，用途最为广泛，因此习惯上简称为钢铁产业。在更细致的国民经济行业分类中，铁矿石开采、选矿等经济活动通常被归为采矿业中的黑色金属矿采选业，只有炼铁、炼钢、铸造、钢压延加工和钢合金冶炼等经济活动才被归类为黑色金属冶炼及压延工业，即俗称的钢铁产业，属于制造业的范畴。本书讨论分析的钢铁产业主要是指属于制造业的黑色金属压延加工等经济活动。另外，如果不加特别说明，本书所有讨论均主要针对以铁元素为加工对象的钢铁产业，不包括铬和锰两种金属元素。

钢铁是基本工业材料，也是使用最多的金属材料。在一个国家未完成工业化之前，钢产量、人均钢产量或人均钢消费量是衡量该国经济实力的一项重要指标，钢铁产业发展水平是工业化水平的标志。因此，钢铁产业不仅是重要的基础工业部门，通常也是国民经济的主导产业和支柱产业之一。美国、欧洲、日本的产业发展和产业结构表明，即使是在已完成工业化的发达国家，钢铁产业的地位虽然有所下降，但无论是考虑到经济体系的完整性，还是从发展实体经济的角度看，钢铁产业始终是必不可少的工业部门之一。因此，钢铁产业的可持续发展对经济社会的可持续发展具有重要意义。

二、钢铁生产流程

钢铁生产流程可分为主要流程和辅助工序，其中辅助工序主要包括焦化、制氧、燃气、运输、设计、维护等。按照生产工艺流程，主要流程通常又分为长流程和短流程两类，通常也被称为长流程工艺和短流程工艺，或长流程钢铁和短流程钢铁。

长流程钢铁包括从炼铁开始到炼钢的全流程，根据工艺和设备选择，现代长流程钢铁可以分为两类，一类是高炉长流程，另一类是非高炉长流程。如图 3-1 所示，高炉长流程钢铁企业中的长流程通常是指从选矿到烧结/球团、高炉炼铁、转炉炼钢、铸造再到轧钢的全流程。采矿、采煤等属于采掘业，不是所有钢铁企业都有自己的铁矿山和（或）煤矿；焦化属于化工过程，但大型钢铁企业通常也进行炼焦供冶金使用，所以通常也把炼焦归为长流程钢铁的一个重要环节。高炉炼铁和转炉炼钢是现代长流程钢铁的两个核心和标志性工序或生产单元，因此长流程钢铁也被称为高炉—转炉工艺钢铁联合企业生产流程，或被简称为高炉—转炉长流程，或高炉—转炉工艺钢铁。

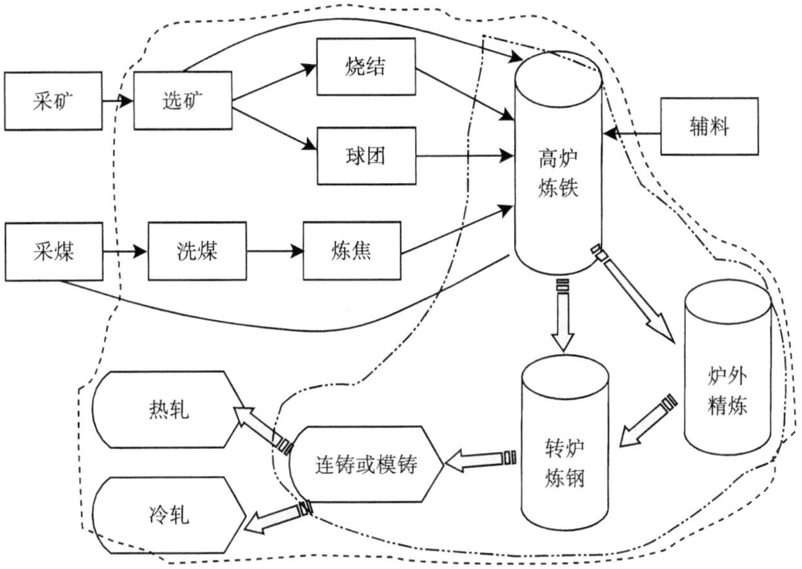

图 3–1　长流程钢铁生产流程示意

根据高炉炼铁和转炉炼钢在长流程钢铁中的特殊位置，长流程钢铁可被分为四个主要阶段：

（1）铁前环节，包括采矿工序、选矿工序、原料工序、烧结工序、球团工序、焦化工序等。与《钢铁产业发展循环经济环境保护导则（HJ465—2009）》一致，本书讨论的钢铁长流程也不包括采矿和选矿两个工序。

（2）炼铁环节，主要包括高炉炼铁工序、铁水预处理等工序。

（3）炼钢环节，主要包括转炉炼钢工序、炉外精炼工序、铸钢工序等。

（4）轧钢环节，主要包括热轧/冷轧工序。现代钢铁企业通常采用连铸连轧工艺等，因此炼钢环节和轧钢环节日益紧凑化。

非高炉长流程炼铁与高炉长流程炼铁的主要区别在于是否使用高炉。因此，非高炉炼铁实际上是指除高炉炼铁以外的其他还原铁矿石的方法，通常可归纳为两大类：直接还原法和熔融还原法。非高炉炼铁不使用或极少使用焦炭，不使用或极少使用球团，因而几乎可以略去铁前环节。非高炉炼铁是钢铁冶金技术中的新工艺，本书将在后文中进行详细讨论。

相比于长流程钢铁是从铁矿石开始，短流程钢铁是从炼钢工序直接开始。如图 3-2 所示，短流程钢铁以废钢为主要原料，主要包括电炉炼钢、连铸、连轧等工序，因此也被称为电炉—转炉工艺钢铁生产流程，或简称电炉工艺钢铁。电炉短流程省去铁前和高炉炼铁环节，不仅可以大幅降低成本，同时还可以因省去炼焦、球团、炼铁而大幅降低高能源消耗和高污染排放。

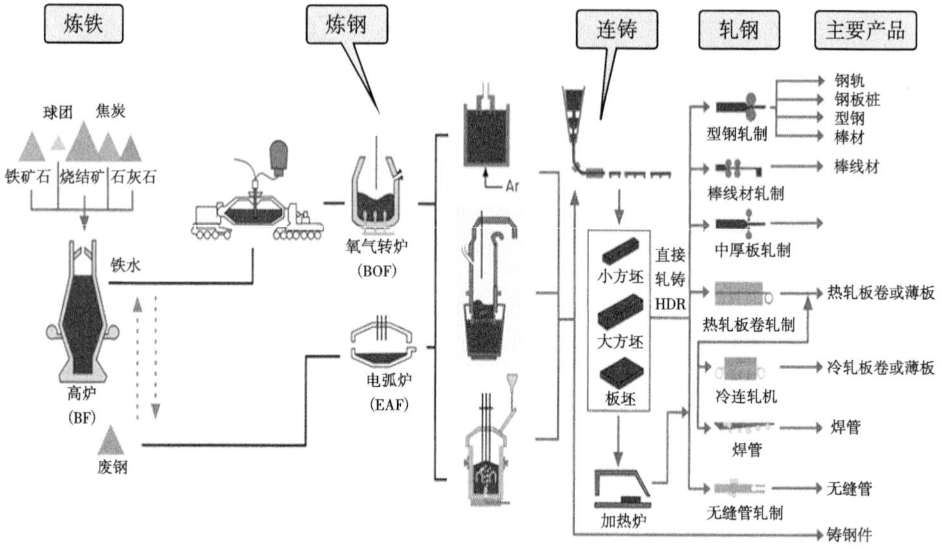

图 3-2 高炉长流程和短流程钢铁生产比较示意

资料来源：冶金工艺流程［EB/OL］. http://wenku.baidu.com/view/2517e8303968011ca300912c.html.

从钢铁产业发展循环经济的角度看，短流程钢铁以社会废钢为原料，本身就是产业循环经济发展的一部分，而长流程钢铁不仅体现了钢铁冶炼工艺差异，而且能更好地体现技术创新对钢铁产业循环经济发展和产业发展的作用，因此本书的讨论重点是长流程钢铁。

三、钢铁产业技术经济特性

从钢铁生产流程和产业特性可以看出，钢铁产业具有如下几个方面的技术经济特性：

一是典型流程工业特性①。无论是长流程钢铁还是短流程钢铁，钢铁产业都体现出流程工业的特性，高炉—转炉长流程钢铁产业体现出的流程工业特性尤其明显。如图 3-1 所示，钢铁产业的生产流程长，四个主要环节可以作为相对独立的四个主要工序，但每个工序之间又包括多个不同的生产单元。不仅相对独立的不同工序之间可以串联、耦合或并联、反馈式作业，每个工序内部不同生产单元之间也需要发生物质和能量交换。不同工序和生产单元之间协调运行与有机衔接，形成流程集成制造，钢铁生产就是一个这样的由多个工序和生产单元组成的开放式、准连续和离散混合的生产过程。因此，不同生产单元之间的配合与上下游工序之间的衔接对钢铁生产至关重要。由于钢铁产业生产流程长，纵向延伸和横向拓展空间大，所以特别适合发展循环经济，同时也必须从全流程整体着眼，解决好流程优化问题。

从技术创新的角度来看，流程工业特性决定了钢铁产业的技术创新不仅包括单体生产单元设备、操作和工艺技术创新，也包括单体工序变革、淘汰、分解与优化、工序区段形式的变革/淘汰和优化，以及整体工序的优化。

二是资源能源密集性和高污染排放性。钢铁产业主要是为国民经济和社会发展提供不可替代的钢铁材料，属于典型的材料产业，其加工对象主要是铁矿石，铁矿石中铁素含量有限，从矿石中提取铁素及铁化合物的过程，需要经历干燥、焙烧、煅烧、熔炼、精炼等过程，这些过程实际上是高温环境下的一系列物理化学反应的组合，然后根据需要进行加工成型，即铸造、轧钢等。因此，从冶金工程技术和冶金工艺过程的角度看，钢铁生产流程是典型的火法冶金过程。从生产过程来看，钢铁生产是以铁矿石为加工对象的长生产流程，维持高温环境可实现火法冶金的物理化学反应，其中流程整体及其所有构成工序、装置都是开放系统，与外界环境都存在物质、能量和信息交换；原料（物料）在生产过程中以大量的物质流、能量流形式通过诸多物理化学变化制成产品，同时伴随着各种形式的排放，这决定了传统钢铁产业

① 殷瑞钰. 冶金流程工程学（第 2 版）[M]. 北京：冶金工业出版社，2009.

是比较典型的高资源消耗、高能源消耗和高污染排放工业。发展循环经济并不是要减少转移到最终产品中的物质消耗，而是通过能量梯级利用、二次能源回收利用和废弃物资源化，将没有转移到最终产品中的物质和能量进行利用，减少资源能源浪费和污染物排放，降低钢铁产业资源能源消耗和污染物相对排放水平。

三是高产业关联性和范围经济。钢铁产业本质上是原材料工业，其上游连接采矿、煤炭等工业，下游连接电器、汽车、船舶、机械等制造业和房地产等建筑业。同时，由于生产链条长，工序和生产单元多，生产过程中需要为电力、热力、仓储物流等产业提供服务，形成以钢铁冶炼生产为核心的产业链，钢铁产业的循环经济发展、技术创新必须放在高产业关联度，甚至国民经济整体发展的大背景下进行统筹考虑。

从钢铁冶炼核心生产环节来看，虽然铁前环节、炼铁环节、炼钢环节和轧钢环节可以相对独立，但从工序连续、紧凑的角度看，需要将不同工序和生产单元集中布局，以便于上下游工序和生产单元有机衔接，实现物质和能量交换，这也是流程工业特性的要求。从企业经营的角度看，由于生产工序和生产单元多，产业链长，产业关联度高，通常需要钢铁企业在集中布局的基础上，适当拓展和延伸产业链，将冶炼全过程产业和高关联性产业全部纳入企业经营范围，形成适度的范围经济。例如，最典型的是，对产业链横向的炼铁、炼钢、轧钢与纵向的电力等集中布局和统一经营，这既有利于降低成本，提高竞争力，也有利于在集中布局的基础上促进物质和能量交换，发展循环经济。

四是企业规模经济性。现代工业是大规模经济，钢铁生产采用专用设备和大型设备，固定投资高，资产专用性强。同时，由于不同规模设备生产效率、资源能源效率、环境污染排放水平和单位产品成本不同，钢铁企业需要维持较大生产规模，且采用相匹配的技术设备和生产规模才能实现盈亏平衡。例如，一般说来，现代钢铁企业冶炼钢和铁的经济规模通常需要保持在百万吨以上，热轧板材生产线的规模则需要维持在 300 万吨以上[①]。

到目前为止，除韩国和中国台湾地区以外，世界所有钢铁生产大国通常都是人口众多、经济规模巨大的经济大国。人口和经济规模小的国家，一般不具备完整的工业体系，其钢铁产品的需求都主要靠进口解决。这主要是与钢铁产业自身的规模经济特性和国内市场需求规模有关。由于传统的钢铁产业是高耗能、高耗水、高资金密集度和高污染物排放产业，对于小国和地区来说，一般很难在市场需求规模、能源供给、国内设备配套能力等方面达到钢铁规模生产的要求。

第二节　钢铁产业发展循环经济的背景和必要性

一、“三高”产业发展与循环经济

直观的经验判断和大量的环境史研究[②]也都证实，工业化、城市化和人口扩张，甚至还有全球化，是导致资源环境问题的主要原因。但人口扩张在很大程度上是因为工业化大大提升了经济水平，城市化和全球化也都是生产力提高并扩大人类社会经济活动范围的体现，因此如果追根溯源，资源环境问题实际上是伴随传统工业化的产物。一个最典型的经验总结例证是环境库兹涅茨曲线[③]（EKC）的存在，如图 3-3 所示，环境库兹涅茨曲线形象地描绘了经济发展与资源、环境变化之间的关系。在人均收入水平较低的发展阶段，

① 袁丽静. 循环经济与技术创新问题研究——以钢铁产业为例 [M]. 大连：东北财经大学出版社，2011.

② 梅雪芹. 环境史学与环境问题 [M]. 北京：人民出版社，2004.
刘金源. 工业化时期英国城市环境问题及其成因 [J]. 史学月刊，2006 (10).

③ Grossman G. M. and Kmeger A. B. Environmental Impacts of the North American Free Trade Agreement [J]. NBER Working Paper No.3914，1991.
Grossman G. M.，Kmeger A. B. Economic Growth and the Environment [J]. Quarterly Journal of Economics，1995，110 (2).

虽然单位环境污染排放强度大，但由于经济规模小，环境问题并不是一个“问题”。随着经济发展水平的提升，单位污染排放强度可能随着技术进步出现下降情况，但由于下降幅度小于经济规模扩大幅度，支撑经济规模扩大需要增加额外资源投入，污染排放总量会相应增加，生态环境负荷不断累积，环境问题将逐步显现。但是，人均与环境二者之间并非始终表现为逆向关系。这是因为，当经济发展到一定阶段后，由于环境意识的发展和技术进步，资源利用率大大提高，污染预防和治理水平相应提高。与此同时，产业结构升级导致资源消耗和污染排放水平相对较高的产业比重降低，也相应降低了资源消耗和污染排放，资源环境问题逐步减少，直至降低至可接受水平。

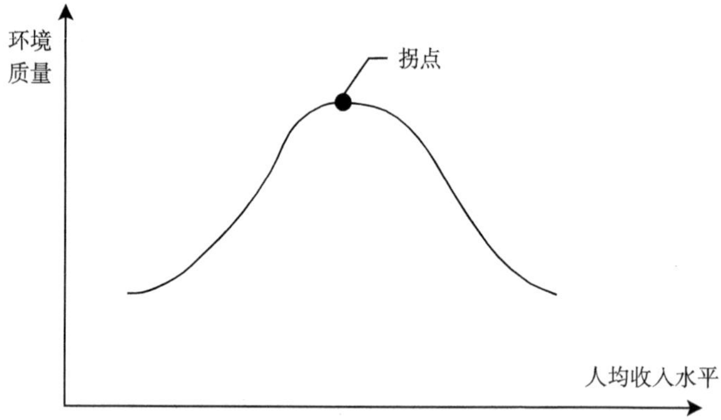

图 3-3　典型环境库兹涅茨曲线的倒 U 形示意

工业化初期，驱动经济增长的通常主要是以农、林产品为原料的加工业发展。随着工业化的推进，以材料加工为中心的重工业化和以重加工业为中心的重工业化相继成为经济增长的主导产业，例如首先是煤炭、钢铁、有色金属、石油化工，其次是汽车、造船等装备制造业和电力、交通运输等相关产业。按照原有发展模式，钢铁、有色金属、石油化工等原（材）料产业都是典型的高资源投入、高能源消耗和高污染排放的“三高”产业。因此，在工业化过程中，也可以说资源能源环境问题的凸显，是钢铁等“三高”产业发展的伴生物。

当代资源环境问题日益严重的根本原因在于工业化运动以来以高开采、

低利用、高排放（所谓“两高一低”）为特征的线性经济模式①，而破解环境、资源对社会经济发展的“瓶颈”约束，谋求人与自然和谐共存，正是现代循环经济诞生的出发点②。因此，也可以认为现代循环经济是在生产力高度发达、生产效率空前提高和物质极大充沛的背景下诞生的，尤其可以认为循环经济就是人类开始反思由于“三高”产业发展催生资源能源和环境问题而寻求问题答案的产物。

从图 3-4 可以看出，循环经济模式对解决“三高”产业发展引起的资源、能源和环境问题发挥着重要作用。在传统线性生产和增长模式下，资源（包括能源）被从自然界开采后，投入进行产品生产，产品在消费后最终形成废弃物直接排放到自然界。因此，从资源开采直至消费后形成废弃物排放到自然界，这一过程既不考虑资源自然枯竭及资源开采和生产的影响，也不考虑废弃物对自然生态环境的干扰和破坏。产业和经济规模的扩大既依赖于资源开采利用规模的扩大，同时也必然伴随着污染排放规模的增加。“三高”产业是工业化时代大规模开采、大规模生产和大规模废弃的典型代表性产业，因此“三高”产业的传统发展方式必然引起资源、能源和环境问题。

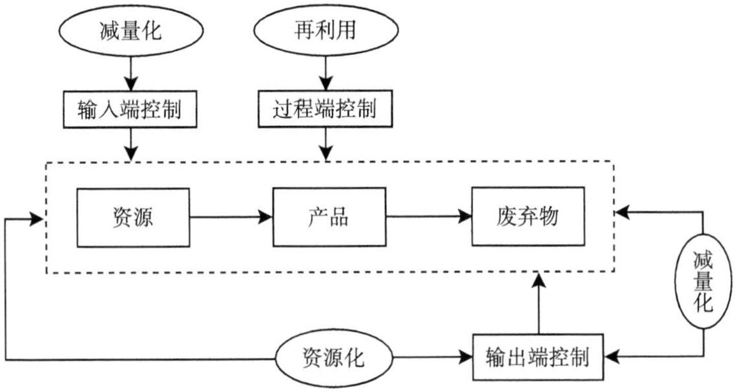

图 3-4　传统生产模式与循环经济模式的比较示意

注：图中虚线框内为传统线性增长方式示意。

① 诸大建. 从可持续发展到循环型经济 [J]. 世界环境，2000 (3).

② 齐建国，尤完. 发展循环经济：背景与对策 [J]. 新视野，2005 (6).

循环经济与传统生产增长模式有着完全不同的技术经济特征①，首先是强调提高资源利用效率，减少生产过程的资源和能源消耗，这既有助于提高经济效益，也是污染减量化的前提；其次是强调延长和拓展生产技术链，将污染尽可能在企业内部进行处理，减少生产过程的污染排放；再次是强调全面回收生产和生活产生的废旧产品，尽可能实现无限次循环利用；最后是对企业无法处理的废弃物集中回收和处理，发展环保产业和资源再生产业。因此，在循环经济模式下，要实现这些首先要求实现资源能源高效开采和利用，在投入端的"减量化"即是要求减少资源能源投入。过程控制实际上是指在流通消费过程中需要尽可能对已使用的"二手"产品或产品部件进行再利用，从而既减少新产品及其资源能源消耗，又减少末端产品废弃物。在输出端，要减少废弃物产生，同时要尽可能地通过废弃物资源化利用，将废弃物作为新的资源，返回生产端或用于其他生产过程，开辟新的资源能源供应渠道，减少对自然生态系统的环境负荷。因此，从经济活动的物质流角度看，循环经济就是使物质流在经济过程中的单向流动转变为循环流动。通过物质循环链条的延长，不仅可以提高物质和能源利用效率，减少资源能源消耗，降低污染排放强度，还有助于实现物质增值，扩大经济活动范围和规模，培育形成新的产业，从而促进"三高"产业转变发展方式，实现可持续发展。

二、钢铁产业发展循环经济的必要性与有利条件

从钢铁产业的技术经济特性可以看出，钢铁产业必须把发展循环经济作为在可持续发展和全球应对气候变化大背景下产业发展的战略之策。

首先，钢铁产业是典型的"三高"产业，这是决定其必须采用循环经济模式的首要原因。按照传统发展模式，钢铁产业开采铁矿石，以煤炭或天然气为能源，大规模加工钢铁原材料，大规模排放废水、废气和固废等废弃物。例如，如果不采取任何措施，吨钢生产需要消耗铁矿石 1.6~3 吨，能耗在

① 解振华. 关于循环经济理论与政策的几点思考［N］. 光明日报，2003-11-03.

2000千克标准煤以上，耗水超过200立方米，产生煤气约2000立方米，还不包括排放的大量二氧化硫及固体废弃物等。虽然这只是一种理论上的极端的资源消耗和污染排放模式，但随着世界各国都相继进入或完成工业化，任何一个要完成工业化的大国，都不可能接受传统的线性生产方式，必须采用循环经济模式进行改造。

其次，钢铁产业的功能拓展和转换也决定了需要采用循环经济模式。从产业形成来看，钢铁产业的目的就是生产钢铁产品，冶金—材料制造是钢铁产业的基本功能。但在社会可持续发展的大趋势下，钢铁产业的功能正在不断延伸拓展和转换。依托钢铁制造流程（主要是长流程钢铁制造），钢铁产业将主要发挥四种功能[①]。

（1）钢铁产品制造功能，即在尽可能少消耗资源和能源的基础上，高效率地生产出成本低、质量好、排放少且能满足用户不断变化要求的钢材。

（2）能源转换功能。钢铁冶炼生产过程是一个物理化学过程，其中以高炉—转炉长流程为代表的钢铁联合企业实际上是铁—煤化工过程。煤炭通过钢铁冶金制造流程转换为可燃气体、热能、电能、蒸汽甚至是氢气等能源介质。这些能源介质部分用于矿石物理加热和冶炼生产，但并未全部转移到最终的钢铁产品，因此部分能源可以回收利用，从而使钢铁企业成为能源工厂。

（3）生产废弃物资源化功能。传统线性的钢铁生产流程演变为可循环钢铁流程后，钢铁生产过程中排放的废弃物，如煤气、炉渣、钢渣、尘泥、废水等，都是可实现资源化的资源，需要转换处理成新的资源。

（4）社会大宗废弃物处理、消纳功能。依托钢铁生产的众多工序，不仅可以协助处理、消纳废钢铁，还可以协同处理、消纳大宗废旧橡胶、塑料和废水。

再次，社会经济可持续发展要求钢铁企业在工业生态化转型中发挥更重要作用。工业生态化实际上要通过一种制度安排，把作为产品生产过程主要

---

① 殷瑞钰. 冶金流程工程学（第2版）[M]. 北京：冶金工业出版社，2009.
柳克勋，王林森. 长流程钢铁企业发展循环经济的模式[J]. 再生资源与循环经济，2009，2（7）.

内容的生产活动纳入大生态系统中，使不同产业按照自然生态的循环原理建立网络化的工业发展模式，形成自然生态型产业链，通过范围经济发展，促进物质循环利用，充分利用资源、能源，减少废弃物产生，减轻工业活动对自然生态环境的扰动，尽可能实现工业生态系统整体的良性循环与可持续发展。钢铁产业的高产业关联性也决定了它具有在工业生态化转型中的特殊作用，如图 3-5 所示。

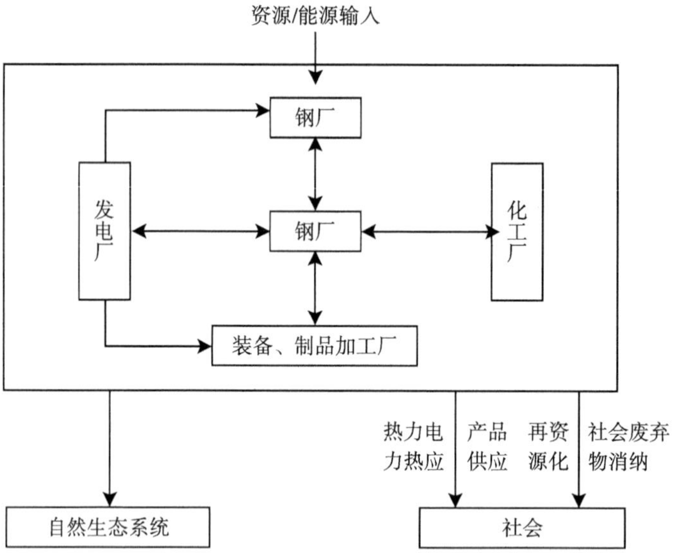

图 3-5 钢铁企业在生态工业带中的作用示意

资料来源：殷瑞钰. 冶金流程工程学（第 2 版）[M]. 北京：冶金工业出版社，2009.

最后，具体到企业而言，发展循环经济是钢铁企业提升竞争力、履行社会责任的必要举措。企业发展循环经济可以减少资源能源投入，降低生产成本。例如，调研发现，2010 年济南钢铁回收二次能源年发电超过 650 万千瓦时，超过生产用电的 60%，年效益近 7 亿元。在行业经济效益整体不景气的情况下，发展循环经济对提升企业竞争力显然极为必要。

流程工业特性既决定了钢铁产业必须发展循环经济，反过来也使得钢铁产业与其他产业相比有更好的发展循环经济的有利条件。钢铁生产工序多、生产单元多，资源能源投入规模大，生产需要发生一系列物理化学反应，这就为实施减量化、再利用和资源化提供了可能性。同时，钢铁生产过程中，上下游工序间既存在着串联关系，也存在并联和交叉关系，每个工序都排出废弃物，这就为从纵向和横向两个方向同时推进形成物质循环利用网络提供了发展空间。反映到从产业层次上看，这就满足了循环经济的发展要求，即延长企业和社会的技术链和产业链，实现产业的纵向延伸和横向扩展，借以提高物质的经济价值，提升资源生产率，从而减少资源、能源消耗，降低污染排放强度。因此，流程工业的多流程、多工序和多单元生产方式，决定了钢铁产业是天然适合发展循环经济的产业。

本章小结

钢铁产业既是支撑工业化的重要主导产业和支柱产业，更是体现工业化发展水平的标志性产业。同时，在大国经济体中，钢铁产业的可持续发展对经济社会可持续发展具有重要影响。根据生产工艺流程，现代钢铁产业可分为长流程钢铁和短流程钢铁，是否以废钢为主要原料是两种不同工艺流程的重要区别。钢铁产业具有四个方面的技术经济特性，一是典型流程工业特性；二是资源能源密集性和高污染排放性；三是高产业关联性和范围经济；四是企业规模经济性。

当代的资源环境问题是工业化运动以来高资源投入、高能源消耗和高污染排放（“三高”）产业发展与以高开采、低利用和高排放（“两高一低”）为特征的线性经济模式共同作用的结果。作为典型的流程工业，尤其是按照传统发展模式，以高炉—转炉工艺为代表的长流程钢铁产业是典型的资源消耗高、能源消耗高和污染排放高的产业，这决定了钢铁产业需要通过循环经济模式转变发展方式。在社会可持续发展的大趋势下，钢铁产业功能已由最初的钢铁产品制造拓展为四种功能：钢铁产品制造功能，能源转换功能，生产废弃物资源化功能，社会大宗废弃物处理、消纳功能。钢铁产业功能的拓展以及高产业关联性，都要求钢铁产业通过发展循环经济为产业自身可持续发展和工业整体的生态化转型做出贡献。与此同时，微观钢铁企业和产业通过发展循环经济有助于提升资源产出率，减少资源能源投入，降低生产成本，提升竞争力，同时树立积极履行社会责任的良好形象。

第四章 钢铁产业循环经济发展模式

第一节 模式、范式与技术经济范式

“模式”是当今广为流行的概念。在汉语里，“模式”的本义是指事务的标准样式。但在当今经济和社会科学里普遍使用的“模式”概念显然超出了这一内涵，例如商业模式、安全模式、中国模式，以及本书此前在讨论循环经济概念时已提到的循环经济模式、增长模式或生产模式等各种表述。显然，从这些表述里也可以看出来，“模式”大致可以被认为是对生产生活实践中积累的经验，经抽象后形成的可以复制推广的一种总结。但在不同学科和不同语境中，“模式”的含义仍然存在细微差别，如商业模式和中国模式、安全模式和循环经济模式等，因此很难给“模式”一个准确的定义。

与“模式”概念类似的一个较早在学术文献中使用的术语是“范式”概念。美国科学哲学家库恩（Kuhn）在《科学革命的结构》（1962）中最早提出“科学范式”的概念，通常是指科学共同体成员共享并尊崇或接受的信仰、价值、理论、准则、方法和技术的总和，也被认为是科学研究群体共同遵从的世界观和行为方式。例如，严格区分宏观经济学和微观经济学是传统经济学研究的基本范式，而以动态一般均衡理论为基础，形成了宏微观一体化的新的研究范式。从“范式”最初的概念可以看出，“模式”基本与此类似，只是“范式”的概念更偏重于学术研究的话语模式。

现今“范式”的概念也被各学科研究广泛地借鉴应用。在技术经济学中，多西（Dosi，1982）将其引入到技术创新研究中并提出了“技术范式”概念，将其定义为“解决所选择的技术经济问题的一种模式”，是“进一步创新的技术机会和有关如何利用这些机会的基本程序”。弗里曼（Freeman，1992）则进一步延伸出“技术经济范式”概念，并认为技术经济范式意味着这样一种过程：从经济角度对具备技术可行性的创新对象进行选择，分别经过较长一段时间进行新范式的确定和在整个系统中进行扩散，最终影响到几乎所有经济部门的生产及分配的结构与条件。佩雷兹（1983，1985，2002）把技术经济范式扩展到制度创新领域，他认为一种技术经济范式包括一整套代表“最优实践”的通用技术、新规则和惯例，是一种最优的惯行模式。事实上，多西提出的“技术范式”是将“范式”概念与技术的经济功能结合在一起，目的是解决技术经济问题，实际上是一种指向具体技术经济问题的“技术经济范式”，而弗里曼和佩雷兹提出的“技术经济范式”是与特定的具备“创造性破坏”特征的创新联系在一起，实际上指向的是技术革命及其引起的制度变革，适用于更宽广、更深层次的“范式”变迁。

显然，本书讨论的“模式”实际上就是“范式”的概念。例如，较早提出循环经济发展模式概念的原国家发改委主任马凯① 在全国第一次循环经济工作会议上指出，循环经济是一种符合可持续发展理念的经济增长模式，中国特色的循环经济发展模式要全面体现在资源开采环节、资源消耗环节、废弃物产生环节、再生资源产生环节和社会消费环节五个方面。由此可见，对具体企业或产业而言，循环经济发展模式或循环经济模式可以被认为是指向

① 马凯. 贯彻和落实科学发展观，大力推进循环经济发展［J］. 宏观经济管理，2004（10）.

具体技术经济问题的“技术范式”，但对全社会而言，循环经济模式不仅涵盖了从资源开采到生产、消费、流通和废弃等的全生命周期，更是扩展到社会消费、文化意识等与制度变革相关联的“技术经济范式”。因此，从技术经济的角度来看，循环经济发展模式可以被认为是一种技术经济范式，即依托技术创新，通过实现“减量化”、“再利用”和“资源化”，解决面临的资源环境问题的一套生产组织和布局模式。在下文关于循环经济与技术创新关系的研究中，将进一步对作为一种技术经济范式的循环经济模式与传统经济发展模式的区别进行详细分析，本章对钢铁产业循环经济发展模式的分析将主要从生产组织和生产布局两个角度展开。

第二节　钢铁企业发展循环经济的基本模式

有研究[①]总结长流程钢铁企业循环经济实践时提出，长流程钢铁企业发展循环经济主要是“四四”模式，即重新认识钢铁制造流程的四大功能：钢铁产品制造功能、能源转换功能、生产排泄物资源化功能及社会大宗废弃物消纳和无害化处理功能；推进四大类物质和能源循环利用：铁元素、能源、水和固体废弃物及废酸、废油等；依靠四个支撑：国家法律法规和政策、科学技术、落后工艺设备淘汰与结构优化和科学管理；实现四个提高：提高钢铁产品制造水平，提高资源能源利用效率，提高清洁生产、环境保护水平，提高经济效益、环境效益和社会效益，最终推动钢铁企业向可循环钢铁制造流程和绿色钢铁制造发展。“四四”模式结合钢铁产业特性很好地概括了钢铁产业发展循环经济的主要对象和效果，尤其是四大类物质和能源循环利用指明了钢铁产业发展循环经济的基本路径问题。例如，在国家发改委发布的

① 柳克勋，王林森. 长流程钢铁企业发展循环经济的模式［J］. 再生资源与循环经济，2009 (7).

《循环经济典型模式案例（简本)》中[①]，山东莱钢集团发展循环经济的典型特征就是通过产业链延伸实现资源高效利用和废弃物综合利用，主要是发挥钢铁冶炼过程中的产品制造、能源转换、废弃物消纳处理等各项功能，构建铁素资源、非金属固体废弃物、二次能源和水资源四个小循环链，从而实现钢铁企业的可持续发展。另外，不同产业在社会大生产中的功能和需要构建循环链条的物质对象虽然不同，但从技术和制度支撑条件来看基本上是相同的。此外，“四四”模式对生产组织和生产布局等发展循环经济的技术路径问题也缺乏考虑。

在国家发改委发布的《循环经济典型模式案例（简本)》中，另一个典型的钢铁企业循环经济模式是宝钢集团的案例。宝钢集团虽然也是长流程钢铁企业，但与山东莱钢不同，宝钢集团是典型的大型钢铁集团。与山东莱钢的物质循环主要集中在企业层面不同，宝钢集团循环经济模式的主要特征是实现生产单元、企业集团和社会三个层面的多循环互动。作为我国钢铁产业技术创新的标杆式企业，在宝钢集团的循环经济模式中，更加强调技术创新的支撑作用，强调规划和组织管理作用。通过源头设计和技术创新，首先要在生产过程中实施清洁生产、完善制造流程、开发环境友好产品等源头减量技术，促进生产方式由污染治理型转变为源头防治型；其次是采用先进技术回收利用余能，加强余热等二次能源转换利用，以及实现全过程能源消耗减量化；再次是建立资源综合利用管理系统，对高炉渣、钢渣等次生资源实现综合、高效利用，实现产业化；最后是与社会互动，主要是宝钢集团服务社会，包括从社会回收废钢炼钢，协同社会资源化处理废塑料等社会大宗废弃物，以及为周边社区和企业提供能源等，构建企业内部、企业与社会之间的物质循环、能量梯级利用体系。

2009 年，环保部以国家标准的形式发布了《钢铁产业发展循环经济环境保

---

① 国家发展改革委. 关于印发循环经济典型模式案例（简本）的通知［Z］. 发改环资〔2011〕2232 号，2011-10-18.

护导则》[①]，重点从环境保护的角度规范了钢铁产业发展循环经济的基本模式。2012年，国务院发布了国家发改委组织各领域专家制订的《循环经济发展战略及近期行动计划》[②]，重点从资源能源利用和提高资源产出率的角度分析规划了钢铁企业发展循环经济的基本模式。由此可以看出，由于关注的侧重点不同，可以概括出不同的钢铁企业循环经济发展模式。本书认为，钢铁产业的产业特征决定了工艺流程优化、废弃物综合治理、钢铁产业生态产业链构建、节能减排等是钢铁企业发展循环经济的主要途径。因此，钢铁企业循环经济发展模式基本可以概括为如下三个方面：

一、资源综合开发利用和污染减排

资源综合利用通常是指采用具有可行性的技术实现对资源中的不同成分的经济开发和利用，即在矿产资源开采过程中采用高效开采技术实现对共生、伴生矿及低品质矿进行综合开发与合理利用，在资源生产加工过程中对产生的废渣、废水（液）、废气、余热、余压等进行回收和合理利用，以及对社会生产和消费过程中产生的各种废物进行回收和再生利用等。

从资源综合开发利用的角度来看，钢铁产业发展循环经济不仅要求最大限度地利用铁元素，同时也要实现对其他元素和物质的经济利用。显然，要实现这一目标不可能从一个生产流程或工序实现，必然着眼和强调全生命周期概念，即从铁矿石资源开采环节着手，加强对低品位铁矿、难分选矿的综合利用，提取利用铁矿石中磷、硫等伴生元素和尾矿中的伴生金属。同时开发利用尾矿砂生产建材，进行井下充填和开展生态环境治理等，以减少钢铁产业对生态环境的破坏。

在投入环节，强调优化炉料结构，通过提高精料水平，减少废弃物产生和污染物排放。例如，利用杂质含量低的高品位铁精矿，控制烧结矿品位波

① 环境保护部. 钢铁产业发展循环经济环境保护导则［Z］. 中华人民共和国国家环境保护标准（HJ465—2009），2009-03-14.

② 国务院. 关于印发循环经济发展战略及近期行动计划的通知［Z］. 国发〔2013〕5号，2013-01-23.

动，从而减少能源消耗和高炉渣的产生。选用灰分和硫分低的炼焦洗精煤等，合理配煤使用，可以减少焦炭使用，减少粉尘和二氧化硫产生。

在生产过程环节和末端，强调生产工艺流程优化和工序衔接配合，缩短钢铁冶炼生产流程时间，减少资源浪费，减轻环境负荷。同时，回收下游工序废弃物中有价值的元素，返回上游生产环节进行利用，重点是提高钢铁生产过程产生的高炉渣、钢渣、粉煤灰、含铁尘泥等废物的资源化利用率。同时，采用清洁生产技术和环境友好技术，加强废物资源化过程的污染控制，避免废物资源化中的二次污染。

二、节能节水和污染减排

节能主要是针对钢铁生产过程中能量流没有完全被铁素流利用的问题，通过对能源转换技术的应用，回收利用二次能源。在淘汰落后高炉、转炉等设备的基础上，加大对节能工艺、技术和清洁生产工艺、技术的应用，以技术创新为支撑推动节能减排。例如，在工序方面，采用连铸坯热送热装和直接轧制技术降低能耗；采用富氧喷煤、干熄焦和干法除尘等技术，既可促进节能又实现了清洁生产减排污染。此外，除生产设备技术和生产、工艺技术的直接应用外，建立企业能源管理中心，提高自动化控制水平，加强管理技术应用等也是钢铁工艺发展循环经济的重要环节。

节能减排最重要的是回收利用副产能源和余热余压利用。前者主要包括“三气”，即高炉煤气、焦炉煤气和转炉煤气，后者包括工序余热余压和废弃物冷却余热等，本书第六章将对此进行详细分析阐述。

节水和污染减排主要是在水资源输入方面，基本是通过采用不用水或少用水的工艺及大型设备，实现源头用水减量化，以及实现分级分质供水。在生产过程中，采用清污分流、循环供水、串级供水等技术，提高水的重复利用率。在生产末端，回收废水，集中处理后实现工业废水资源化利用，减少废水外排，甚至实现工业废水“零排放”。与节能减排类似，这些措施都是与先进技术和大型先进设备的应用密不可分的。此外，由于钢铁产业水耗较大，在有条件的地区，鼓励利用再生水、矿井水、淡化海水等非常规水补充新水，这也是钢铁产业发展循环经济的一个重要选择。后文将对钢铁产业水循环利用模式进行详细分析阐述。

三、构建循环型钢铁产业体系

长流程钢铁冶炼产业链条长，生产工序多，各个环节都会产生不同形式的废弃物，同时也需要能量输入，因此基于废弃物资源化利用和再利用，以及能量梯级利用等，延伸和拓展产业链，可以围绕钢铁冶炼形成一个庞大的循环型产业体系，如图 4-1 所示。例如，回收焦化、炼铁、炼钢等工序产生的煤气，可以发电以实现钢铁产业与电力产业之间的物质循环，或者作为化

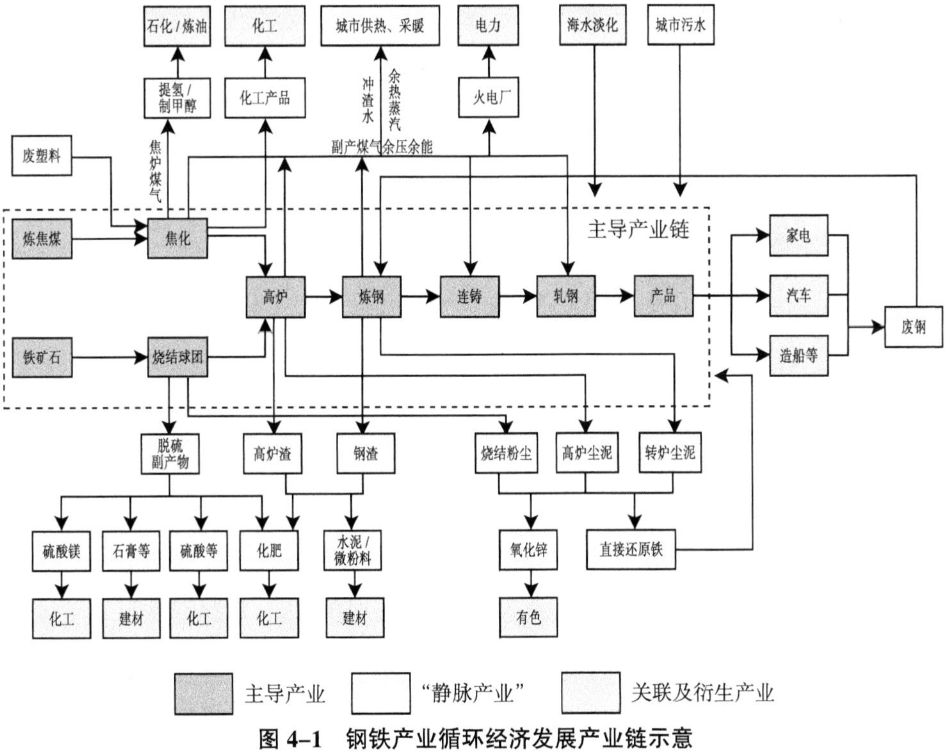

图 4-1　钢铁产业循环经济发展产业链示意

注：图中虚线框内为长流程钢铁冶炼产业链的核心生产工序。

资料来源：国务院. 关于印发循环经济发展战略及近期行动计划的通知［Z］. 国发〔2013〕5 号，2013-01-23.

工原料发展不同形式的化工产业，实现钢铁产业与化工产业之间的物质循环。固废回收可以作为建材如水泥等生产原料，也可以作为肥料、化工、有色产品等的生产原料。钢铁产业不仅可以利用钢铁产业废弃物拓展产业链实现与其他产业之间的物质循环，也可以资源化利用其他产业废弃物或社会废弃物，如利用废塑料、废旧轮胎替代燃料，利用废纸浆替代球团膨润土作为有机黏结剂等。

除了长流程钢铁冶炼外，短流程炼钢虽然产业链条短，但也可以通过利用社会废钢、废旧塑料、废旧轮胎以及生产余热回收利用等，拓展产业链，实现钢铁冶炼生产流程与其他产业的物质循环，形成一个耦合发展的共生产业体系。

通过上述简单的分析也可以看出，无论是从某个角度还是从具体环节来看，钢铁产业循环经济的基本模式实际上都是基于技术创新战略的新型发展模式。

第三节　钢铁产业循环经济发展模式

一、关于界定模式的标准

根据不同标准，可以划分出不同的钢铁产业循环经济发展模式。如根据工艺流程可分为长流程钢铁循环经济模式和短流程钢铁循环经济模式；根据钢铁企业规模可分为中小钢铁企业循环经济发展模式、大型钢铁联合企业循环经济发展模式、钢铁—化工产业园循环经济发展模式和混合型钢铁生态工业园模式等；根据钢铁企业在城市中的位置，可以分为都市型钢铁产业循环经济模式、临海型钢铁循环经济模式、钢铁产业园循环经济发展模式等。包菊芳、诸圣国[①]则根据钢铁产业实践和发展趋势指出，拓展钢铁产业功能、构建钢铁产业链、建造循环生态圈、实现生态化转型是钢铁产业循环经济发展的基本模式。

也有相当多研究[②]认为钢铁产业的循环经济发展是在三个层面上开展的，相应地可以分为三种模式：①小循环模式，主要是钢铁企业内部的物质、能量和废弃物循环利用，如下游工序副产品、废品等返回上游工序，作为原料在企业内部重新循环利用；②中循环模式，主要是钢铁企业与其他企业之间的物质循环，如下游工业副产品、废品等返回到上游工业，作为原料重新处理，或某一工业的副产品、废品、余热等被送往其他工业进行资源化利用或再利用，中循环最重要的体现形式是依托钢铁冶炼，集中布局形成不同形式的生态工业园；③大循环模式，主要是钢铁企业与社会之间的物质循环，如钢铁产品经使用报废后，其中的金属结构材料等部分物质返回钢铁企业作为原料再利用或进行资源化利用。

显然，不同的划分标准不一致，也并不严格，但都有一定的合理性和借鉴意义。相比较而言，考虑到无论什么类型的钢铁企业，无论采用何种工艺流程，在发展循环经济时都会面临企业内部循环和企业内外循环两大类问题，基于大中小三个层次的三种模式划分更具有普适意义，但上述研究中对中循环的外延没有明确界定，只不过是大循环的一种缩影。理论上，在生产组织中，从物质循环利用的角度来看，任何产业的循环经济发展都必须面对三个层面的问题：一是企业内部循环经济问题；二是产业与产业之间的循环经济问题，这同时也是钢铁企业与其他产业之间的物质循环关系问题；三是企业（产业）与社会之间的循环经济问题。对钢铁产业而言，由于流程长、工序多，几乎所有钢铁企业都会不同程度地需要兼顾这些问题。因此，本书从生产组织关系的角度将钢铁产业的循环经济模式分为三种类型，第一种是钢铁

---

① 包菊芳，诸圣国. 我国钢铁产业循环经济发展模式研究［J］. 科技和产业，2007（10）.
② 王社斌，许并社等. 钢铁生产节能减排技术［M］. 北京：化学工业出版社，2009.

企业内部循环经济模式，第二种是钢铁（企业）产业—社会循环模式，第三种是基于钢铁产业的多产业复合循环经济模式。

二、钢铁产业的生产组织模式

（一）钢铁企业内部循环经济模式

根据循环经济的“3R”原则，钢铁企业循环经济发展的主要内容是：在减量化方面，要通过资源能源高效使用和节约使用，提高铁素、水资源循环利用效率，提高能源转换与利用效率，减少资源能源投入，减少废弃物排放；在再利用和资源化方面，要在不同生产工序、不同生产单元之间通过产品流、废物流、能量流的连接，实现废弃物资源交换利用、能量梯级利用、水资源节约和循环利用，实现企业内部资源能源利用效率最大化，降低单位产品物耗、能耗和水耗，相应减少外排废弃物规模。在此基础上，使用市场需求开发生产具有更好性能的钢铁产品，调整和优化产品结构，提高产品的加工深度，使铁素资源得到更高的利用价值和使用效率。

（二）钢铁企业（产业）—社会循环经济模式

钢铁企业内部循环经济模式实际上只体现了钢铁产业的前三种功能。钢铁企业—社会循环经济模式则纳入了对社会废弃物的处理、消纳功能，如协助利用社会废钢，促进矿石资源消耗、能源消耗和高炉渣排放减量化；协助处理利用废旧轮胎等废旧橡胶、废旧塑料以扩大能源供应渠道，促进能源消费减量化；协助处理和利用企业外的废水资源等，以及钢铁企业通过二次能源回收利用发电、供热和生产蒸汽、热水等为社会提供服务。

（三）基于钢铁产业的多产业复合循环经济模式

在上述两种模式中，区别只是在于是否突破企业边界、与社会之间是否存在物质循环。由于循环经济的实施主体都是钢铁企业，在循环经济模式下，钢铁企业专业化的界限正逐步被打破。例如，钢铁企业回收二次能源发电转型为电力企业，回收冶金渣生产水泥转型为建材企业等。由于钢铁生产过程中的二次能源释放、废弃物排放都是大规模的，完全可以满足横向拓展形成新产业的规模经济需要，因此基于钢铁产业的多产业复合循环经济模式（见图4-2）实际上是在纵向上随着工序流程演进发展，着力完善钢铁企业内部循环经济，延伸产业链条；在横向上按照专业化分工的需要，回收钢铁生产过程中的二次能源、废渣、废气等，发展可以与其高度复合的化工、电力、建材、新材料等产业，逐步拓展产业发展领域。

由图 4-1 和图 4-2 可以看出，多产业复合循环经济发展模式下，“矿石采选—烧结/球团—高炉炼铁—转炉炼钢—连铸连轧”是核心产业链。钢铁冶炼生产过程主要是以能量驱动铁素物质流实现化学、物理转换的过程。因此，在以钢铁产业为核心的多产业复合循环经济模式下，钢铁产业与建材、能源和化工产业复合发展是最主要的形式，三者主要依托钢铁产业的固废资源化利用、能源梯级利用和废气资源化利用。在钢铁冶炼生产核心产业链基础上，可以横向拓展形成多条基本产业链，如“煤炭—焦化—化工”产业链、“焦炉煤气＋高炉煤气＋转炉煤气—电力”产业链、“固废—建材”产业链等。此外，

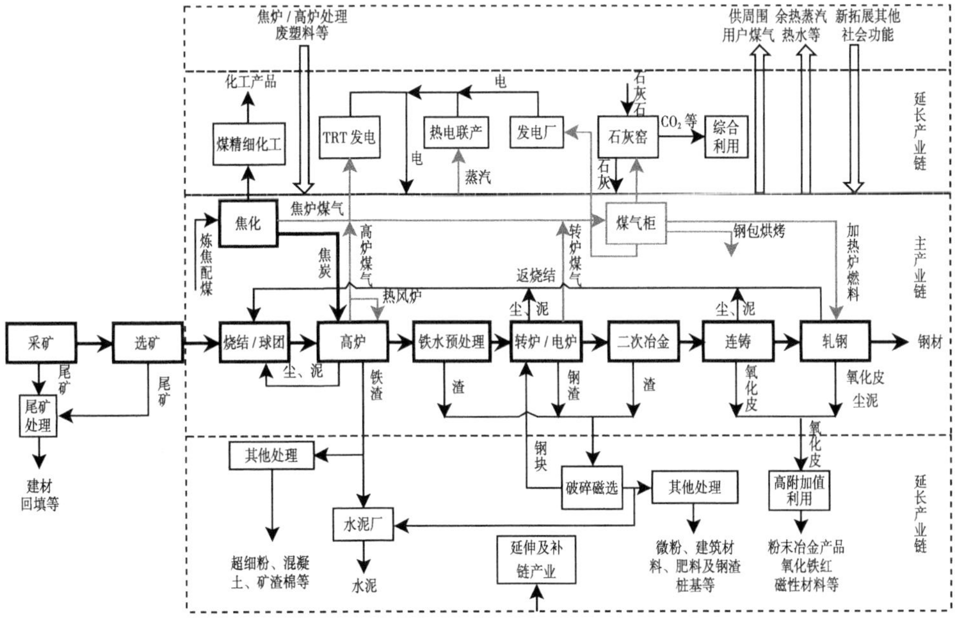

图 4-2　基于钢铁产业的多产业复合循环经济发展示意

资料来源：中国环境科学研究院清洁生产与循环经济中心，北京科技大学. 钢铁产业发展循环经济环境保护导则（HJ465—2009）[Z]. 中华人民共和国国家环境保护标准，2009.

这些子产业链可以通过进一步深加工，延长或拓展衍生出新的产业链，如转炉钢渣破碎处理后生产微粉，形成矿渣肥产业链，回收连铸连轧氧化铁皮进一步加工生产磁性材料，形成新型材料产业链等。此外，这些产业之间的复合发展并非是简单地利用钢铁产业的固废、能源和废气。事实上，这些产业与钢铁产业之间的物质循环关系是双向的。例如，钢铁产业固体废弃物资源化利用发展建材，回收煤气、利用余热余压等发电，建材材料和电力产品都可以用于企业生产建设。钢铁产业与化工产业之间的产业共生关系更为典型。例如，焦化厂生产的焦炭是钢铁产业必不可少的燃料和还原剂，焦炉煤气和钢铁冶炼生产过程中的高炉煤气和转炉煤气不仅可以回收发电，经除尘、脱硫后也是发展化工产业的优良气源，可以作为多种化工产品生产的基础原材料。

在社会发展和钢铁产业循环经济发展过程中，虽然钢铁产业的功能在延伸拓展，但由于钢铁产业的本质和最重要的功能仍然是钢铁产品制造，能源转换、生产废弃物资源化、社会废弃物消纳和无害化处理等功能都是在钢铁产品制造过程中发挥循环经济协同效应的需要。显然，从专业化生产的角度考虑，过分拓宽钢铁产业生产范围的边界，不仅不利于企业聚焦于钢铁产品制造，也不利于钢铁产业自身发展（如图 4-3 所示）。因此，最终循环型产业

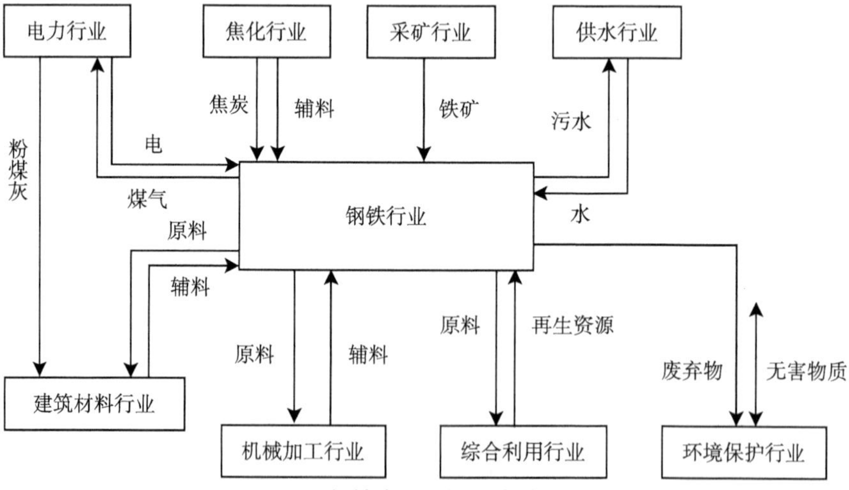

图 4-3　以钢铁产业为核心的循环生态圈

资料来源：包菊芳，诸圣国. 我国钢铁产业循环经济发展模式研究［J］. 科技和产业，2007，7（10）.

体系的形成必须是以钢铁产业为基础、多产业高度复合发展的一个循环生态圈。

三、钢铁产业的生产布局模式

生产布局是生产的空间组织形式。从地理上来看，由于生产布局不合理和产业布局不合理导致的宏观资源效率低下，以及由此产生的资源环境问题，可能比微观上的生产低效导致的资源环境问题更为严重。循环经济强调建立企业内部、企业间和产业间的物质循环利用关系和能源梯级利用关系，其隐含的前提就是潜在的企业和产业在空间地理上已形成较为集中的布局。如图4-4所示，以丹麦卡伦堡生态工业园的产业循环链接模式为例，这一广泛被我国学术界和政策理论界认为是现代循环经济模式始祖和典范的丹麦卡伦堡模式实际上就是一种产业布局模式。在这里，似乎没有任何关联、原本可以分散布局的几家核心企业火力发电厂、炼油厂、生物工程公司和石膏板建材公司等集中布局在一起，为相互间的物质循环利用提供了可能，即火力发电厂不仅可以为其他企业提供电力，同时还可以回收余热，生产蒸汽供应炼油厂和生物工程公司，炼油厂则可以为发电厂提供燃气和经处理后可循环利用

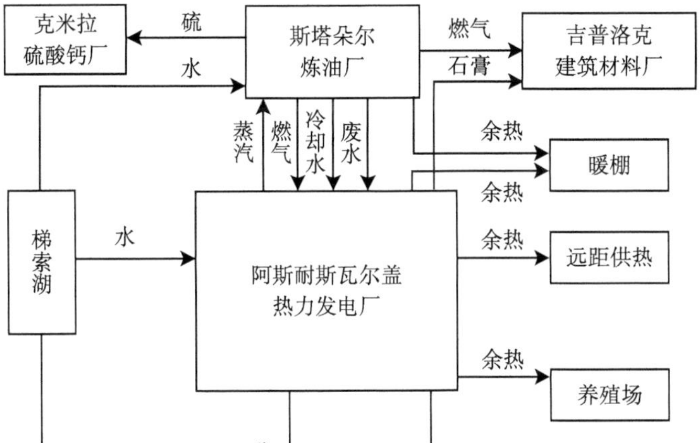

图4-4　丹麦卡伦堡生态工业园的产业循环模式示意

的中水，火力发电厂的烟气脱硫石膏则是石膏板建材厂的主要原料。除此之外，围绕其他废物回收利用，还衍生出其他相关企业和产业，如以生物工程公司的固废生产肥料，回收炼油厂和火力发电厂的余热为周边养殖企业等提供热源。这一简单的案例也说明，生产布局模式不仅是发展循环经济的基础，也是一种产业循环经济的基本模式。

具体到钢铁产业而言，由于钢铁产业的多数流程都可以在地理上分散独立布局，例如炼焦工序、烧结/球团工序与炼铁和炼钢生产分离。在各国钢铁产业发展的早期，基本上都存在不同流程独立分散布局的现象。例如，在19世纪末和20世纪初，由于集中建设高炉、转炉、轧钢等需要高昂的建设资金，众多独立的小企业难以承担，美国钢铁企业多数是独立生产的小型企业。中间贸易商则负责不同生产企业之间的产品联系，即购买上游流程生产的产品后出售给下游流程的生产企业作为原材料。与此同时，通过资本重组成立的美国钢铁公司等少数大型钢铁联合集团虽然具有较强的经济实力，但受当时技术、设备条件的限制，以及工会对企业破产关闭的抵触，很少有单体工厂能达到规模经济，形成不同流程集中布局生产。在我国，类似的不同流程分散布局的情况仍然存在。例如，据统计①，在我国第一钢铁大省河北省，钢铁企业达202家，其中拥有炼钢能力的企业88家，独立炼铁企业42家，独立轧钢企业72家。这些独立炼铁企业和独立轧钢企业实际上就是炼铁流程和轧钢流程分散布局。显然，不同生产流程地理上的分散布局无法满足最基本的钢铁生产流程优化和不同流程之间物质循环的需要。因此，从生产布局的角度来看，将地理上分散独立布局的不同流程集中在一起实现集中布局，形成紧凑、连贯的生产流程，为不同形式的物质循环提供空间和物理上的可能，是钢铁产业循环经济发展的首要要求和基本模式。

在某种意义上，钢铁产业生产布局模式的实质是各种资源和生产要素甚至是产业和企业在空间地域上的配置与再配置。因此，生产流程的集中布局

① 赵松岭. 河北省钢铁行业外贸出口分析［J］. 合作经济与科技，2012（10）.

仅仅是钢铁产业按照循环经济发展的最基本要求。为了实现钢铁产业功能转换以及钢铁产业与其他产业复合发展，还需要在生产流程集中布局的基础上，将产业链纵向延长形成的上下游生产和企业，以及基于不同流程和废弃物资源化利用横向拓展形成的生产和企业等，通过物质和能量的投入产出关联关系，高度密集地集聚在一起，形成产业集聚。这是钢铁产业发展循环经济更广泛意义上的生产布局模式，不仅有利于上下游企业和横向周边企业之间建立物质循环利用和能量梯级利用关系，实现功能集合构建，促进资源集约利用，同时也有利于区内企业共享基础设施，提高协作效率，并减少原料产品搜寻成本和交易费用。

在实践中，循环经济模式下钢铁产业与产业链横向拓展和纵向延伸形成的生产和产业集聚还需要与具体企业所在区域的环境、基础设施甚至是地理交通、产业特征等结合起来考虑。在世界和各国钢铁发展史上，钢铁产业的宏观布局基本上都可以概括为原料产地邻近型布局、消费市场邻近型布局和港口邻近型布局。美国早期五大湖地区的匹兹堡、芝加哥、底特律等钢铁基地的出现主要是由于这些地区邻近美国重型机器、金属加工、运输机械、汽车等制造基地，是钢铁重要的消费市场。美国内陆地区钢铁基地的出现则主要是因为其邻近铁矿产地，我国鞍钢、包钢和河北地区的多数钢铁基地等都是类似的布局考虑。第二次世界大战后，由于钢铁消费市场向日本、韩国和新兴经济体转移，而这些国家缺乏资源，因此从交通便利性出发，这些国家的港口逐步兴建起众多钢铁产业基地，形成港口邻近型布局，这实际是钢铁产业消费市场邻近型布局的一个特例和演化。与这些钢铁产业的宏观生产布局相对应，一些研究相继提出应结合区域市场特征和产业特征形成符合循环经济发展要求的生产布局模式。例如，殷瑞钰等① 以我国为例，根据钢铁企业发展的布局趋势指出，在循环经济社会中，钢铁企业通过绿色制造过程进行生态化转型，最终形成城市周边型和海港工业生态（带）型两种主要模式。

① 殷瑞钰，张春霞. 钢铁企业功能拓展是实现循环经济的有效途径［J］. 钢铁，2005，40（7）.

包菊芳等[1]将其称为都市周边型和港口生态工业型。前者主要是要求在钢铁产业自身流程集中布局的基础上，由钢铁企业就近协同处理城市产生的废钢、废塑料、废橡胶、部分垃圾和社会污水等，发挥城市“清道夫”的作用，减轻城市的环境负荷，同时回收利用钢铁生产过程中的余热为城市生产生活供应热能、热水、电力及钢铁产品。后者则是在适应大宗矿产品和能源供应全球化趋势的基础上，利用物质流优势、资金和技术优势，集成供应链、生产制造链和经营链，实现钢铁企业与建材、电力、石化以及机械设备制造等耗钢产业在港口区域内的协同发展，使资源、能源和资金得到充分有效的利用。此外，在便利地区，可以充分利用港口淡化海水优势，满足钢铁产业的水资源需求。上海宝钢和曹妃甸首钢等都是这方面的典型例子。

由于无论是都市周边型生产布局还是港口生态工业型生产布局，都是从地理位置上区分钢铁产业的企业生产布局模式。从世界经济发展尤其是工业生产布局的发展趋势来看，工业园区是企业集聚和产业集聚形成的企业社区，通过基础设施共享、知识交流和分享，已成为现代经济最重要的生产布局模式。与此同时，工业园区也是资源能源消耗的集中区域。工业园区在空间地理上实现了企业和产业的高度关联，为发展循环经济建立不同企业、产业间的物质循环利用关系和能源梯级利用关系提供了可能，工业园区也是产业循环经济发展模式的重要载体。尤其是自20世纪末以来，在工业生态学和循环经济理论基础上，国际上先后涌现出一批工业生态园，如丹麦卡伦堡（Kalundborg）生态工业园、美国布朗斯威尔（Brownsville）生态工业园等。这些生态工业园模仿自然生态系统的物质循环方式，通过工业生态链将不同企业、产业的各个工艺流程联系起来，形成物质的闭路循环和能量的梯级利用，促进产业共生融合发展，成为工业产业集聚发展的主要布局趋势。因此，从生产布局模式角度来看，发展生态工业园将是未来钢铁产业在循环经济模式下生产布局的发展方向。

---

① 包菊芳，诸圣国. 我国钢铁产业循环经济发展模式研究［J］. 科技和产业，2007，7(10).

在我国，环保部门从21世纪初开始推动建设生态工业园。据环保部科技标准司官员在2014年中国循环经济发展论坛上的介绍，目前已有71个园区通过了国家生态工业示范园区建设规划论证，其中31个工业园区被正式命名为国家生态工业示范园区。在钢铁行业，包钢集团是我国第一个通过国家评审的国家级生态工业园区。如图4-5所示，园区产业系统主要包括钢铁和稀土两大主导产业，以及为钢铁和稀土冶炼生产提供配套服务的产业和决策支撑网络等。在园区中，钢铁和稀土两大产业与产业链上、下游补链产业，包括电力、采矿、煤炭、建材、机械加工、供水、环保和综合利用等行业，形成四条生态产业链，包括：①"矿石—铁精粉—烧结矿—铁—钢—机械加工"产业链；②"矿石—铁精矿—烧结矿—铁渣—钢渣—建材"产业链；③"矿石—稀土精矿—矿粉—稀土功能材料—稀土应用材料"产业链；④"煤炭—焦炭—煤气—电力"产业链。通过包钢集团的集中管理和统一规划，园区形成了融合共生的产业体系。

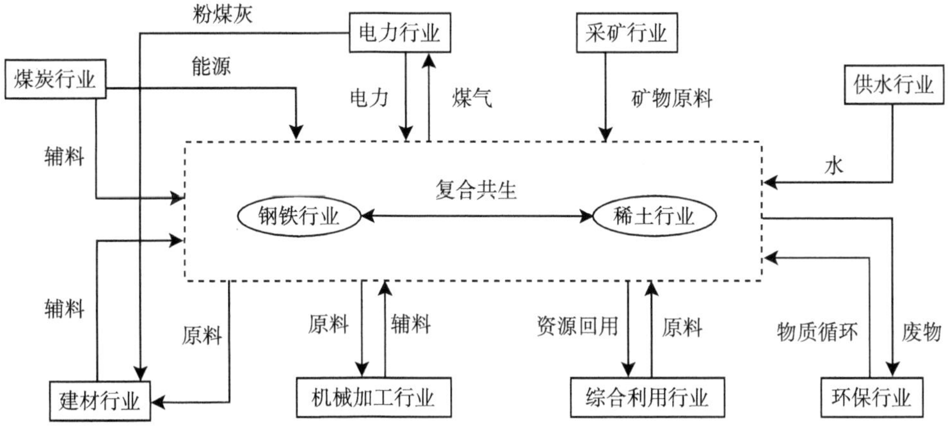

图4-5 包钢生态工业园区的产业共生关系示意图

资料来源：安达，杨金田，曹东，冯流. 用循环经济理念构建包钢生态工业园区[J]. 环境科学研究，2005，18（3）.

由于不同钢铁企业所在地区区位、产业和企业现状不同，在实践中不同类型企业的生态园区建设可能会采取不同的模式，而包钢生态工业园只体现了钢铁生产布局的一种模式。柳克勋根据对不同钢铁企业生态工业园的实践情况，总结了三种类型①。第一种是现有改造型，即对类似包钢这样的钢铁企业进行改造，使园区内企业建立共生关系，实现副产品、废弃物和能量交换，形成产业链。目前多数钢铁企业的生产布局模式调整都可以采用这种模式。当前国家发改委正在开展的园区循环化改造实际上也是采用类似的思路，即以钢铁企业为核心，通过基础设施共建共享、循环型产业链构建、体制机制创新，最终形成以钢铁生产为核心、不同产业耦合发展的生态产业链。第二种是全新创建型，主要适用于新建钢铁企业，如曹妃甸首钢——京唐钢铁项目、宝钢湛江钢铁项目等都是采用类似模式。第三种是虚拟共建型，主要针对地理上不在同一地区的企业组成的虚拟工业园区，通过计算机模拟和数据库，实现物质和能量的联系与交换，共同建设污染物零排放的生态工业园区，如福建省以三明钢铁集团为主体的三钢型号经济工业区等。

需要特别指出的是，生产布局模式强调钢铁产业各生产单元，以及与相关产业间在空间上的布局，这与生产组织模式强调钢铁产业内部各单元及其与相关产业之间的物质关系并不矛盾。事实上，在循环经济模式下，生产布局强调各生产单元集中布局和循环型产业体系集聚布局，其最终目的则仍然是构建物质循环利用关系，形成循环型生态产业链。在此意义上，这两种模式是内在统一的。

本章小结

在微观上，技术经济范式是解决特定问题的技术及其组合，以及利用技术解决问题的一种模式。在宏观上，技术经济范式是由一系列技术或技术体系，以及与应用这些技术组合相关的社会制度、规则和管理等构成的规则程

① 柳克勋. 关于钢铁企业建设生态工业园的思考与建议［J］. 再生资源与循环经济，2008（11）.

序。循环经济发展模式是一种典型的技术经济范式，微观上它体现为在技术创新的基础上，通过“减量化”、“再利用”和“资源化”的方式，解决资源环境问题的一种生产组织和布局模式；宏观上它体现为一套从资源开采到生产、消费、流通和废弃等物质流的全生命周期，以及社会消费和文化意识等与制度相关联的社会经济生产模式和生活方式。

钢铁产业循环经济发展模式是对不同钢铁企业循环经济实践的总结和凝练。但根据工艺流程、企业规模大小、企业布局、物质流循环规模等不同标准，可以归纳总结为不同的钢铁产业循环经济发展模式。根据钢铁产业与外部的物质交换关系，本书将钢铁产业循环经济模式划分为钢铁企业内部循环经济模式、钢铁企业—社会循环经济模式和基于钢铁产业的多产业复合循环经济模式三种基本类型。

长期以来，在研究循环经济发展模式时，产业的生产布局模式并没有得到足够重视。相反，由于生产布局模式直接关系生产力和生产要素配置，是物质资源在地理上能够循环利用的基础保障，因此应更加重视产业生产布局模式的规划。现代钢铁产业尽管仍然是可以相对独立分散的生产流程，但经过上百年的发展，将不同流程和工序集中布局，为不同形式物质循环和能量梯级利用提供空间和物理上的可能，已成为现代钢铁产业循环经济发展的基本前提条件。从实践来看，无论是都市周边型生产布局还是港口生态工业型布局，生态工业园已成为钢铁产业未来发展循环经济的典型生产布局模式，也是循环经济模式下钢铁产业生产布局的发展趋势。

第五章 基于循环经济的钢铁产业关键共性技术创新

第一节 技术创新概述

一、创新与技术创新的一般概念

一般意义上，创新意味着改变。在学术研究层面，不同学科对创新也有不同理解。在经济学中，尤其是在对创新做出开拓性贡献的熊彼特看来，创新是指把一种从来没有的关于生产要素和生产条件的“新组合”引入生产体系中，实现生产要素或生产条件的重新组合，即建立一种新的生产函数。熊彼特认为的“新组合”具体包括五种情况：引入一种新产品、引入一种新的生产方法、开辟一个新的市场、获得原材料或半成品的一种新的供应来源、新的组织形式。显然，至少在熊彼特的研究中和创新研究的早期，创新是一个广泛的概念，并未特别强调硬技术层面的创新，熊彼特也并未对技术创新给予明确的定义。因此，在经济学的一般意义上，创新就是指技术创新，是生产函数的改变，与具体的硬技术的变化无关。后人所谓的产品创新、技术创新、市场创新和制度创新等，都是从不同角度进行的深化研究。在这种情形下，技术创新应是单纯的硬技术的创新。显然，不论是单纯的硬技术创新，还是产品创新、市场创新或制度创新，其结果都是经济学意义上的技术创新。

第二次世界大战后相对和平稳定的国际环境促进了世界经济的快速增长，新技术应用发挥了至关重要的作用。美国经济史学家罗斯托提出了经济起飞论①，认为创新在经济起飞过程中至关重要。活跃的发明和创新，以及在生产过程中吸收科学技术所蕴藏的力量是由落后阶段向先进阶段过渡的必备条件之一。同时，罗斯托在“创新”概念的基础上提出了“技术创新”概念，并被普遍接受。虽然从熊彼特的观点来看，硬技术层面的技术创新仅仅是创新的一种，但毋庸置疑的是，在现实中，尤其是在微观和产业领域，硬技术层面的创新对经济增长和社会发展的重要性通常更加关键。因此，从经济学的视角来看，当今对创新概念的理解主要是从技术和经济相结合的角度探讨技术创新在经济发展过程中的作用。

目前关于创新和技术创新的研究真正出现了“百花齐放”的局面，形成了不同的研究流派。在产业领域，Abernathy 和 Utterback② 明确指出技术创新是技术上的实际采用或首次应用，OECD（1992）认为技术创新包括新产品和新工艺，以及产品和工艺的显著变化。国内学者许庆瑞教授③ 将技术创新定义为从一种新思想的产生，到研究开发、产品试制、生产制造、首次商业化及扩散的全过程。柳卸林教授④ 认为技术创新是与新产品的制造、新工艺过程或设备的首次商业应用有关的技术的、设计的、制造的及商业的活动，包括产品创新、过程创新（工艺创新）及其扩散。由于本书的讨论主题限定在相对微观的产业领域，这里认可柳卸林教授的上述观点。

---

① W. 罗斯托. 经济成长的阶段［M］. 郭熙保，王松茂译. 北京：中国社会科学出版社，2010-03-01.
② W. J. Abernathy，J. M. Utterback. Patterns of Industrial Innovation［J］. Technology Review，1978，80（7）.
③ 许庆瑞. 技术创新管理［M］. 杭州：浙江大学出版社，1990.
④ 柳卸林. 技术创新经济学［M］. 北京：中国经济出版社，1993.

二、技术创新的类型

根据不同的分类标准，可以将创新或技术创新划分为不同类型。例如，熊彼特认为，创新主要包括五种情形：生产一种新产品，采用新的生产方法，开辟新的市场，创造新的原料供应来源，形成新的生产组织形式。此外，比较有影响的还有以下两种分类方法。

第一种分类方法是根据技术创新对象的不同，将技术创新分为产品创新和工艺创新。

（1）产品创新：指由于技术变化引起的新商品的创新。根据技术变化程度，可以进一步分为重大产品创新和渐进性产品创新。

（2）工艺创新：指将一种新的生产方式或流程引入到生产体系中，包括新装备、新工艺的应用，以及新的生产管理方式流程的应用等。同样，根据影响程度不同，可以进一步划分为重大工艺创新和渐进性工艺创新。

第二种分类方法是在技术创新领域卓有影响的英国萨塞克斯大学科技政策研究所提出的分类方法，主要是根据创新影响程度的不同，分为渐进性创新、突破性创新、技术体系的变革和技术—经济范式的变革四类：

（1）渐进性创新（Incremental Innovation）：指对现有技术的改进和完善引起的渐进性、连续的创新。

（2）突破性创新（Radical Innovation）：以技术上的重大突破为特征，伴随着一系列的渐进性产品创新和工艺创新，并可能在一定时期内引起产业结构的重大变迁。

（3）技术体系的变革（Change of Technology System）：指重大突破创新引起创新集群的出现，促使生产流程、生产方法等发生根本性的改变，影响相关经济部门的变革和新兴部门的产生。

（4）技术—经济范式的变革（Change in Techno-economic Paradigm）：指不仅引起新的创新集群，同时技术的扩散会引起社会经济领域发生普遍性的生产方式变化，并产生一系列新的规则。

显然，根据本书要讨论的主题，基于循环经济的钢铁产业技术创新既包括产品，也包括工艺创新。在产品创新中，主要是通过技术创新调整产品结构，生产更高性能和更高质量的钢铁产品，例如提高板材、型材比例，降低线材和带钢比例；根据市场需要，提供高强度、耐腐蚀性薄板产品，如汽车、造船、电力、石化、航空航天和精密制造等特种用钢等。钢作为一个基本工业原材料，通过不断的产品技术创新，可以提高钢铁产品与铝、塑料、复合材料等其他原材料的竞争力。从循环经济的角度看，这些钢铁产品结构的调整可以提高产品技术含量，增加附加值，促进铁资源产出。此外，从全社会角度来看，技术创新开发高强度、轻量化、寿命长的钢铁产品替代原有产品，既可以直接减少钢铁产品消耗，也可以通过延长钢铁产品使用寿命间接促进钢铁产品消耗减量化，同时可能引起产业链上其他终端产品资源能源消耗的减量化和污染减排。例如，日本 JFE 钢铁公司采用一种搭接法生产汽车用高速轴亚环部件，在同等吸收能力情况下，新部件具有 57%的轻量化率[①]。据分析[②]，用中高档钢筋取代低档钢筋可节约钢材 14%~20%，脚手架用高强型钢替代普通焊管可节材 30%~50%。在汽车领域，传统汽车整车重量每降低 10%，燃油效率就可提高 6%~8%；运动部件每减轻 1%，可节油 2%；汽车整车质量每减少 100 千克，百公里油耗可降低 0.3~0.6 升。当前在我国，由于钢材质量和性能相对较低，2011 年汽车业乘用车使用优质高强度钢材的比例仅为 21%，远低于国际平均水平和欧洲先进水平，导致国产乘用车能耗比国际平均水平高 10%以上，平均百公里油耗达 8.13 升，远高于欧洲的 6.6 升和日本的 5.9 升。与此类似，造船业每吨载重平均耗钢 300 千克，比日本平均耗钢 220 千克高 36%。显然，这种技术创新不仅对钢铁产业，而且对全社会节能减排都具有极其重要的意义。如果把终端产品由于采用高质量、长寿命和轻量化钢铁产品引起的资源能源节约和污染减排全部考虑进去，钢铁产品技

---

① 朱文英. JFE 钢铁为汽车轻量化开发的产品和技术［J］. 世界钢铁，2013（5）.

② 罗兵. 我国钢铁质量有待“轻量化”［N］. 中国质量报，2011-03-18.

术创新产生的资源环境效益可能远大于现实生产过程中的资源能源节约。

但根据本书的讨论目的和对循环经济的定义，主要强调结合钢铁生产过程和物质、能量、信息流动的生态规律，引入新的生产技术和设备，通过物质闭合循环和能量梯级利用，促进废物减量化与资源化利用、产品和服务的减物质化和资源能源效率最大化，促进资源节约和节能减排降耗，以及构建以钢铁产业为核心的复合产业体系等。因此，技术创新将主要侧重于工艺创新，包括渐进性创新、根本性创新和技术体系的变革三种类型。下文将进一步讨论，实现这三种创新模式演化的路径和政策措施。

第二节 循环经济与技术创新的一般理论分析

一、循环经济与技术创新的关系

很多理论研究都注意到了循环经济与技术创新的特殊关系。例如，有研究[①] 认为，循环经济和技术创新对问题的分析都不约而同地采用了演进方法，解释经济中的常态——失衡，以求达到更高层次的稳态，加强了经济运行机理的过程分析。不仅二者分析问题的视角相同，就目的而言，技术创新主体与创新对象和环境是一个相互依赖、不断发展的统一体，它们对彼此的影响和改造都是在生态环境的承载能力内展开，通过搜寻和选择经济—生态系统的规律性以促进人类的可持续发展。

简单地说，技术创新的目的是提高效率。生产效率的提高既有可能是提高资源利用率，促进废弃物利用，也有可能是提高资源利用规模和速度。在后一种情形下，技术创新将导致资源过度开发利用，废弃物排放继续增加，

① 袁丽静. 基于循环经济、技术创新关系的理论研究 [J]. 经济研究导刊，2008 (3).

超过环境容量而出现环境污染现象，这实际上是技术二重性的一种表现。技术创新不仅不必然导致资源节约和环境友好，人类自工业革命以来出现的资源环境问题还表明，技术创新在推动经济增长的同时，还在资源环境问题的产生和发展过程中扮演了至关重要的角色。许多研究都注意到，在循环经济条件下，技术创新的最大变化是生态学价值转向①或生态化转向。例如，黄劲松②认为，循环经济和技术创新目标函数的差异使得技术创新与循环经济并不必然融合，只有建立在生态化基础上的技术创新才能真正解决生态环境问题。生态化技术创新是指在技术创新过程中全面引入生态学思想，考虑技术对环境、生态的影响和作用，建立起一种新的使技术创新与生态目标相结合的协调型技术创新机制，既可保证技术创新对经济增长的推动作用，又能合理开发和利用生态系统的自然资源及物质能量，保持生态系统的平衡稳定。在本质上，生态化技术创新是纠正技术创新负外部性、增加外部约束条件的技术创新。

刘光岭、李伟等③认为，在循环经济条件下，技术创新具有四大特征：一是以人类的全面发展为目标，即技术创新扬弃过去“科学发明—技术发明—开发应用—生产—经济增长”的单一线性模式，同时追求经济效益、社会效益和生态效益。二是技术创新思想生态化，即对产品或工艺创新的设想应具有生态化的思维。这也反映出循环经济条件下的技术创新与传统技术创新有着不同的指导思想和价值取向。三是技术创新过程生态化，即从产品或工艺创新设想的产生到其效益转化的过程中，都要按循环经济原理，模拟自然生态系统食物链，维持整个系统的高效、和谐运转。四是技术创新成果生态化，主要是技术创新成果逐渐向绿色技术转化，最大限度地减少了技术的负面效应。因此，发展循环经济的客观必然性和循环经济发展对技术创新的特殊要求，使技术创新理论的研究视角逐渐转向对技术创新生态化的研究。

---

① 林慧岳. 基于循环经济的技术创新活动［J］. 自然辩证法研究，2006，22（2）.
② 黄劲松. 基于循环经济的生态化技术创新［J］. 生态经济，2008（12）.
③ 刘光岭，李伟. 循环经济条件下的技术创新研究［J］. 经济纵横，2008（5）.

陈傲[①] 研究了技术创新生态价值观对技术创新行为的影响。他认为，传统技术创新主要是强调创新商业价值最大化和经济利润最大化，但在某种意义上，新技术和大规模工业生产、消费对生态环境的巨大负面影响恰与创新过度商业化应用息息相关。在循环经济模式下，应该从高度关注技术创新的商业成功转变到技术创新的环境影响、生态效益和社会效益。技术创新的生态化转向是要求技术创新活动逐步转向以生态效益为导向的经济活动，需要将技术创新活动的终端从市场扩展到环境，使技术创新的各个环节以生态市场为终端和开端，以逆向物流、信息流和知识流为纽带，构成循环型技术创新模式，如图 5-1 所示。显然，传统的技术创新模式中，物质和能量流动的方向都是线性和单向的，以技术产品市场化为终极目标，而循环型技术创新模式在技术创新的各个环节都受生态环境的影响，形成生态环境循环。

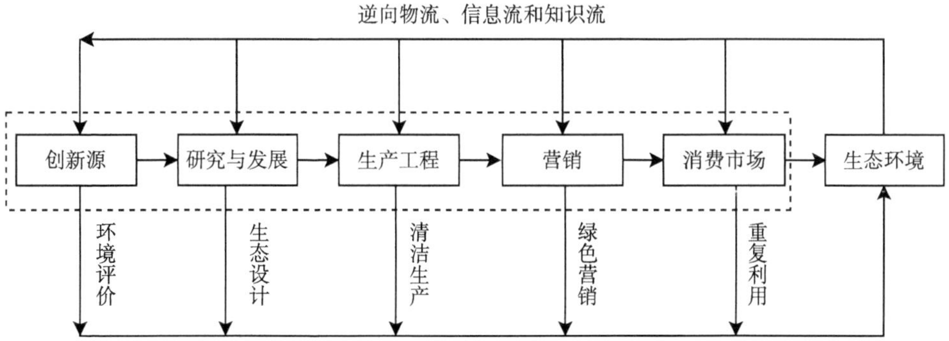

图 5-1　循环型技术创新模式

循环经济发展与技术发展具有辩证关系。从实践发展来看，一方面，技术是重要的物质手段，循环经济发展离不开科技支撑，必须依靠科技进步。只有掌握相应的技术，形成物质循环利用链接的关键技术突破，才能实现资源由低值利用向高值利用转变，实现废弃物由难循环利用向易循环利用转变。与此同时，循环经济的发展也催生了新技术发展需求，需要建立与之相适应的创新体系。从研究的角度来看，循环经济与技术创新领域主要研究循环经

① 陈傲. 循环经济技术范式变革与企业技术创新的生态化转向 [J]. 科学学与科学技术管理，2007 (5).

济发展与技术创新的关系，主要包括以下四个方面：

一是微观技术经济问题研究，主要包括经济视角下具体企业或行业发展循环经济的技术工艺路线选择和优化、具体循环经济类工程项目的技术经济论证。明确技术经济问题研究对象，目的是确保具体问题的解决方案不仅在技术上能实现物质循环、能源梯级利用，同时企业也可以产生经济效益，即“循环”且“经济”。

二是技术创新对循环经济发展的作用研究，包括理论和实证研究。例如技术创新视角下循环经济实现可持续发展的理论机制、循环经济的技术创新和经济增长的关系、技术创新与资源节约理论，以及技术创新与环境库兹涅茨曲线（EKC）等。

三是循环经济条件下的技术创新研究，包括循环经济条件下的技术二重性研究，循环经济条件下的技术创新特征、创新类型、驱动力、目标导向、发展方向和发展重点等，技术创新的生态学价值或生态化转向，技术创新生态价值观对技术创新行为的影响，循环型技术创新模式及其与传统技术创新模式的比较，以及政府在技术创新中的作用等。

四是循环经济与技术经济范式研究。循环经济与技术经济范式研究主要是采用演化的研究方法，分析研究技术经济范式的演进和类型，循环经济技术经济范式与传统技术经济范式的比较，循环经济技术经济范式的特征、机理、创新和效应研究，循环经济技术经济范式与循环经济发展模式的关系，以及不同循环经济模式的技术和经济运行机制等。如果将循环经济视为一种实现经济增长、资源节约和环境保护兼顾的可持续发展模式，技术创新显然是实现由理念上升为实践的关键支撑。因此，技术经济范式研究是循环经济与技术创新关系理论研究的重点。

二、循环经济的技术经济范式革命

在国家层面上，循环经济之所以被认为是一种实现资源效率最大化、废弃物排放和环境污染最小化的经济发展模式，正是因为它通过制度安排，实现了生产组织方式的突破性创新。如果认为技术范式是一种类似于DNA的技术汇聚物[①]，技术经济范式是“相互关联的产品和工艺技术创新、组织创新和管理创新的结合，包括全部或大部分经济潜在生产率的数量跃迁和创造非同寻常的投资和盈利机会[②]”，按照对技术经济范式的理解，循环经济实际上就是改变了经济发展的原有技术经济范式，开创了一种循环经济的技术经济范式。

从人与自然、资源和环境关系的角度看，人类社会进入工业化社会以来先后产生了三种不同的技术经济范式[③④]。

第一种是传统的线性范式，如图5-2所示，基本特征是满足工业大规模生产的需要，大规模开采利用自然资源，然后进行大量生产和消费，在这过程中向环境排放大量废弃物。这是一种“资源—产品—污染排放”的单向线性开放模式，对应的即是鲍尔丁所说的单程式经济。在工业化的早期，同农耕时代一样，人类社会经济活动对自然的开采利用规模相对较小，排放的废弃物尚在环境容量的极限范围内。因此，传统主流经济学都把这种线性的经济运行流程看成天经地义的，从一开始就忽视了经济增长对资源环境的影响[⑤]。但随着资源开采利用能力日益增强，废弃物排放规模逐渐超过环境自净能力，并威胁了人类自身健康，可持续发展开始受到威胁，鲍尔丁描述的单程式经济的弊端开始显现。

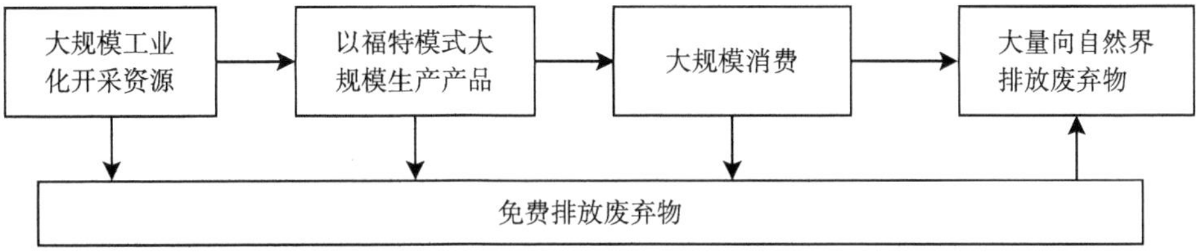

图5-2　传统工业化下的技术经济范式

---

① 张华. 循环经济的技术范式与技术创新［J］. 西南民族大学学报（人文社科版），2007.

② 弗里曼，佩雷斯. 结构调整危机：经济周期与投资行为［M］. 载于G. 多西等编. 技术进步与经济理论. 钟学义，沈利生，陈平等译. 北京：经济科学出版社，1992.

③ 齐建国，尤完，杨涛. 现代循环经济理论与运行机制［M］. 北京：新华出版社，2006.

④ 冯之浚. 循环经济的范式研究［J］. 中国软科学，2006.

⑤ 鲍健强，方申国，陈明. 用循环经济理念重构传统经济流程［J］. 自然辩证法研究，2007，23（4）.

第二种是对生产和消费过程产生的污染物进行治理的末端治理范式，如图 5-3 所示。这是在图 5-2 所示的范式引起了日益严峻的环境问题后，先行工业化国家普遍采用的“先污染，后治理”模式。这种模式虽然开始注意到环境问题，对遏制污染过程起到了一定的积极作用，但由于过分强调在生产和消费过程的末端采取污染治理措施，不仅导致治理成本极高，同时也很容易导致企业将污染转移到其他环境规制相对较宽松的国家和地区。因此，末端治理模式仍然避免不了废弃物的大规模排放，并且很可能由于治理成本高、治理速度赶不上污染速度，从而导致环境不断恶化。我国 20 世纪末和 21 世纪初的环境形势实际上即处于这种状况。

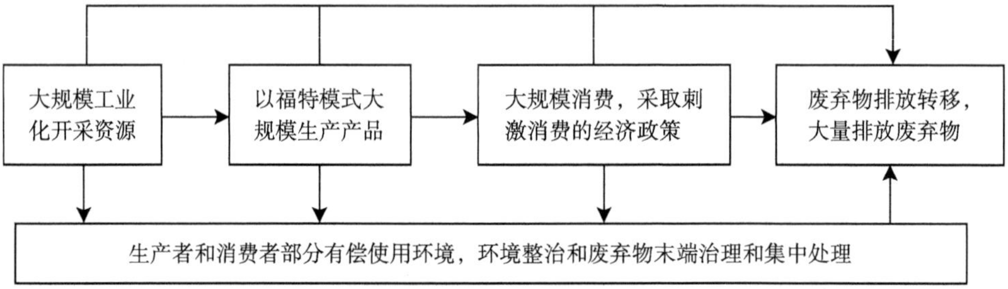

图 5-3　传统工业化末端治理的技术经济范式

第三种是循环经济的技术经济范式，如图 5-4 所示。与末端治理模式相比，这实际上是一种全过程治理模式，其技术特征是从源头开始，在生产全过程中都注重预防污染产生、节约资源使用，避免和减少废弃物排放；其经济特征是环境要素的经济化。首先，这种模式允许生产者发展适度的范围经济、规模经济，以及通过区域产业集聚发展集群经济，同时迫使在减少成本的市场动力基础上以减少污染为目标，减少资源消耗；其次，这种模式通过清洁生产的途径减少废弃物排放；最后，该模式对生产过程和消费过程产生的废弃物进行再资源化循环利用，对没有经济再利用价值的废弃物进行无害化处理后再返还自然界。

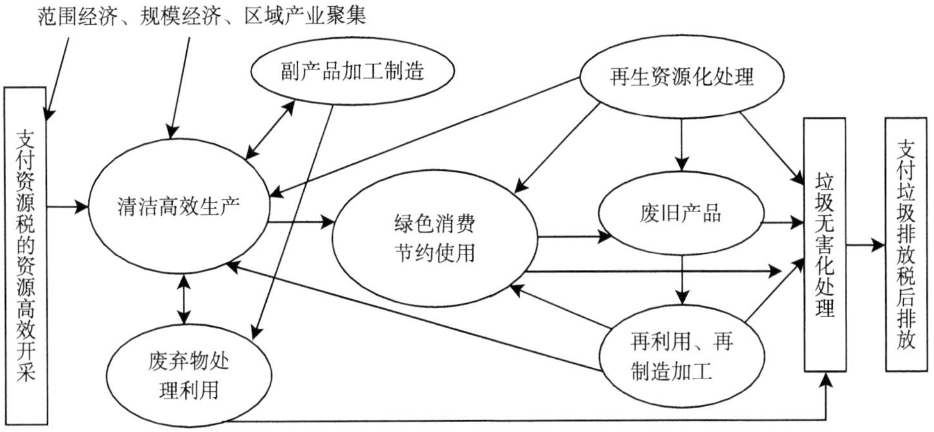

图 5-4 循环经济技术经济范式

三、环境库兹涅茨曲线与循环经济技术创新隧道

理论界对环境与经济增长相互关系的研究主要集中在环境库兹涅茨曲线问题上①②，即人均收入增长与环境质量变化之间也呈现出倒 U 形曲线关系。简单来说，即当一个国家处于经济发展水平较低阶段时，环境污染的程度相对较轻。但随着经济增长，经济向较高发展阶段演化时，尤其是经济从农业主导向工业主导转变后，由于产出增加需要更多资源投入，相应地各种废弃物排放量也在增长，环境质量水平必然下降。以人均收入衡量，即表现为随着人均收入水平的增长，环境污染程度逐步提升。当工业化基本完成，经济发展达到一定水平后，污染达到峰值。工业化完成后，产业结构升级使得以资源能源密集型为主的工业向服务业和技术密集型产业转移，环境污染水平相应减少。这就表现为随着经济继续发展，人均收入进一步增加，污染峰值越过临界点后逐步趋低，环境质量逐步改善。

虽然有很多批评③认为环境库兹涅茨曲线仅仅是一种经验验证，甚至即

① Grossman G. M., Kmeger A.B. Environmental Impacts of the North American Free Trade Agreement [R]. NBER Working Paper, 1991.

② Grossman G. M., Kmeger A.B. Economic Growth and the Environment [J]. Quarterly Journal of Economics, 1995, 111 (2).

③ 钟茂初，张学刚. 环境库兹涅茨曲线理论及研究的批评综论 [J]. 中国人口·资源与环境，2010，20 (2).

使是在针对同一个国家的实证分析中，如果用不同的污染物排放量指标表征环境质量，有时也会无法得出相似的结果。但同时更多学者和更多国家、地区大量以经验统计为基础的实证研究也证实，反映经济发展和资源环境关系的环境库兹涅茨曲线基本上是一致的。

从技术创新的角度来看，库兹涅茨曲线不是一成不变的，可以通过基于循环经济的技术创新，降低库兹涅茨曲线中“拐点”的高度，促进“拐点时间”尽快到来。循环经济因环境问题而诞生和发展，通过循环经济的基本内涵和比较循环经济与传统工业化的技术经济范式可以发现，在资源方面，循环经济的技术经济特征之一就是：对生产和生活使用过的废弃产品进行全面回收，对可以重复利用的废弃物通过技术处理进行无限次的循环利用，从而最大限度地减少初次资源的开采和利用。因此，在污染方面，循环经济的一个技术经济特征就是通过提高资源利用效率，减少生产过程中的资源消耗，间接促进污染排放减量化。此外，循环经济通过延长和拓宽生产技术链条，可以促进污染预防和治理社会成本的内部化，将污染尽可能地在生产企业内部进行处理，减少污染外排。

如图 5-5 所示，在以先行工业化国家为代表的传统末端治理模式下，环境库兹涅茨曲线的污染高峰点和对应的时间拐点分别为“高峰 1”和“拐点

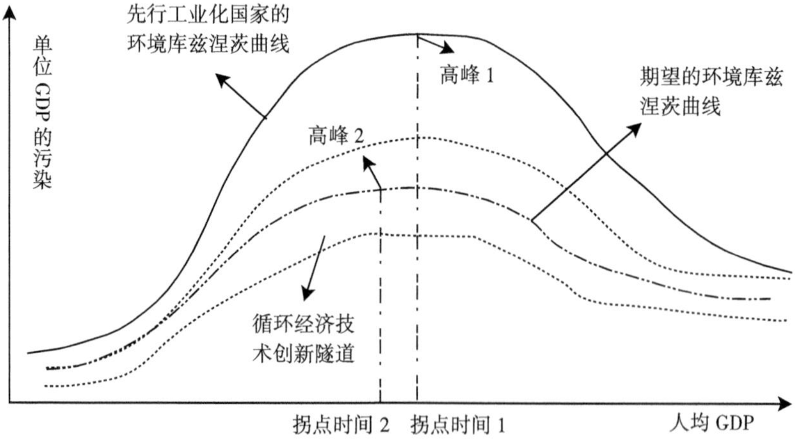

图 5-5　循环经济技术创新隧道与环境库兹涅茨曲线的变异

时间1”，其特征是污染峰值高，高峰时期长。在循环经济模式下，正是由于上述循环经济的技术经济特征，使得可以通过技术创新降低经济增长过程中整体的资源能源消耗强度，并降低污染排放强度，降低环境库兹涅茨曲线的高度，使环境库兹涅茨曲线趋于平坦化，不仅促使环境污染的“拐点时间”尽快出现，同时也使污染的高峰值降低。根据技术创新水平的情景变化，构筑一个循环经济技术创新隧道，从而“穿越环境高山”，这就使后发国家环境库兹涅茨曲线有可能出现更低的污染“高峰值”和更早的“拐点时间”。

20世纪70年代后发达国家环境状况的变化即印证了环境库兹涅茨曲线“拐点”的存在和“拐点”之后的变化，表明环境不会随经济发展不断恶化下去，更重要的是，它揭示了经济发展过程中，资源环境问题的产生、缓和甚至消除的原因。关于资源环境问题的产生，直观的原因是较低的经济发展水平和以工业为主的产业结构，深层次的原因则是在较低技术结构下，传统工业化的技术经济模式（见图5-3和图5-4）决定了大规模开采资源，大规模生产、刺激消费并向自然界大量排放废弃物的生产模式，从而导致资源环境问题发生累积效应。至于后期资源环境问题缓和甚至消除的原因，部分是因为高成本的污染末端治理、产业结构调整和污染转移，但更重要的是采用严格的环境准入规制，采用资源高效使用、污染预防等措施，促进资源产出率大大提高，使污染强度和污染排放总量都显著下降。前后对比说明，出现环境库兹涅茨曲线左侧描述的现象，与我们选择的传统工业化模式相关，选择一个不同的工业化模式，可以降低“拐点”高度，缩短曲线距离，加速改变曲线右侧形状。技术创新无疑是真正的幕后英雄。

四、循环经济对产业技术创新研究的新挑战

循环经济作为一种制度安排，是建立在技术创新安排之上的，可以说技术创新是循环经济发展的保障。当然，在循环经济模式下，技术创新也发生了很多变化。由于技术创新的生态化转向仍然是生态经济的视角，着眼于生态平衡，但生态问题不等于资源环境问题。因此，除此之外，如下四个方面

也值得深入研究。

一是技术创新动力机制。传统上认为，技术创新主要是由市场拉动或技术推动的。市场拉动实际上是一种需求导向，技术推动则认为技术创新是大量研究开发的结果，至于动因则是多方面的，既有有意识推动，如科学技术发展规划，也有偶然因素等。不可否认，在循环经济条件下，原有的创新驱动力仍然存在，但不同的是，由于资源环境问题的凸显，尤其是为应对环境污染和保持良好的环境，资源环境压力将成为推动技术创新的最重要推动力之一。以钢铁产业的技术创新为例，按照传统的技术经济指标分析，现有的"高炉—转炉"长流程钢铁冶炼系统在工艺上已极其完美了，但由于这种生产技术体系无法脱离"焦炭—钢铁"能耗高、污染重的状况，钢铁产业整体上就无法根本摆脱高消耗、高污染的局面。在此背景下，环境压力将成为推动钢铁产业技术创新最重要的推动力，放弃焦炭和高炉，缩短冶炼流程，实现钢铁产业技术革命的"一次炼铁法"就有可能获得极大发展。

二是技术创新的目标导向和发展方向。一方面，技术创新的生态化转向是就生态经济的视角而言的，由于循环经济的发展导向在技术层面主要是资源节约导向和环境保护导向，尤其是后者占有越来越重要的地位，因而资源友好导向和环境友好导向将成为技术创新的目标导向和发展方向。这实际上也是意味着要把环境要素纳入分析框架，把环境的可持续发展放在首位，而不是首先考虑提高生产效率和经济效益。另一方面，发展循环经济实际上就是要推动以环境友好为导向的产业发展。从环境友好导向出发推动技术创新，还将培育新的经济增长点。例如，在关于新技术革命的讨论中，绿色技术或环保技术和新能源技术等都被认为是最有可能的选择，这些新技术实际上都以环境友好为导向。2008 年末，笔者在德国慕尼黑工业部举办的一个研讨会上获悉，德国学界认为，2015 年德国环保技术创造的产值会与当时德国最大的产业——汽车产业的产值相当，到 2030 年将是汽车产业产值的 2 倍，德国政府和相关产业界也接受这一预测结果。

三是技术创新的重点。一方面，循环经济中"循环"的关键要义是要建立物质流和能量流的循环利用网络，面临的主要任务就是突破关键节点技术，将不同领域、环节的现有成熟技术串联起来，实现集成创新，以解决当务之急。另一方面，过程产业是最适合发展循环经济的典型产业，改造现有生产技术过程实现过程创新，也是循环经济条件下技术创新面临的重要任务。循环经济“3R”的本义，实际上也是通过集成创新和工艺创新，实现减量化、再使用和资源化。对于一些产业而言，为了解决促进循环经济发展面临的资源环境问题，技术创新的重点将首先是渐进性创新。但在什么样的条件下，才需要或才能出现突破性创新或技术体系的创新呢？这也是值得进一步思考的问题之一。

四是政府在技术创新中的作用。企业是技术创新的主体。传统意义上，政府的作用只是促进技术创新的制度建设，营造有利于技术创新的环境。但在循环经济条件下，政府在技术创新中的作用应更加积极。这主要是因为，循环经济条件下的渐进性创新、过程创新要以资源节约和环境友好为导向，使得技术创新具有明显的正的外部性，这与企业以利润最大化为目的相矛盾，企业作为技术创新主体的意愿和积极性不高。集成技术创新要求以一定的范围经济为前提，而这与专业化和规模经济的要求存在一定冲突。这都要求政府不仅要关注事关重大科学、科技进展的创新，还应更多地介入工艺技术创新和集成技术创新，尤其是对于企业不愿意尝试但具有明显正外部性的技术创新，应由政府资助，以公共产品的形式招标或委托相应的技术创新主体负责执行。

第三节　钢铁产业发展循环经济的技术支撑体系

一、构筑技术支撑体系的必要性

钢铁产业以长流程钢铁为主，其中我国长流程钢铁产量占70%以上，这决定了必须通过技术创新支撑来促进循环经济发展。同时，钢铁产业的流程工业特性决定了不仅是某一个生产单元、生产工序或生产工段，甚至整体生产流程都需要技术创新的支撑。从循环经济的角度来看，一个产业的循环经济发展不仅涉及产业集中布局，要实现资源节约与高效利用、清洁生产和节能减排目的，还需要涉及生产组织、节能减排、污染治理和环境管理等多个学科。支撑钢铁产业循环经济发展的不是单一技术或一类技术，而是由若干技术形成的“组合”。因此，必须通过创新构建促进钢铁产业发展循环经济的技术支撑体系。另外，构建技术支撑体系反过来也是构建技术创新的重要基础和平台。

二、技术支撑体系的类型和主要内容

根据循环经济发展的“3R”原则，刘继莉① 提出了一般性的产业循环经济发展的技术支撑体系，包括：①替代技术，即开发和使用新资源、新材料、新产品、新工艺，替代原来所用资源、材料、产品和工艺，提高资源利用率，减轻环境压力；②减量化技术，即用较少的物质和较低的能源消耗来达到既定生产目的，实现从源头节约资源和减少污染；③再利用技术，即延长原料或产品使用周期，通过多次反复使用，减少资源消耗；④资源化技术，主要

① 刘继莉. 浅析循环经济的技术支撑体系研究［J］. 中国科技信息，2008（20）.

是指将生产或消费过程中产生的废弃物再次变成有用的资源或产品的技术；⑤系统化技术，即通过构建合理的产品组合、产业组合、技术组合，使物质、能量、资金发挥良好的传导机制。

具体到钢铁产业而言，现有部分研究总结了需要的支撑技术。例如，方孺康[①]认为，钢铁产业发展循环经济的支撑技术主要包括九大类，分别是：①短流程生产新工艺技术和流程工艺优化技术；②提高铁素资源循环利用率技术；③提高能源循环利用、二次利用率技术；④提高水循环利用率技术；⑤提高固体废弃物资源化利用率技术；⑥大气污染防治及无害化处理技术；⑦再利用和资源化再循环技术；⑧循环经济产业链链接技术；⑨实时在线资源能源及环境自动监测与控制技术。王维兴[②]则指出，钢铁企业发展循环经济的支撑技术主要包括五类：①先进产品制造技术，包括洁净钢冶炼技术和钢坯的压力加工技术；②节能和高效能源转换技术；③固体废弃物综合利用技术；④节水和污水处理技术；⑤烟尘治理技术。

韦行[③]将支撑技术分为两大类。第一类是钢铁企业内部的循环技术，包括熔融还原技术，钢渣显热回收技术，不锈钢钢渣处理和资源化技术，新型焦化废水深度处理技术，焦化有机固废无害化处理与资源化利用技术，中低温余热利用技术，烧结烟气脱硫和脱硝技术，二噁英等有毒废气的监测与控制技术等；第二类是钢铁企业与社会的大循环技术，包括海水综合利用技术，废耐材再利用技术，利用焦化工艺处理城市废塑料技术，高炉喷吹废塑料、废轮胎技术，以及废钢废金属回收和分类处理技术等。

总体上看，上述对钢铁产业循环经济发展所需要的支撑技术的分类和归纳大同小异，不同分类和归纳方法的内核基本上是一致的。结合钢铁产业的特性和循环经济的“3R”原则，本书认为钢铁产业发展循环经济需要的支撑技术体系主要包括七类。

---

① 方孺康. 钢铁产业与循环经济 [M]. 北京：中国轻工业出版社，2009 (1).
② 王维兴. 钢铁企业发展循环经济的技术支撑 [J]. 中国钢铁业，2007 (6).
③ 韦行. 中国钢铁产业需建立循环经济技术支撑体系 [J]. 上海金属，2009 (1).

（1）冶炼设备创新技术；

（2）冶炼流程创新技术；

（3）铁素循环利用技术；

（4）固废减量化与循环利用技术；

（5）能耗减量化和能量循环利用技术；

（6）节水和废水循环利用技术；

（7）管理支撑技术。

上述分类中，铁素循环利用技术是为了实现钢铁产业基本的钢铁产品制造功能所必需的支撑技术。显然，从“流”的角度来看，（3）、（4）和（5）类技术虽然也涉及设备创新，但其主要影响对象分别是固体物质流、能量流和水资源流。冶炼设备和流程创新既是钢铁产业作为流程工业的特性所决定的，同时这类技术创新对生产流程中的固体物质流、能量流和水资源流都有重要影响，是影响多种“流”变化的关键共性技术创新。

上述分类中，冶炼设备、冶炼流程和管理创新技术不仅是钢铁产业发展循环经济的前提和基础，而且对所有“流”而不是某一种“流”的运行都有着积极影响，因而是产业关键共性创新。限于篇幅，这里先在本章进行简要的分析讨论，后文将对其他各种“流”运行过程中的技术创新及其作用分别进行分析。

第四节　高炉长流程钢铁发展循环经济的关键共性技术创新

一、冶炼设备共性技术创新

在高炉—转炉长流程钢铁工艺中，炼焦炉、球团焙烧设备、烧结机、高炉和转炉是主要设备。从长流程钢铁发展的历史来看，这些流程基本没有变化，变化的仅仅是设备规模和效率，因此长流程钢铁的冶炼设备共性技术创新主要是冶炼设备的替代技术创新，即在长流程钢铁冶炼的主要工序中，主要设备采用先进、高效率的设备替代相对落后、低效率的设备，包括渐进性创新和突破性创新两种类型。

渐进性创新主要体现在球团和炼铁设备技术创新方面①。在球团设备创新方面，主要是链篦机—回转窑工艺替代传统的竖炉工艺，大大促进了节能降耗。例如，设备替代创新前竖炉工艺平均能耗是35.6千克标准煤/吨，而采用替代创新后的链篦机—回转窑工艺的平均能耗是27.6千克标准煤/吨，首钢球团厂的平均能耗可达到18千克标准煤/吨。同样，替代创新前采用竖炉工艺的皂土配比高达40千克/吨，通过系列技术改进最低可达到21.2千克/吨，采用替代创新后的链篦机—回转窑工艺则可达到18.7千克/吨，而且还有较大改进空间。此外，球团品位增加为后续工序的节能、节水和固废减量化也都奠定了较好基础。在炼铁方面，创新主要是无钟顶设备。该设备的采用，不仅可以很好地保护高炉炉衬，同时还可以提高风温，为后续节能，以及通过改造热风阀节水提供了可能。

突破性创新主要体现在炼焦设备和炼钢设备方面。在炼焦方面，最早的炼焦法是成堆干馏法，早在我国明代即已出现，甚至有的文献认为唐代即已采用，主要是类似于堆式炼制木炭，将煤置于地上或地下的窑中，依靠干馏时产生的煤气和部分煤的直接燃烧产生的热量来炼制焦炭。成堆干馏法也就是俗称的土法炼焦。显然，土法炼焦不仅焦炭灰分高，无法回收利用伴生化学产品和煤气、粉尘等，产生严重环境污染，而且煤炭利用率低，资源产出率不高。现代焦炉炼焦对土法炼焦的替代是一个突破性创新。

显然，与土法炼焦相比，现代焦炉炼焦不仅可以大大提高生产能力和劳动生产率，提高焦炭产品品质，降低后续钢铁冶炼能耗，同时现代焦炉的使

① 沙永志，滕飞，曹军. 我国炼铁工艺技术的进步［C］. 第八届（2011）中国钢铁年会论文集，2011.

用对煤炭的减量化使用、煤气等二次能源回收、焦油等伴生化学产品和粉尘等回收利用都提供了可能。焦炉炼焦设备创新由倒焰式焦炉、废热式焦炉，逐步发展到现代的蓄热式焦炉。虽然炼焦设备的渐进性创新仍在不断出现，但现代焦炉对土法炼焦的替代已经是重大突破性创新。

在炼钢方面，以现代氧气转炉炼钢替代平炉炼钢是一个显著的突破性创新。平炉炼钢是利用蓄热原理，从外部供应热量，由于庞大炉体导致散热损失和高温废气带走的热量大，因而能耗高。20 世纪 50 年代，平炉炼钢占世界钢产量的 85%左右。转炉炼钢则不需要借助外加能源，主要靠铁液本身的物理热和铁液组分间化学反应产生热量而在转炉中完成炼钢过程。显然，与平炉炼钢相比，由于减少了随废气放散损失的热量，对外部供热的需求大大减少，因而能耗大幅降低。在更进一步的替代创新中，现代氧气顶吹转炉炼钢以纯氧替代空气从炉顶部吹入，既加速了与高温铁水发生氧化反应的速度，减少了氮气对钢质影响，还可以降低氮气外排产生的热量损失。目前，据估计除电炉短流程炼钢外，转炉炼钢产量已占到 80%以上。氧气转炉的出现为后续的连铸连轧节水节能，甚至是负能炼钢的实现提供了可能。此外，平炉冶炼时间较长，通常为 7 小时，氧气转炉则可以缩短至 10 分钟，因而生产效率与氧气转炉相比不可同日而语。氧气转炉的出现同时引起了一系列与之相关的渐进性设备创新和工艺创新等，因而对钢铁产业发展起到了重要的作用。20 世纪 50 年代至 70 年代日本和欧洲钢产量的快速增长，以及我国 20 世纪 80 年代后钢铁产业的崛起，都被认为是由于氧气转炉替代平炉炼钢起到了重要作用①。

二、冶炼设备大型化技术创新

自 20 世纪 70 年代开始，为适应钢铁产业可持续发展的需求，冶炼设备大型化发展成为显著趋势，以高炉大型化为代表，转炉、焦炉、烧结机等主

① 张寿荣. 钢铁产业与技术创新 [Z]. 2004 年武钢科技周上的讲话，2004.

要冶炼设备都在向大型化方向发展。日本和欧洲自 20 世纪 70 年代以来，相继建成了一批 4000 立方米级以上特大型高炉，最大型的高炉容积已达 5775 立方米，日本和前苏联尤其是日本在这方面始终走在前列。根据我国的国情，我国将容积在 1000 立方米以上的高炉定为大型高炉，国外则通常将 2000 立方米以上的高炉定为大型高炉。如图 5-6 所示，在冶炼设备大型化趋势下，日本现在已淘汰了 2000 立方米以下的高炉。

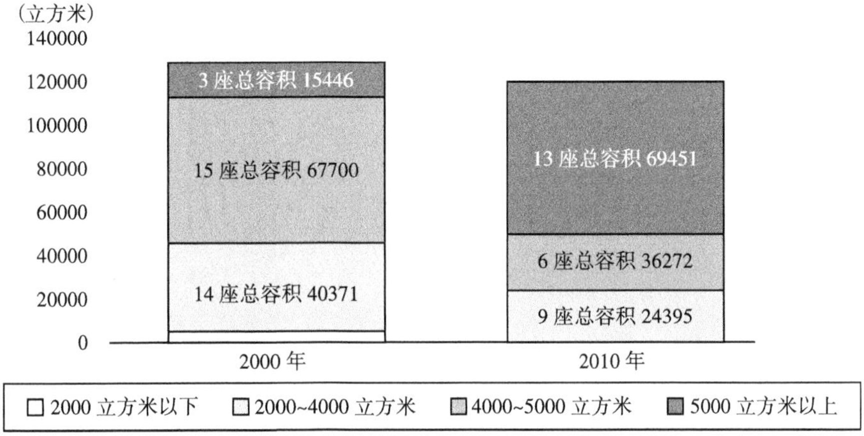

图 5-6　日本高炉大型化趋势示意

转炉炼钢设备技术创新也呈现类似的大型化发展趋势。以国外主要转炉设备厂商产品的构成发展为例①，20 世纪 60 年代，日本新日铁和川崎重工转炉产品构成中，公称容量小于 100 吨的转炉数量最多，达 17 座，其次是公称容量介于 100 吨和 200 吨之间的转炉，数量达 16 座，公称容量大于 200 吨的转炉数量只有 5 座。但到 70 年代后，公称容量小于 100 吨的转炉只有 18 座，公称容量介于 100 吨和 200 吨之间的转炉数量增长到 35 座，而公称容量大于 200 吨的转炉数量增长更快，达 400 座。欧洲德马克、奥钢联等主要转炉设备生产商的转炉设备产品也都呈现类似的发展趋势。

① 王德宽，邱明罡，宁欢. 转炉设备大型化、国产化、自主开发——转炉炼钢的必然趋势 [Z]. 全国炼钢、连铸生产技术会议，2006.

与小高炉单炉产量低、能源效率低相比，大型高炉不仅可以提高设备产能和能源效率，降低入炉焦比，如图 5-7 所示，更重要的是还可以提高风温，为回收利用余热，实施余压发电，提高铁素资源自用率，减少水耗提供了技术基础。例如，据统计分析①，1000 立方米以下高炉的工序能耗约为 433~528 千克标准煤/吨，粉尘排放量约为 0.15~4.0 千克/吨，劳动生产率约为 52~83 吨/人·年，而 3200~4350 立方米高炉的工序能耗则可以降低到 395 千克标准煤/吨，粉尘排放量只有 0.07 千克/吨，劳动生产率高达 647 吨/人·年。因此，设备大型化具有明显的资源环境和经济效益。

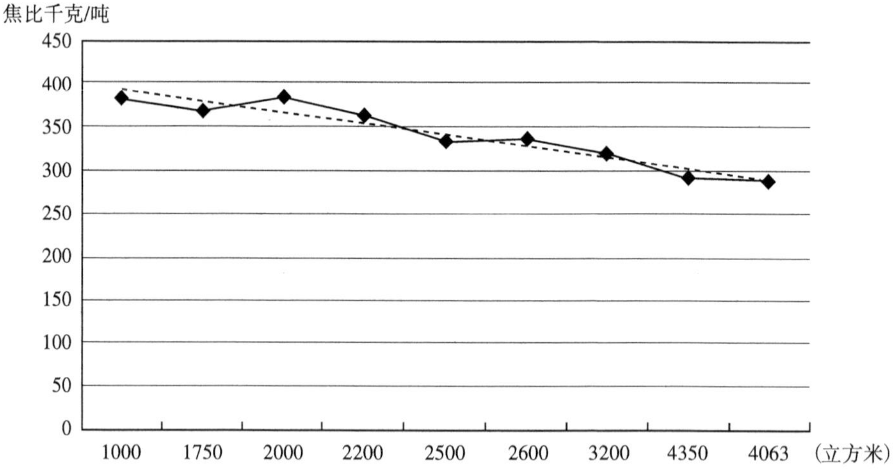

图 5-7 设备大型化降低一次能源消耗

三、冶炼流程技术创新

简单来说，作为一种典型的流程工业，钢铁冶炼流程技术创新是指将可以互相分离的流程进行优化，减少或压缩流程，或将上下游流程连贯起来，尽可能形成连续的生产流程。在高炉长流程钢铁产业中，冶炼流程技术创新主要体现为连铸连轧技术的出现。传统的模铸技术，以及与模铸相关的初轧—开坯工艺是非连续的，工序多，反复加热、冷却需要消耗大量能源和水，

① 刘文权. 高炉大型化和竞争力初步分析［J］. 技术经济，2006（3）.

不仅能耗、水耗高，而且初轧、开坯过程都会产生大量废钢。更重要的是，模铸技术投资高，效率低，无法匹配转炉生产效率，大大制约了钢铁企业生产规模的扩大。与模铸技术相比，连铸技术将原来冶炼过程中的钢水铸锭和初轧开坯两个工序集成为一个工序，第一次在炼钢环节实现了冶炼过程的紧凑、连续生产，不仅对能耗减量化、水耗减量化，以及提高铁素资源收得率有直接而显著的影响，仅能耗下降方面，全连铸生产与模铸相比可节能70%~80%，可降低生产成本10%以上，因此是钢铁产业循环经济发展的关键性技术创新之一。

显然，由于连铸技术缩短了加工周期，提高了生产效率，实现了与转炉效率的匹配，大大缓解了冶炼设备大型化、高效化发展的“瓶颈”制约，促进了钢铁产业的大发展。有学者认为，20世纪50年代以来钢铁产业三个具有里程碑意义的阶段都与连铸技术创新有关①。一是连铸技术与转炉技术的结合，使钢铁生产工艺流程淘汰了慢节奏、低效率、低质量、高能耗、高水耗的平炉—模铸工艺，使钢铁产业开始向大型化、高效化方向发展；二是日本新日铁大分厂于1970年开始建设全连铸钢厂，促进了钢铁产业淘汰初轧—开坯工艺流程的速度，使钢铁产业开始向连续高效的方向发展；三是连铸技术与连轧技术的结合，液态钢倒入连铸机中轧制出连铸钢坯，然后在均热炉中保温一定时间后直接进入热连轧机组中轧制成型，这就是连铸连轧工艺。连铸连轧工艺不需要再经过加热炉加热，具有简化工艺、增加金属收得率、提高连铸质量、提高生产效率、节约能源和劳动力的优点。1989年，美国Nucor公司开始采用薄板坯连铸连轧工艺建设紧凑型生产线，进一步大幅提升了劳动生产率，降低了能耗和生产成本，开始促进钢铁生产流程向紧凑、绿色制造的方向发展。

在连铸连轧技术创新的基础上，一系列新技术得到开发和应用，如半无头轧制技术、超薄热带轧制技术、铁素体轧制技术、加热—缓冲技术、流程

① 张杭. 钢铁产业发展政策［M］. 长春：吉林音像出版社，2005（7）.

控制—协调技术等。有学者①认为，我国正是因为薄板坯连铸连轧技术的发展，才开始出现与炼钢—轧钢工序直接衔接的紧凑式暂新流程。这也是我国自 1990 年以来钢产量快速增长的根本动力。正由于连铸连轧技术从根本上优化了钢铁生产流程，因此从技术创新的角度看，这也是一次名副其实的技术体系的变革。

第五节 非高炉工艺发展循环经济的关键共性技术创新

一、非高炉工艺技术创新与循环经济

非高炉工艺也属于长流程钢铁的一种，主要是指除高炉炼铁以外的其他还原铁矿石进行炼铁的方法。非高炉工艺主要包括直接还原炼铁和熔融还原炼铁，如图 5-8 所示，与“高炉—转炉”工艺钢铁比较，非高炉工艺与高炉工艺的区别主要在于炼铁及铁前环节，炼钢及其以后工序基本上是完全相同的。非高炉工艺中直接还原炼铁工艺省略了烧结矿，简略了球团矿，可以直接使用粉矿，熔融还原炼铁工艺则可以完全省略掉烧结矿和球团矿，把原来的两个主要工序合并成为一个工序。因此，从钢铁生产流程的角度看，非高炉工艺技术创新的实质就是流程技术创新。

显然，从流程工业发展循环经济的角度看，非高炉工艺的最大特色就是生产工序减少，减少的烧结工序是钢铁生产流程中一个能耗和污染排放较高的主要工序，其中烧结环节二氧化硫排放占钢铁工艺整体排放的 70%以上，排放量大，但废气中二氧化硫的浓度低，处理技术困难，成本较高。此外，

① 殷瑞钰. 中国钢铁产业的崛起与技术进步 [M]. 北京：冶金工业出版社，2004.

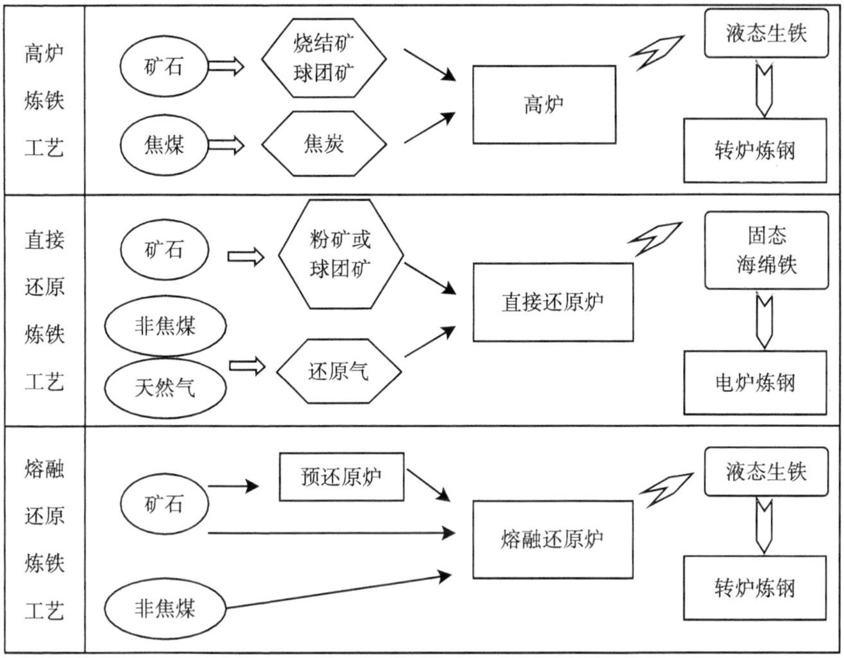

图 5-8 非高炉工艺与高炉工艺的钢铁生产流程比较示意

非高炉工艺可以大幅减少焦炭的使用，甚至是不使用焦炭，而焦炭是高载能原料。焦炭生产不仅要消耗大量珍贵的焦煤，也是典型的“三高”产业。因此，仅从这两点可以看出，非高炉技术创新就是钢铁产业发展循环经济的一类极其重要的减量化技术。

二、直接还原工艺技术创新

直接还原（Direct Reduction）是指铁矿石在低于熔化温度之下还原成海绵铁的生产过程。按还原类型分，可分为气基直接还原法和煤基直接还原法。气基直接还原法主要以天然气作为还原剂，以天然气和电力作为主要能源，主要工艺技术类型有 Midrex 工艺、Fast Met 工艺和 HYL 工艺等。煤基直接还原法是以不同类型的煤或煤和天然气的混合物作为燃料和还原剂，主要有

DRC 回转窑工艺、SL/RN 回转窑工艺、DRYIRON 工艺等①。

从应用实践来看，直接还原工艺还非常不成熟，目前主要是海湾国家、印度、俄罗斯、委内瑞拉等国家部分使用，在我国基本上处于实验状态，年产量不足 50 万吨。根据对 2007 年产铁量的统计，直接还原铁只占全世界总铁产量的 7.4%，印度约占 1/4。在直接还原铁生产工艺中，Midrex 工艺的产铁量占全部直接还原铁产量的 59.17%；其次是 SL/RN 工艺，约占 22.2%；HYLSA 工艺约占 16.8%，居第三位；其他工艺产量微不足道。

直接还原工艺应用少，产铁量低有几个方面的原因：一是各种直接还原工艺技术尚不成熟；二是单体设备产量低，难以实现现代钢铁产业的规模化发展需求，例如，除 HYL3 和 Midrex 工艺单炉产量稍大外，多数采用煤基还原的工艺单炉年产量最多只有 15 万吨，因此很难达到规模经济要求；三是直接还原法采用天然气作为一次能源和还原剂，使得直接还原法只能应用于天然气产量丰富地区；四是直接还原法在炼钢环节采用电炉，由于电耗高，还需要有充足的电能；五是直接还原法要求采用高品位的铁矿石，高品位精矿粉难以普遍获得，这与当前世界性的资源紧张形势也不符合；六是直接还原法炼铁生产的不是铁水，而是海绵铁，主要用于铸造、配重以及冷却等用途，如果要用于炼铁，则成本相对较高。由于这些因素的限制，使得直接还原法只能为了特殊需求如铸造等而适当发展，注定只能成为一种非主流的钢铁生产工艺。

三、熔融还原工艺技术创新

熔融还原炼铁法，通常简称为熔融还原，泛指非高炉炼铁方法中那些获得液态生铁的冶炼工艺②。熔融还原工艺技术的思想诞生于 20 世纪初，它是一种在熔融状态下以氧气和碳发生反应生成的一氧化碳还原铁氧化物，生成

---

① 方觉等. 非高炉炼铁工艺与理论［M］. 北京：冶金工业出版社，2002.
胡俊鸽，吴美庆，毛艳丽. 直接还原炼铁技术的最新发展［J］. 钢铁研究，2006（2）.

② 杨天钧，黄典冰，孔令坛. 熔融还原［M］. 北京：冶金工业出版社，1998.

液态铁水和碳氧化物的方法。自 20 世纪 70 年代开始，熔融还原技术发展极为迅速，相继诞生了多种工艺方法，通过试验成功地获得包括 Corex、DIOS、AISI、HIsmelt、CCF、Romelt、Ausmelt 和 Finex 等，其中 Corex、Finex 和 HIsmelt 分别完成了工业规模试验，目前被认为是最有可能取得商业规模化成功的三种熔融还原技术①。

Corex 技术是 20 世纪 70 年代末由奥钢联（VAI）与德国 Korf 公司合作开发的，现在已先后建设了 7 套基于 Corex 技术的商业化炼铁厂，别是韩国浦项（1995 年，Corex2000，60 万吨/年）、南非（1989 年，Corex1000，30 万吨/年；1999 年，Corex2000，80 万吨/年）、印度（1999 年，Corex2000，80 万吨/年；2001 年，Corex2000，80 万吨/年）、宝钢②（2007 年，Corex3000，150 万吨/年；2011 年，Corex3000，150 万吨/年），全部装置年铁水产能高达 630 万吨。这些商业化工厂的建成运行初步证明 Corex 熔融还原是成功的。

Finex 是韩国浦项与奥钢联合作在 Corex2000 基础上开发的一种熔融还原工艺，不同的是 Corex 仍然使用部分球团矿和焦炭，而 Finex 直接使用粉碎的矿石（小于 8 毫米）和煤粉，不使用焦炭。2001 年浦项动工建设 60 万吨/年的 FINEX 示范工厂，2003 年 5 月建成投入运行，但仍然利用 Corex 的竖炉作预还原粉料热压中间储料仓，并利用 Corex 的熔融气化炉生产铁水③，2005 年初开始完全以 Finex 形式操作。2006 年底，150 万吨/年的工业生产装置 Finex3000 开始在浦项投产，但从 60 万吨放大到 150 万吨后的工业化生产还不稳定，设备最长连续运行超过 3 个月后，必须定期停炉以清除流化床中的黏结物，装置稳定性或设备利用率仍小于 95%，业界认为尚不具备作为生产

---

① 胡俊鸽，王赫男. 熔融还原工艺发展现状与评析 [J]. 冶金信息导刊，2004 (3).
徐书刚，李子木，吕庆. 浦项 FINEX 熔融还原工艺技术考察 [J]. 炼铁，2008 (5).
范彦军. Corex 熔融还原炼铁技术的探讨 [J]. 冶金丛刊，2006 (4).
王定武. 熔融还原炼铁工艺的新进展 [J]. 冶金管理，2006 (1).
徐书刚，李子木，吕庆. HIsmelt 熔融还原炼铁技术考察与分析 [J]. 炼铁，2007 (5).
② 因 Corex3000 对原料品质要求较高，现宝钢 Corex3000 工艺 1 号炉已整体搬迁至新疆八一钢铁。
③ 周渝生，李维国. 关于钢铁厂与城市协调发展及熔融还原新技术的考察 [J]. 中国冶金，2004 (1).

设备转让、推广应用的条件①。

HIsmelt 技术由澳大利亚 CRA 公司与 Midrex 等合作组建的 HIsmelt 公司开发。2002 年，澳大利亚力拓集团（60%）、纽克公司（25%），日本三菱（5%）和中国首钢集团（5%）共同出资，在澳大利亚奎那那开始建设年产 82 万吨铁水的 HIsmelt 商业工厂，完全不用焦炭和球团矿而使用普通煤炭，目的是验证 HIsmelt 熔融还原技术的商业可行性，确认扩大规模的相关参数，为将来的客户提供一套示范性设施。目前工艺技术初步具备商业化应用条件，但仍在不断改进中。

Corex 技术目前被认为是进行商业规模化生产最成功的熔融还原技术，但总体来看，与高炉工艺相比，熔融还原技术还有待完善。但熔融还原工艺的设计思想的前提是不依赖焦炭和烧结矿，可以直接采用普通煤炭和矿石炼铁，省去炼焦和烧结两道工序，从而实现冶炼流程的极大简化。从发展循环经济的角度看，采用熔融还原技术后大大降低了能耗，污染排放水平尤其是二氧化硫和氮氧化物排放大幅减少。根据理论计算，目前已完成或正在进行工业规模试验的熔融还原炼铁技术与传统的长流程炼铁技术相比，吨铁能耗平均下降 15%~20%，减少温室气体排放 20%左右。联合工艺减少 SO_2 排放 90%以上，减少 NOx 排放 40%以上，灰尘和废弃物中的酚、氮等排放水平也大大降低。此外，熔融还原炉余热、余压和渣等回收利用可以继续高炉工艺的发展思路。不同的是，通过 Corex 技术的应用来看，采用熔融还原技术后煤气产生量大，煤气热值高达 7950 千焦/立方米，浓度较高，属于优质中热值气体燃料，且煤气中氮气含量少，便于进一步利用。宝钢目前主要是回收 Corex 还原炉煤气用于供应年产 300 万吨的球团厂作为能源和发电（使用）。但据技术经济比较，最理想的方案是回收 Corex 还原炉煤气作为生产甲醇的原料使用，发展煤化工，形成钢铁产业和煤化工产业的复合循环经济。因此，熔融还原技术不仅是 21 世纪钢铁产业新流程的革命，也为钢铁产业循环经济发展开辟了新天地。

---

① 胡俊鸽，高战敏. Corex，Finex 和 HIsmelt 技术的发展近况［J］. 钢铁研究，2007，35（4）.

第六节　管理技术创新与钢铁产业循环经济发展

对促进钢铁产业循环经济发展具有积极影响的管理技术创新主要是现代信息技术在钢铁生产和管理中的应用。在企业管理和生产过程中，信息化技术的应用不仅能帮助钢铁企业优化设计、生产和管理，还可以对生产过程中的水、电、煤、气、原材料和废弃物等物质的规模、流向等进行实时全面监控、分析预测和预报预警等，从而实现资源配置优化，降低资源能源损耗水平，提高资源能源利用率，优化生产调度，减少废次品，提高产品质量，提升企业竞争力。因此，以信息化技术为代表的管理技术创新是现代钢铁企业发展循环经济的重要辅助工具。

从实践和信息技术应用与循环经济的关系来看，现代信息技术在钢铁企业中的应用主要体现在如下四个方面：

一是基础自动化和过程自动化。主要是采用信息技术控制和优化生产设备，实现生产过程控制自动化。实践中主要是采用可编程逻辑控制器（Programmable Logic Controller，PLC）和分布式控制系统（Distributed Control System，DCS）来对钢铁生产过程中的主要生产设备、若干工序、生产单元或全过程建立以通信网络为纽带的自动控制系统。现代钢铁产业的大规模、高效生产不可能依靠人力操作，例如，PLC 应用于高炉冷却水循环利用系统，可实现冷却水循环泵站的自动控制，降低泵站系统总体成本，保证其稳定可靠运行，减少运行能耗和新水补充。在多个生产单元的分布式自动控制中，DCS 单独组网对炼铁高炉煤气和炼钢转炉煤气发电进行控制，可实现通过 DCS 自动点火点燃转炉煤气再引燃高炉煤气，自动检测燃烧系统中锅炉炉膛内压力和含氧量等参数，控制煤气和热风调节阀，并通过层级交换功能实现层级整体调节，如给水调节、汽轮机保护参数控制等，从而提高设备利用水平，降低系统能耗。PLC 和 DCS 技术的应用可促进钢铁生产流程管理实现自动化、连续化和紧凑化，有利于提高生产效率，减少资源投入的损耗。

作为流程工业，生产过程控制是现代钢铁企业先进工艺的关键手段和基本保障条件，因此实践中生产过程自动控制是钢铁企业信息化最基础、最重要的部分，也是钢铁企业信息化中最普遍的应用。中国钢铁产业协会 2011 年的一份统计[①] 发现，实现全部或部分产线配置基础自动化控制系统的企业比例大约为 97%，但不同企业应用的范围和方式存在一定差异，其中 80%及以上产线配置了基础自动化控制系统的企业比例仅为 73%，80%及以上产线配置过程控制系统的企业比例更低，仅为 42.25%。

二是生产信息化管理系统，也被称为生产制造执行系统（Manufacturing Execution System，MES）。该系统主要是从订单任务到产品生产制造完成全过程进行优化管理，因此也被称为生产制造企业面向车间执行层的生产信息化管理系统，包括生产制造数据管理、计划管理、生产调度管理、库存管理、质量管理、设备管理、生产单元分配与生产过程控制、资源分配与状态管理等。MES 系统是生产与计划之间的信息“集线器”，在企业内部信息集成管理中起着承上启下的作用，不仅可以解决生产和计划之间的信息中断问题，并通过收集数据，按照计划层要求对生产做相应分析和处理，反过来也可以根据生产控制层的信息反馈修改计划层，通过双向信息反馈和优化调整，实现对整个生产制造过程进行优化，提高计划的实时性和灵活性，改善生产线的运行效率。此外，由于生产信息化管理是直接对接生产控制，可以第一时间发现设备和生产异常，提示进行维护保养，因此可以减少设备损耗，降低成本和物料消耗。

钢铁企业规划建设生产信息化系统可以灵活选择和实施，既可以针对一个或若干个生产单元或设备，如针对冷热轧板或中厚板，针对轧机区或加热炉等，也可以针对全部生产线和车间，甚至是针对特定类型物质的流动。最典型的是能源管理系统，可针对所有设备、生产单元建立节能监测和管理，

---

① 中国钢铁产业协会. 浅析钢铁行业信息化发展现状［J］. 冶金管理，2012（2）.

实现了由设备节能向系统优化节能的转变。

三是企业资源和流程管理软件系统的应用。主要集中体现为资源规划系统（Enterprise Resource Planning，ERP）在钢铁企业中的推广使用[①]。ERP是在企业生产物料需求计划（Material Requirement Planning，MRP）的基础上发展而来的，后者可以依据主生产计划、物料清单、库存、订单等资料，计算生成物料需求，提出建议。ERP则进一步从系统化的管理思想出发，以供应链（Supply Chain Management，SCM）为中心，同时纳入企业客户关系管理系统（Customer Relationship Management，CRM），在“订货—生产—销售”关键路径上整合全流程的质量监控、动态成本核算、采购、销售、运输、出入厂、财务管理，以及钢铁企业现场管理需要的设备维修、备品备件管理等，通过上下游纵向延伸和企业内部集成管理，形成完整的企业资源管理流程。ERP通过及时、完整、真实的信息收集与传递，可以促使企业实现以销定产，以产定料，使企业处于全面受控状态。钢铁产业是高资源投入、高能源消耗的多工序流程工业，显然ERP系统的应用可使钢铁企业提高精细化管理程度，促进资源能源节约使用，提高资源产出率，是必不可少的现代管理工具，甚至成为钢铁企业信息化的代名词。

四是决策支持系统（Decision Support System，DSS）。决策支持系统是在管理信息系统（Manage Information System，MIS）的基础上发展起来的。根据企业的不同情况，钢铁企业的决策支持系统既可以在企业内建立全面的决策支持系统[②]，也可以根据特定目的建立某一领域的决策支持系统[③]，其实质都是对钢铁企业信息管理系统、专家系统、MES系统、ERP系统等各种信息系统进行集成，目的是通过对业务数据的全面挖掘、分析和提炼，为企业管理提供有价值的决策参考。

---

① 杨建夏等. 钢铁企业ERP系统［Z］. 上海宝信软件股份有限公司，上海市企业标准：Q/HYBX 031—2007，2007.

② 刘鑫. 钢铁企业决策支持系统的开发与研究［J］. 特钢技术，2010（3）.

③ 周秉利，张群. 钢铁企业生产资源优化配置决策支持系统研究［J］. 冶金自动化，2012（1）.

上述信息化系统在钢铁企业管理中不是互相替代的关系，而是强调不同的侧重点，形成一个有机的整体。如图 5-9 所示，作为过程工业中的生产性

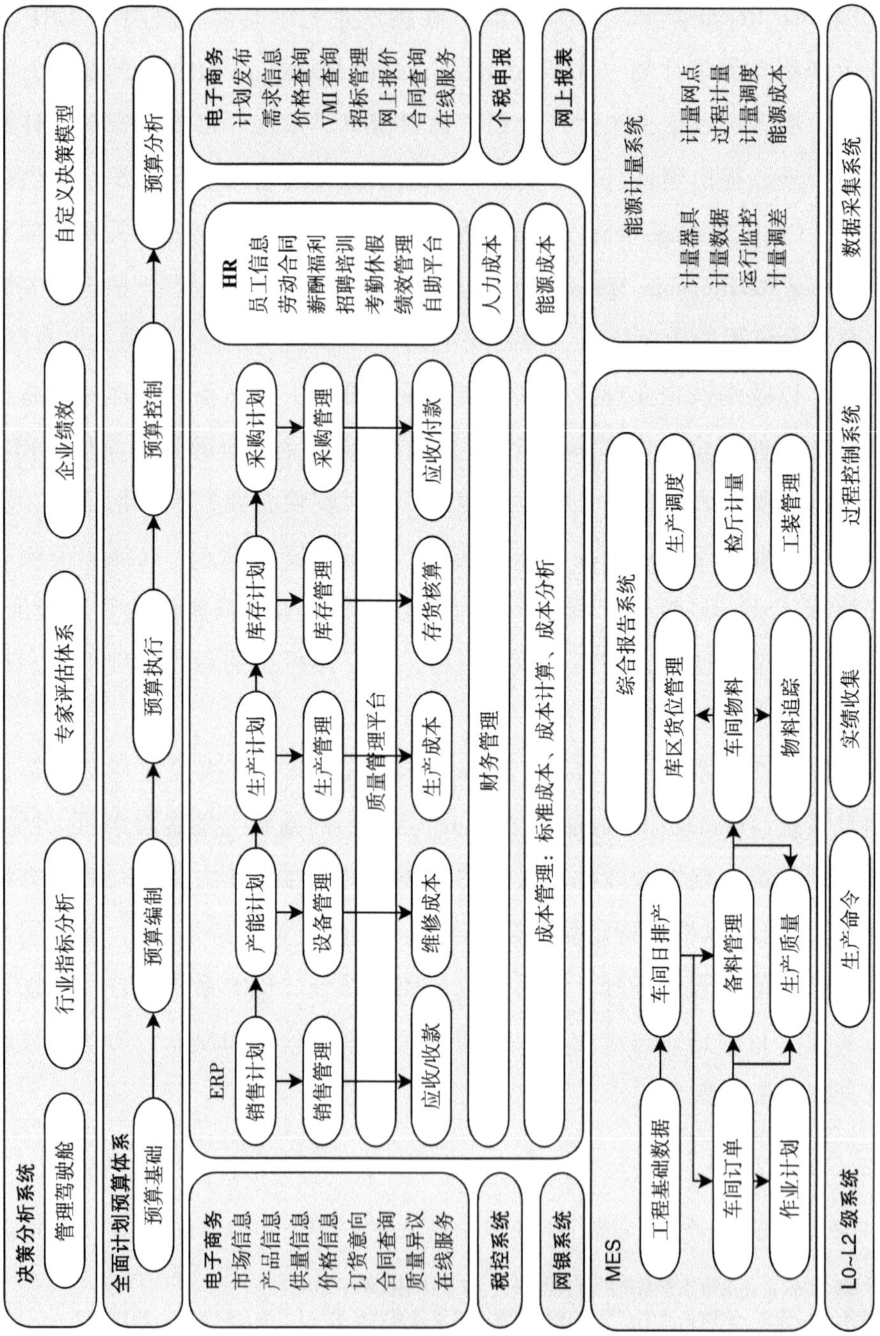

图 5-9 钢铁企业信息化系统逻辑关系示意

资料来源：用友软件股份有限公司. 钢铁行业应用解决方案 ERP［Z］. 用友冶金企业信息化管理系统解决方案 V1.0，2008.

企业，基础自动化和过程自动化是钢铁企业采用信息化技术强化管理的基础，在此之上才能有生产信息化系统，而且生产信息化系统的部分数据直接来自过程自动化控制。ERP 则应用信息技术体现先进企业管理理论，通过信息系统把先进管理理念和方法固化下来，同时整合企业内外供应链、客户关系。ERP 与 MES 共同构成计划、控制、反馈、调整的完整闭环系统，通过接口进行计划、命令的传递和实绩的接收，使生产计划、控制指令、实绩信息在整个 ERP、MES、过程自动化和基础自动化体系中交互传递。专家支持系统则是在前述信息系统的基础上，对各系统提供的大量业务数据进行挖掘、分析，得出不同维度的分析建议，为企业管理层提供相应的建议①。

本章小结

根据创新对象可以将技术创新区分为产品创新和工艺创新。根据创新影响可以将技术创新分为渐进性创新、突破性创新、技术体系的变革和技术—经济范式的变革四类。钢铁产业发展中的创新基本上全部涵盖了上述类型，但从循环经济的角度，本书讨论的主题侧重于工艺创新，包括渐进性创新、突破性创新和技术体系的变革三种类型。

众多不同研究从不同角度分析了循环经济与技术创新的关系。本书认为，技术二重性在创新领域的一个重要体现是：技术创新并不必然导致资源节约和环境友好。循环经济和技术创新目标函数的差异使得二者并不必然融合，但技术创新的生态化转向有利于在技术创新过程中全面引入生态学思想，考虑技术对环境、生态的影响和作用，建立起一种新的使技术创新与生态目标

① 张涛，陈向阳. 钢铁行业 MES 与 ERP 的整合［J］. 中国制造业信息化，2005 (6).

相结合的协调性技术创新，才能实现经济增长与资源能源节约和环境保护的兼顾。本书从人与自然、资源与环境关系的角度分析了工业化以来的三种技术经济范式：传统的线性范式、末端治理范式和循环经济的技术经济范式。在循环经济的技术经济范式下，通过基于循环经济的技术创新可以降低经济增长过程中的资源能源消耗强度和污染排放强度，犹如打造循环经济的技术创新隧道，表现为环境库兹涅茨曲线中“拐点”的高度降低，出现更低的“污染峰值”，使曲线进一步平缓化，同时污染高峰期的时间跨度缩短，出现更早的“拐点时间”。

钢铁产业发展循环经济需要建立支撑技术体系，主要包括冶炼设备创新技术、冶炼流程创新技术、铁素循环利用技术、固废减量化与循环利用技术、能耗减量化和能量循环利用技术、节水和废水循环利用技术，以及管理支撑技术七大类。其中高炉工艺钢铁产业发展循环经济的关键共性技术创新包括冶炼设备替代技术创新、冶炼设备大型化创新以及冶炼流程技术创新三种类型。非高炉工艺技术创新通过减少生产工序，促进节能减排降耗，是钢铁产业发展循环经济的一类重要减量化技术创新，目前主要包括直接还原炼铁工艺技术创新和熔融还原炼铁工艺技术创新两种类型。此外，现代信息技术包括各种信息管理系统、物联网、云计算和大数据等技术在现代钢铁产业中的应用，对于提高物料精细管理水平、促进生产结构流程优化和紧凑化、优化资源配置，以及减少资源能源消耗等发挥了重要作用，使得以现代信息网络技术为代表的管理技术创新成为钢铁产业发展循环经济必不可少的、重要的辅助管理和决策工具。

第六章　能源消耗减量化和能量梯级利用

第一节　能源与钢铁产业发展

一、能源的稀缺性

能源是必不可少的生产要素，经济增长和经济社会发展离不开能源消费。当今人类社会消费的能源主要是不可再生能源，包括煤炭、石油、天然气、页岩油、页岩气等。理论上，这些不可再生能源都属于可耗竭能源。虽然技术进步不断增加了这些可耗竭资源的探明储量，延长了其使用寿命，而且理论研究也无法给出准确的资源储量的估计，但在可预见的未来，在其理论最大储量范围内，这些不可再生能源的供应毫无疑问存在一个供应峰值。罗马俱乐部的报告《增长的极限》已表明，能源资源是一种基本的生产要素，与其他要素一样对经济增长有重要影响。增长的极限本质上是源于存在生产要素供给的极限。反过来，也可以认为由于存在经济增长的极限，能源消费不可能无限增长。

关于能源生产和供应的极限，最有代表性和最典型的研究是关于石油峰值的研究。20 世纪 50 年代，美国石油地质学家哈伯特（Hubbert）发现矿物资源生产存在类似“钟形曲线”的规律，作为不可再生资源，任何地区的石油产量都会达到最高点。他对美国本土石油生产将于 1970 年达到高峰的预测基本与后来的事实相一致①。持此论点的悲观者认为，石油峰值在 2007 年已到来，当前已处于石油峰值期。国际能源署（IEA）和石油峰值研究会（ASPO）等则预测世界石油峰值将于 2020 年左右出现。比较乐观的剑桥能源研究会（CERA）等也认为，即便技术进步可以不断增加石油探明储量和产量，但也仅仅是将石油峰值推迟到 2030 年左右。同为乐观派的 BP 公司也认为石油储采比大约为 40 年左右。我国学者冯连勇等利用中科院翁文波院士等创立的翁氏模型，预测 2020 年左右出现的石油峰值大约为 40.3×10^8 吨②。具体到我国而言，如图 6-1 所示，尽管石油需求旺盛，消费快速增长，但事实上自 20 世纪 90 年代以来，我国石油产量的增加很小，呈现出接近供应峰值的迹象。

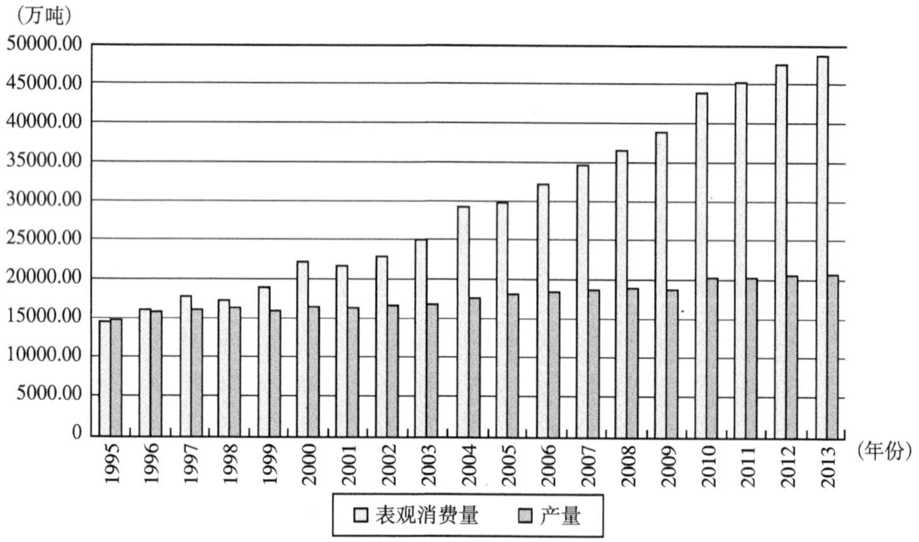

图 6-1　1995~2013 年我国石油表观消费量和生产量变化情况

资料来源：笔者根据历年《中国统计年鉴》整理。

---

① Hubbert M. K. Energy from Fossil Fuels [J]. Science, 1949, 100 (2823).
Campbell Collin. The End of Cheap Oil [J]. Scientific American, 1998, 278 (3).

② 冯连勇等. 石油峰值理论及石油峰值预测 [J]. 石油学报, 2006, 27 (5).

一个表明可耗竭资源供应存在理论峰值的指标是储采比，即按当前生产水平，年末剩余储量与当年产量的比值。显然，当某种能源的储采比较低时，由于能源的不可再生和可耗竭性，短期内无法增加能源储量，要实现能源供应和消费可持续发展，控制并减少能源消费总量无疑是必然的可行选择。由表 6-1 可以看出，虽然从全球来看，石油、天然气和煤炭的储采比均超过了 50 年，但由于这些能源储量分布不均，除煤炭外，多数经济体的主要能源储采比均相对较低。例如，美国石油和天然气的储采比分别只有 11.4 年和 13.4 年，我国石油和天然气的储采比分别只有 11.9 年和 25.7 年。煤炭是我国主要能源中相对丰富的品种，但其资源储采比也只有 30 年。

表 6-1　2014 年末部分国家和地区主要能源储采比

单位：年

国家/地区	石油	天然气	煤炭	国家/地区	石油	天然气	煤炭
美国	11.4	13.4	262	澳大利亚	24.3	67.6	155
墨西哥	10.9	6	87	中国	11.9	25.7	30
北美	34	12.8	248	印度	17.6	45	94
巴西	18.9	13.9	>100	亚太	14.1	28.7	51
阿根廷	10.1	9.3	—	阿尔及利亚	21.9	54.1	—
中南美	—	43.8	142	安哥拉	20.3	—	—
德国	—	5.6	218	南苏丹	60.3	—	—
意大利	14.5	7.5	—	苏丹	37.7	—	—
挪威	9.5	17.7	—	非洲	42.8	69.8	—
俄罗斯	26.1	56.4	441	全世界	52.5	54.1	110
英国	24.3	6.6	20	OECD 国家	30.3	15.6	191
欧洲和欧亚大陆	24.7	57.9	268	非 OECD 国家	60.1	75.8	83
伊朗	>100	>100	—	OPEC 国家	91.1	—	—
伊拉克	>100	>100	—	非 OPEC 国家	24.5	—	—
沙特阿拉伯	63.6	75.4	—	欧盟	11.2	11.3	111
科威特	89	>100	—				
中东	77.8	>100	—				

资料来源：笔者根据《BP 世界能源统计评论 2015》整理。BP stats. Statistical Review of World Energy 2015［EB/OL］ http://www.bp.com/en/global/corporate/about -bp/energy -economics/statistical -review -of -world -energy.html.

上述主要能源的绝对稀缺性也表明了钢铁产业中能源消耗减量化促进能源梯级利用的必要性。此外，长流程钢铁工艺是当今钢铁产业的主要技术路线，而长流程钢铁工艺中炼铁必不可少地要消耗焦炭。在我国，即便不考虑煤炭品质的差异，通常认为储量丰富的煤炭资源实际上也处于稀缺状态，能源消耗减量化和梯级利用的重要性由此可见一斑。

二、钢铁产业中的能源类型

能源是一切人类社会经济活动的物质基础。一般说来，能源可分为一次能源和二次能源。一次能源通常是指自然界中以原有形式存在、未经过人类生产活动加工转换的能源资源，即天然能源，如原煤、石油、天然气等化石能源和太阳能、风能、水能、地热能等。二次能源则是由一次能源加工转换后得到的能源，如电力、蒸汽、焦炭、汽油、柴油、重油、液化石油气、沼气等，以及生产过程中产生的各种形式的余热和余压等。

在现代钢铁产业中，能源通常也分为一次能源和二次能源。但与通常的区分方法不同，钢铁产业消耗的一次能源包括直接来自自然界且未经过加工转换的煤炭、天然气和太阳能等，以及虽经过加工转换但不是钢铁企业生产过程中的加工转换，且属于直接输入的能源，如焦炭、各种油类和电等，也包括作为替代能源使用而消纳的废旧塑料、废旧轮胎等废弃物。二次能源则主要指经过钢铁企业生产过程加工转换的能源，主要包括焦炉煤气、转炉煤气和高炉煤气，以及各种余热、余压等。显然，与通常对一次能源和二次能源的划分方法不同，是否在钢铁生产过程中得到转换加工是钢铁产业划分一次能源和二次能源的主要依据。因此，钢铁产业中一次能源的范围较宽，二次能源的范围较窄。

二次能源产生的主要节点如图 6-2 所示，根据特征可分为三类[①]：一是可燃气体，主要是各种炉窑生产过程中产生的副产煤气，通常主要是“三气”，即焦炉煤气、高炉煤气和转炉煤气；二是余热，主要包括红焦显热、烧结矿

① 王静. 钢铁企业二次能源综合利用［J］. 环境保护与循环经济，2012（5）.

显热、各种炉渣显热和各种烟气显热等；三是余能，也被称为余压，主要指高炉炉顶余压。

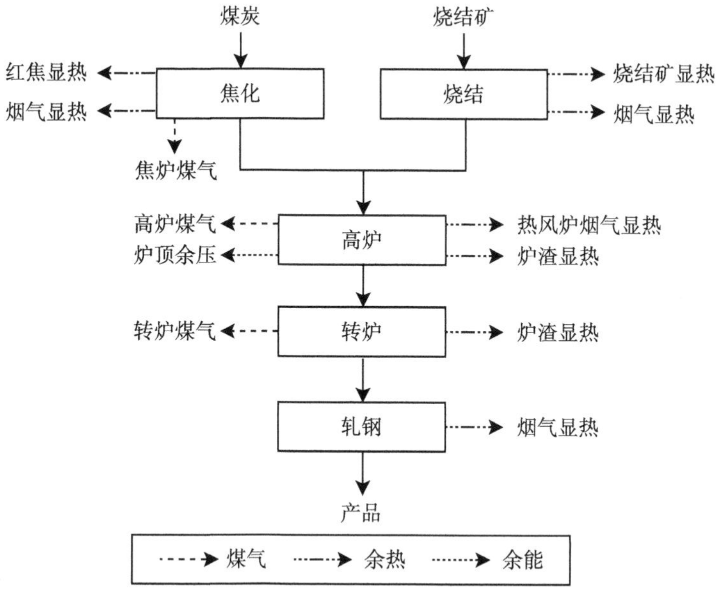

图 6–2 钢铁产业二次能源主要产生节点示意

从钢铁产业发展历史来看，在早期长流程钢铁生产中，如果不采用循环经济模式组织生产，只有一次能源的输入，就会在生产过程中被消耗、转移或固化到产品中，排放煤气和热量等废弃物。因此，二次能源是相对于不采用循环经济模式的能源而言，其本质是废弃物。为了分析方便，以及更好地体现钢铁产业作为一种流程工业如何利用技术创新构建其独特的循环经济模式，下文将一次能源减量化和二次能源的回收利用分开进行说明。一次能源和二次能源的区分，本身也体现了技术创新促进能源循环利用在钢铁产业发展中的支撑作用。

三、钢铁产业能量流与能源“3R”

能源是能量的载体，但能源不同于其他物质，这主要表现在能量既依附于能源物质，如煤、焦炭、天然气、柴油等，但又具有独立的部分，如电力、压力等，尤其是二次能源中的物料显热。因此，能量是一种相对独立的

“流”，即能量流。

由于二次能源主要来源于原料/燃料的燃烧，且可利用的二次能源类型主要是煤气、显热和余压，因此在实践中钢铁企业通常是二次能源回收利用和外部能源尤其是电力输入等，与一次能源结合在一起统筹考虑，在钢铁生产流程中形成统一的“能量流”。以日照钢铁集团为例，如图 6-3 所示，一次能源的输入与二次能源梯级利用和循环利用在钢铁生产过程中被有机结合起来，构成典型的长流程钢铁企业的能量流。

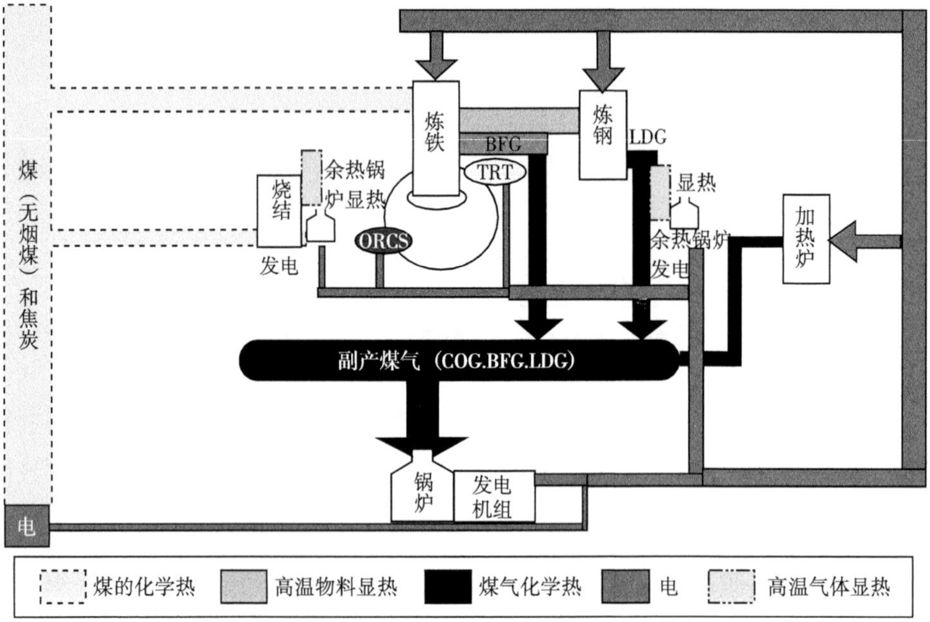

图 6-3 日照钢铁能源循环利用示意

资料来源：日照钢铁控股集团有限公司. 清洁生产审核报告 [Z]. 2011.

根据循环经济减量化原则，能源消耗减量化首先要在输入端减少能源投入；其次是废弃物作为能源的再利用和资源化。由于能源的特殊性，减量化首先就是一次能源消耗的减量化，这是钢铁产业发展循环经济节能的首要内容；其次是再利用，主要是指二次能源在钢铁生产过程中的梯级利用；最后才是资源化，主要是指二次能源转换为一种既可以在钢铁产业，也可以在其他生产领域或生活领域使用的普通能源，如电力等，具体体现为二次能源的循环利用。

由于钢铁产业的多工序和流程工业特性，分析钢铁产业能耗通常考虑的是综合能耗或可比能耗。能源消耗减量化、再利用和资源化的结果是能源产出率的提高，最终体现为节能，也就是同等规模下钢铁产业总能耗的降低，或者单位产品综合能耗和可比能耗的降低。

一般意义上，节能既包括技术节能，即直接依靠技术创新引起的能源系统效率提高、工序节能等，也包括管理节能，如改进原料构成，通过管理改进减少人力投入，劳务量节省，成本费用降低，产品结构调整等广义节能内容。根据主题，本书主要考虑的是技术创新导致的节能。

四、钢铁产业节能的重要性

钢铁产业本质上是一个连续和离散相混合的冶金化学反应过程，冶炼需要在高温环境、多装置、多工序环境下进行，同时需要使用焦炭作为化学反应的主要还原剂，在流程传递和工艺转化过程中需要消耗大量热能、化学能和冷却水，因而能源对钢铁产业发展至关重要。

钢铁产业是高能耗行业。从生产成本构成来看，能源消耗成本约占钢铁企业总成本的24%左右。从能源总量上来看，据工信部① 统计分析，2009 年我国钢铁产业能源消耗超过 3 亿吨标准煤，约占全国总能耗的 16.1%，占工业总能耗的 23%。“十一五”期间，我国钢铁企业节能工作取得了显著成效。据中国钢铁产业协会统计分析，2010 年与 2005 年相比，重点能源统计钢铁企业平均吨钢综合能耗由 694 千克标准煤下降到 604.6 千克标准煤，实现节能总量约 4611 万吨标准煤，万元工业增加值能耗由 6.78 吨标准煤降至 5.21 吨标准煤，下降了 23.16%，对完成国家“十一五”期间提出的实现 GDP 能耗下降 20%左右的目标做出了重要贡献。但考虑到目前我国粗钢产量占世界总产量的近一半，尤其是我国新增钢铁产能占世界新增钢铁产能的 80%，钢铁总

①工信部. 关于钢铁产业节能减排的指导意见［Z］. 工信部节〔2010〕176 号，2010.

产量增长速度超过单位产品或单位 GDP 能耗下降速度，钢铁产业节能压力仍呈不断增加态势。

从钢铁产业的排放特性来看，钢铁产业发展有赖于高能源消耗，同时也导致钢铁产业成为我国污染排放的重点行业。显然，钢铁产业节能不仅直接关系到降低钢铁生产成本、提升钢铁企业竞争力，更直接关系到我国节能减排降耗政策的成败，对我国经济增长缓解资源和能源约束、转变经济发展方式也具有举足轻重的作用。

此外，还需要注意的是，在我国能源禀赋中，由于煤炭占比约为 70%，而煤炭的碳排放因子更高，因此钢铁产业温室气体排放占全国碳排放的比重约为 15%，是仅次于电力的第二大碳排放产业，而全球范围内钢铁产业碳排放仅占人工活动碳排放的 5%~6%。在应对气候变化已成为全球共同行动，并影响到国家发展外部压力的大背景下，钢铁产业节能直接关系到我国外部发展环境的改善。

第二节　技术创新与一次能源消耗减量化

一、技术创新与工序一次能源消耗减量化

（一）烧结工序的能源消耗减量化

烧结工序能耗占钢铁生产总能耗的 8%~12%，是第二大耗能工序，工序能耗主要包括固体燃料消耗、电力消耗、点火煤气消耗、动力如压缩空气和蒸汽等消耗。据分析①，烧结工序能耗中固体燃料消耗约占 75%~80%，电力消耗约占 13%~20%，点火消耗约占 5%~10%，因此可以针对不同能源消耗特点和作

① 王社斌，许并社等. 钢铁生产节能减排技术［M］. 北京：化学工业出版社，2009.

用采取针对性的技术措施。通常可采取的工艺和技术包括如下几个：

（1）改善固体燃料投放工艺。降低固体燃料消耗是烧结工序能源消耗减量化的首要考虑。在实践中，可以采用自动重量配料技术，控制燃料的粒度及粒度组成，使之保持适度燃烧速度，从而减少烧结燃料消耗，并提高烧结矿成品率；同时采用燃料与焦粉混合的二次分加技术，提高燃料的燃烧效率；此外，采用厚料层烧结技术，利用烧结料层的自动蓄热作用，既可以减少烧结料中的固体燃料用量，又可以降低烧结矿中氧化铁含量，提高烧结矿强度，为后续炼铁工序节能打下基础。

（2）球团烧结或小球烧结工艺。球团生产采用链篦机—回转窑生产工艺，可以灵活控制焙烧系统的设备，实现燃料消耗和电耗降低。小球烧结技术由我国原冶金部钢铁研究院开发成功，通过改善燃料的附着状态，使燃料与氧气充分接触，提高混匀造球能力，在提高烧结矿质量的同时，可大幅减少固体燃料消耗，节能效果最高可达 20%。例如，首钢矿业公司 90 平方米烧结机通过小球烧结改造，固体燃料消耗降低了 5~8 千克/吨。

（3）先进烧结技术。先进烧结技术主要包括如下几个方面：第一是低温烧结技术，即在较低温度（1300℃）条件下，用针状铁酸钙作为主要黏结相，黏结其他矿物，形成交织残余结构的烧结方法。第二是热风烧结，即通过在料层表面供给热空气来进行烧结，低温热风温度约 200℃~250℃，也可以采用 600℃~800℃的余热废气，可以大量节省固体燃料用量，减少烧结成本，并提高烧结矿品位。例如，鞍钢烧结厂 1 号烧结机采用低温热废气，平均降低成品烧结矿中 FeO 含量 7.58%，吨烧结矿干焦粉消耗量减少了 8.71 千克，折合 7.01 千克标准煤。第三是双层、双碱度烧结技术，提高烧结过程中烧结温度的均匀性，平均可降低烧结矿燃料消耗 4~6 千克标准煤/吨。

（4）高效低能耗设备使用（设备进化）。在烧结机尾部采用新型密封装置减少设备漏风率并降低电耗；采用小型节能点火器并完善点火参数，同时严格控制点火温度和点火时间，降低点火热耗；采用变频调速电机，降低平均电流节约电能等。

（二）高炉炼铁工序的能源消耗减量化

高炉炼铁工序主要是将球团矿、烧结矿、铁矿石、石灰石等溶剂原料以及焦炭等能源和还原剂放入高炉，在高温环境下生产高炉煤气和铁水的冶金过程。一方面，炼铁系统能耗约占钢铁产业总能耗的70%左右①，高炉工序能耗是钢铁产业能耗的主体，是钢铁产业节能工作的重中之重；另一方面，与国际先进水平相比，我国炼铁系统节能潜力较大。例如，2006年高炉炼铁燃料比的国际先进水平为430千克标准煤/吨铁，国际水平是小于500千克标准煤/吨铁，而我国重点钢铁企业的平均综合焦比值为516千克/吨，最先进的宝钢为438千克/吨。

炼铁工序的能源消耗减量化首先取决于原料，包括如铁矿石品位、还原性、软化性等冶金性能，烧结矿和球团矿比重，以及入炉原料粒度、化学成分等；其次才是操作和设备等层面的技术创新，在炼焦环节主要是采用煤调湿技术，在高炉炼铁环节主要是采用高煤比、高风温和高顶压的“三高”技术。

（1）煤调湿技术。煤调湿技术是煤调湿炼焦工艺（Coal Moisture Control，CMC）或“装炉煤水分控制工艺”的简称，是在干燥煤炼焦工艺（将湿煤在炉外预先脱水干燥至水分含量6%以下，再装炉炼焦的工艺）的基础上发展起来的一种通过加热来降低并稳定、控制装炉煤水分的一种炼焦用煤的预处理技术，其核心是无论原料的水分是多少，装炉煤的水分都要控制在5%~6%。由于采用该技术可降低入炉煤水分，并将水分控制在合适的目标值范围内，不仅可以提高焦炭质量，还可以降低炼焦耗热量，具有显著的节能效果。

（2）高炉富氧喷吹煤技术。高炉富氧喷吹煤技术。主要是综合采用在高炉炉顶喷吹富氧、高风温，利用煤粉替代焦炭，在促进煤粉充分燃烧的同时，提高煤比，降低焦炭使用量，喷吹的煤量越大，焦炭用量越少，在保证还原性能的同时可以降低高炉总燃料消耗，促进能源消耗减量化使用。据统计分

① 王维兴，荣广．钢铁产业节能的思路和途径［J］．中国钢铁，2007（3）．

析[①]，采用高炉富氧喷吹煤技术，每富氧 1%不仅可使高炉增产 4.26%，还可促使高炉煤气发热值升高 3.4%，节焦 1%，增加喷吹煤粉 12~20 千克/吨，而每喷吹 1 吨煤粉，可降低炼铁系统能耗约 100 千克标准煤/吨。目前宝钢掌握的高炉富氧喷吹煤技术已达世界领先水平，在保证高炉利用系数的同时，煤比已达到 230 千克/吨以上，入炉焦比则下降到 280 千克/吨以下。

高炉喷煤技术被认为是 20 世纪 90 年代以来我国钢铁产业取得突破的六大关键共性技术之一，其最显著的作用就是替代焦炭使用，实现了能源消耗减量化。在国家“863 计划”节能专题前沿探索课题中，目前正在研究加入催化剂，在限制喷量的情况下，通过催化燃烧，可以实现高炉大喷煤、以煤代焦，实现节能。同时，我国正在开发具有前瞻性的全氧高炉炼铁技术，即通过空分制氧在底部吹入高炉，在炉顶将生成的二氧化碳采用变压吸附分离技术生成一氧化碳，采用气基直接还原氧化铁，生产高质量铁水，可以减少焦炭使用和喷煤量。

（3）提高风温技术。高风温是大喷煤的基础，也是降低高炉燃料消耗的最有力措施。风温提高 100℃，可节约焦比 15 千克/吨。在实践中，可采用顶燃式热风炉以改进热风炉结构提高风温，或采用热风炉预热助燃空气以利用热风中的大量显热。采用热风炉在国外有很多成功的例子，近年我国新建的大型高炉多数也是采用该类型设备和技术。但总体而言，我国高炉热风温度比工业发达国家低 100℃~150℃，是我国炼铁生产技术水平与发达国家相比差距最大的地方。

（4）提高炉顶压力技术。提高炉顶压力技术主要是根据原料条件和高炉容积等，将高炉炉顶压力提高到一定水平，既可以保证炉况顺利运行，保持炉温稳定，提高炼铁效率和生铁质量，同时也有利于降低焦比，降低能耗。据经验统计，炉顶压力每提高 0.01 兆帕，产量可提高 2%~3%，焦比可降低 0.2%~1.5%。

① 王维兴，荣广. 钢铁产业节能的思路和途径［J］. 中国钢铁，2007（3）.

在高炉炼铁工序中，无料钟炉顶技术、高炉高效、长寿技术等的使用可以延长设备使用寿命、减少休工时间、产生相对节能效果。此外，高炉煤气采用干法除尘技术，不仅节电，还可节水。但是否采用干法除尘技术，不仅要考虑电、水节约，还需要结合除尘效果、综合成本等进行选择。

（三）转炉炼钢工序的能源消耗减量化

在转炉炼钢工序中，可以直接促进能源消耗减量化的技术主要有：

（1）铁水预处理技术。主要是采用铁水预处理脱硅、脱磷和脱硫技术，俗称“三脱”工艺，将铁水的脱硅、脱磷和脱硫从转炉冶炼负荷中分化出来，使转炉的冶炼功能进一步简化为脱碳和升温。通过铁水预处理，可以降低全工序成本，减少合金料和耐火材料的消耗，提高转炉产能，降低能耗。此外，可以提高进入转炉的铁水质量，提高钢水纯净度，可以为市场提供高纯净度钢，延长钢材使用寿命，减少社会钢材消耗，相对减少社会总体能耗。

（2）新型转炉烟气干法除尘技术。新型转炉烟气干法除尘技术是一项综合技术，不仅可以延长设备使用寿命，减少水耗，更由于与传统湿法除尘相比，可以选用小功率风机，耗电量可以节约 2/3。更重要的是，采用新型转炉烟气干法除尘技术，有利于系统回收干粉尘和余热，实现粉尘和余热的资源化利用，实现节能目标。

（3）转炉冶炼工艺优化技术。转炉冶炼工艺优化技术是负能炼钢技术中的一类，包括提高供氧强度，缩短吹炼时间，采用溅渣、护炉工艺，延长转炉炉龄，提高成渣速度，提高转炉利用系数等，可实现相对节能。

（四）轧钢工序的能源消耗减量化

连铸和轧钢是炼钢的后续环节，主要是通过流程紧凑化、减少热量损失实现能源消耗减量化。此外，生产实践中常用的能源消耗减量化技术包括：

（1）加热炉内污水冷滑轨技术。主要是改进加热炉，采用炉顶平焰烧嘴，提高绝热效果和炉顶辐射强度，同时在加热炉内实现全无水冷结构，使水冷却损失降低，综合可降低工序能耗 3.5 千克标准煤/吨。

（2）热轧润滑工艺和在线热处理技术。轧制摩擦耗能占轧制能耗总量的30%以上，采用热轧润滑工艺可以减少摩擦，减少轧制功率消耗，提高轧辊使用寿命，并改善钢材表面质量。同时，利用轧后钢材表面余热进行热处理，可改善钢材性能，节约能源。

（3）低温轧制技术。低温轧制需要提高轧制功率，但其前提是降低加热炉内出钢温度，由此不仅可以直接减少燃料消耗，同时也可以降低氧化铁皮量，间接减少能源消耗，在抵消轧制功率提高增加的能耗后，与常规轧制相比可降低工序能耗 15%~20%。

此外，目前钢铁产业界正在研究新一代控轧控冷技术，即通过可控无级调节钢材冷却技术、离线热处理在线化技术等，实现集成创新，不仅可节约钢材使用量，提高生产效率，还可节能 10%~15%。该技术的实现，可为轧钢高效节能开创新的局面。

二、能源替代技术创新与能源消耗减量化

在人类社会经济史上，能源形态是不断变化的，在不同时期和不同物质生产方式下，人类开发和使用的主导能源是不同的①。Bastianoni 等② 在早期金属资源相互替代研究的基础上，将不可再生能源和可再生能源的替代引入内生增长模型，研究发现加强可再生能源对不可再生能源的替代投资、建立补偿机制、改善能源系统的消费结构，是实现经济可持续发展的唯一路径。目前能源替代的观点已被广泛接受。由于当今能源消耗引起的能源供需约束和环境污染问题主要由石化能源消耗引起，更是世界范围内温室气体排放增加导致全球气候变化的主要原因，因此一般意义上的能源替代通常指利用一切可以替代石油或石化燃料的能源，主要是可再生能源，如太阳能、风能、海

---

① 曹玉书，尤卓雅. 资源约束、能源替代与可持续发展——基于经济增长理论的国外研究综述［J］. 浙江大学学报（人文社会科学版），2010（4）.

② S. Bastianoni，R. M. Pulselli，F. M. Pulselli. Models of Withdrawing Renewable and Non-renewable Resources Based on Odum's Energy Systems Theory and Daly's Quasi-sustainability Principle［J］. Ecological Modelling，2009，220（16）.

洋能等可再生能源，也包括核能、沼气等新能源。开发利用可再生能源和环境污染水平相对较低的新能源，优化调整能源结构不仅是保证能源安全的需要，也是节能减排降耗以促进经济社会清洁发展的需要。

研究开发和利用替代能源是全社会的责任，钢铁产业也不例外。尤其是在我国钢铁企业中，如表 6-2 所示，典型长流程钢铁企业的用能对石化能源存在着完全的依赖，其中仅焦煤、电煤和喷吹煤三项即占到了总能耗的 99%，研究开发利用替代能源更具有紧迫性和重要意义。但对任何一个具体产业而言，替代能源的利用受自身产业特征影响，只能有选择性地使用其他能源。从研究和实践来看，钢铁产业的能源替代技术创新主要集中于如下几个方面。

表 6-2 典型钢铁企业的用能结构

序号	外购燃料	折标准煤（万吨）	占比（%）
1	焦煤	603.2	61.1
2	电煤/电力	176.5	17.9
3	喷吹煤	197.2	20
4	重油	1.1	0.1
5	柴油	1.7	0.2
6	天然气	6.9	0.7
7	合计	986.6	100

资料来源：张兴良，董晓丹. 太阳能在钢铁企业内的应用分析［J］. 冶金经济与管理，2011（3）.

一是炼铁还原剂的替代技术创新。在现有长流程钢铁中，主要是以一氧化碳为还原剂，对应的主要能源是焦炭和煤炭。焦炭生产不仅需要特殊物理和化学性质的焦煤，同时也消耗大量能源，污染排放水平相对较高。同时，碳还原对应的化学反应生成物主要是二氧化碳，这是钢铁产业成为温室气体排放大户的主要原因。因此，国内外也都在研究能否利用其他物质替代碳作为铁矿石冶炼的还原剂，这方面主要集中在氢还原剂的选择上。这不仅在理论上可行，而且由于氢作为还原剂的主要化学反应生成物是水，不产生温室气体，因此具有理想的节能减碳效果①。但在实践中，尽管各国都投入了巨大精力推进氢还原炼铁技术发展，但仍未能取得理想的结果。例如，目前由日本新能源产业技术综合开发机构（NEDO）支持，日本钢铁联盟、新日铁住金、JFE 钢铁、神户制钢等主要钢铁公司参加，共同研发的环境和谐型炼铁工艺开发（COURSE50）在这方面走在前列，但也仍然仅处于从第一阶段研究向第二阶段试验高炉建设过渡阶段，2015 年 10 月才能进行氢还原和温室气体分离回收试验②。

二是直接利用清洁的可再生能源。例如，在钢铁企业内利用太阳能，包括太阳能发电、太阳能提供热水、太阳能路灯等③。这虽然对改善钢铁企业能源结构起到了一定作用，但由于与钢铁生产的关系不甚密切，因而从循环经济的角度来看，不应是钢铁企业能源替代技术创新的重点和应选择的方向。

三是探索开发其他废弃物能源化利用。从实践来看，这方面主要是利用废旧橡胶和废旧塑料。废旧橡胶和废旧塑料都是社会大宗废弃物，不仅占用土地、污染环境，而且难以降解处理。但二者都是能源类化合物，例如，废旧轮胎的热能比普通煤炭高 25%~50%，燃烧一条小型轿车轮胎可以产生 32 千焦的热量④。在实践方面，废旧轮胎主要是直接作为燃料，切块供给锅炉。废旧塑料的应用⑤ 则可应用于钢铁冶炼的多个工序。例如，德国从 1994 年开始进行高炉喷吹废塑料替代喷吹煤粉试验，现在德国蒂森克虏伯钢铁公司已实际应用了高炉喷吹废塑料工艺技术。日本的相关试验结果表明，可以降低焦比 13.3 千克/吨铁，同时可降低碳酸气体的排放量，现在已有年处理 10 万吨废塑料规模的工艺设备投入运行中。在炼焦工序方面，日本新日铁试验后投产运行了年处理 8 万吨的废塑料与煤共焦化工艺设备。在炼焦煤中配入 1%~

---

① 王太炎. 氢冶金与低碳经济［EB/OL］. 中国冶金设备配件网，http：//www.cmepc.com/html/nizaijianxiangmu/201007/02-31246.html.

② 全荣. COURSE 50 项目完成试验高炉设计［N］. 世界金属导报，2014-04-21.

③ 张兴良，董晓丹. 太阳能在钢铁企业内的应用分析［J］. 冶金经济与管理，2011（3）.

④ 吴秀兰. 国外废旧轮胎处理和循环利用的最新进展［J］. 轮胎工业，2000，20（2）.

⑤ 王社斌，许并社等. 钢铁生产节能减排技术［M］. 北京：化学工业出版社，2009.

2%的废塑料，既不会影响焦炭质量，同时废塑料可实现100%的资源化利用和无害化处理，热分解和碳化反应后可生成20%的焦炭、40%的煤焦油和40%的高热值煤气。我国首钢也开展了配入1%废塑料试验，已取得试验成功。

总体来看，目前国外废旧轮胎和废旧塑料作为能源主要用于水泥、造纸和电力等行业，研究利用废旧橡胶和废旧塑料作为钢铁产业的替代能源，不仅对钢铁产业能耗减量化、协助消纳社会大宗废弃物具有重要意义，同时也是钢铁产业循环经济发展面临的新课题之一。

三、能源管理技术创新与能源消耗减量化

在实践中，为了便于对整体能量流进行管理，钢铁企业正在推广采用能源管理控制技术。能源管控中心是将生产过程中涉及的电力、水、煤气、蒸汽、高炉鼓风、氧气、氮气、氩气等各种能源介质，以及煤气柜、净化室、发电站、变电所、混合加压站、高炉鼓风站等重要能源利用场所和设备等，通过信息网络技术和自动控制技术，实现对能源生产、输配和消耗等能源系统的实时监视和控制调整，提高能源平衡和调度自动化水平，从而实现系统性节能降耗。

根据工信部推进钢铁企业建设能源管理中心的实施方案[①]要求，钢铁企业能源管理中心的目的是集成能源动力现场控制系统（水、电、风、气/汽）和各主要工艺单元DCS系统等第三方系统的数据，主要包括如下几个方面：一是综合过程监控系统，包括过程监控系统软硬件平台、调度中心监控软件、在线调度工具等；二是能源消耗预测与能源平衡调度模型及软件；三是基础能源管理系统，主要是在自动化和综合过程监控系统基础上对实绩和计划管理、能源质量和量值管理、运行和决策支持、数据分析及考核等进行管理应用等；四是管控中心工程子系统（基础设施配套）；五是工业及管理网络系

① 工信部. 关于印发《钢铁企业能源管理中心建设实施方案》的通知［Z］. 工信部节〔2009〕365号，2009.

统；六是现场控制系统；七是数据采集装置；八是管理模式和机制建设。

由此可见，能源管控中心技术的应用是一种典型的集成创新，它通过将设施、设备的管理与节能目标管理、能效对标管理、节约机会识别、能源计量和统计、能效分析等功能集成起来，改进和优化能源平衡，可实现能源高效利用和能源消耗减量化的目的。综合企业实践来看，采用能源管控中心技术可以使能源效率提高 1%~3%。

第三节 技术创新与二次能源回收利用

一、二次能源的来源、类型和规模

在钢铁冶炼过程中，由于存在诸多工序，且不同工序之间的温度环境并不相同，上一工序中的能源消耗并不可能完全固化或消耗在该工序中，因此各个工序都会产生不同形式、不同规模的二次能源。如图 6-4 所示，在炼焦环节，常温条件下的焦煤在炼焦炉中加热燃烧，温度高达 1000℃以上，最后形成常温产品焦炭。除部分能量要维持高温燃烧环境外，部分能量固化到焦炭产品中，其他能量则以高炉煤气和余热余压的形式存在。同理，在不同工序以及工序转换中，都存在不同形式、不同规模的二次能源，如果不加以利用，这些二次能源就会被浪费。

二次能源中，煤气是最主要的二次能源，主要包括三种类型，即焦炉煤气、高炉煤气和转炉煤气，分别约占 22%、44%和 9%，合计约占 75%。每种煤气包括显热和潜热两种类型，显热是煤气在不同工序高温环境下由于高温而产生的能量，潜热则是煤气构成中 CO 和 H_2 等可燃烧气体蕴含的能量。

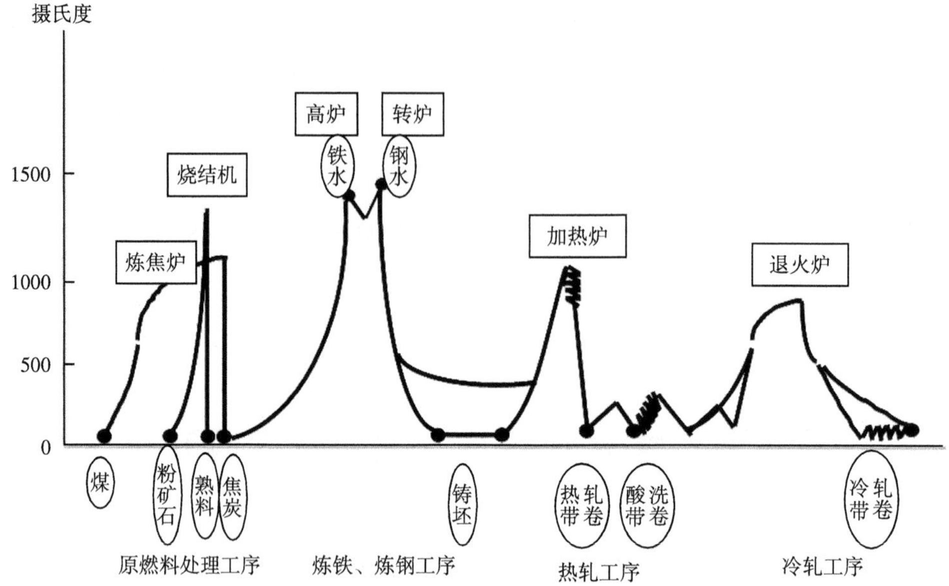

图 6-4 钢铁生产过程中工序与工序温度变化

资料来源：济钢集团. 济钢集团循环经济发展总结汇报［Z］. 在循环经济院士专家山东行会议上的汇报，2009-06-11.

余热除煤气显热外，还包括焦炭显热、废烟气显热、烧结矿显热、球团矿显热、竖炉烟气显热、高炉炉渣显热、热风炉烟气显热、加热炉烟气显热和炉渣显热。按温度水平，余热通常被分为三种类型，即高温余热（>500℃）、中温余热（150℃~500℃）和低温余热（<150℃）。余热类型不同，回收和利用方式则不同。

二次能源中的余压相对简单，主要是高炉炉顶余压。

图 6-5 和表 6-3 直观而系统地反映了产生二次能源的各工序、二次能源的主要类型和理论规模。由此可以看出，目前钢铁产业二次能源产生量大，仅主工序二次能源理论产生量即高达 396 千克标准煤/吨钢，如包括球团等，钢铁生产二次能源的理论产生量将超过 408 千克标准煤/吨钢。在目前技术条件下，除高炉渣和钢渣等显热缺乏有效回收利用技术外，多数二次能源都可以实现有效回收，或者在钢铁产业内部实现梯级利用、循环利用，或通过能源转换实现为社会供能。因此，无论是从节能的角度，还是从发展循环经济的角度，二次能源的回收、梯级利用和循环利用都是重中之重。

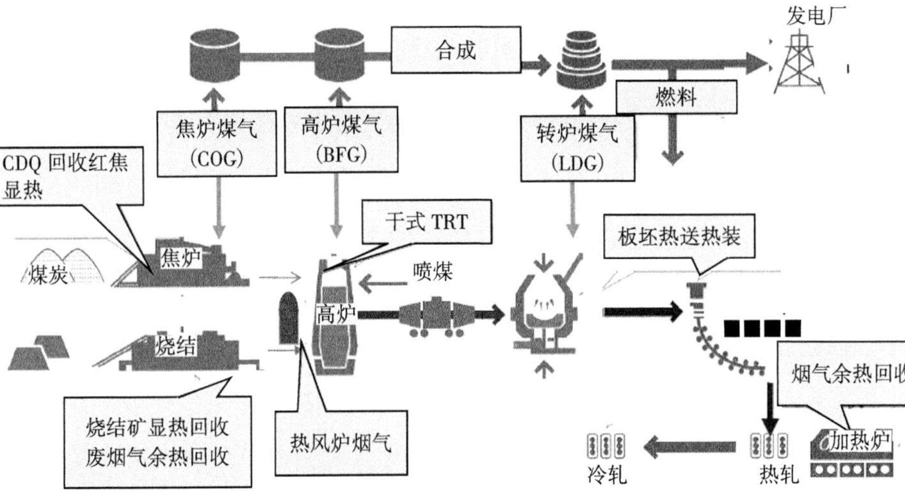

图 6-5　典型长流程钢铁制造流程二次能源产生环节

资料来源：济钢集团. 济钢集团循环经济发展总结汇报［Z］. 在循环经济院士专家山东行会议上的汇报，2009-06-11.

表 6-3　各工序二次能源类型与产生量和可回收量

工序	二次能源			品质
	种类	理论产生量（千克标准煤/吨钢）	现有技术下可回收量（千克标准煤/吨钢）	
烧结工序	烧结矿显热	11.68	4.92	高温余热
	烧结烟气显热	1.28	0.27	中低温余热
焦化工序	焦炉煤气潜热	76.59	76.59	高热值
	焦炉煤气显热	5.62	2.85	
	焦炭显热	16.23	10.81	高温余热
	废烟气显热	1.88	0.09	低温余热
球团工艺	球团矿显热			高温余热
	竖炉烟气			低温余热
高炉工序	高炉煤气潜热	174.74	174.74	热值高
	高炉煤气显热	7.3	0	
	高炉炉渣显热	18.47		高温余热
	高炉炉顶余压	15.61	15.61	高品质
	热风炉烟气显热	5.59	1.66	中低温余热
转炉工序	转炉煤气显热	30.71	26.27	高热值
	转炉煤气潜热	6.14	6.14	
	炉渣显热	4.09	0	高温余热
轧钢工序	加热炉烟气显热	20.06	20.06	高温余热

注：理论产生量计算基准温度（固体 200℃，液体 80℃，气体 200℃）。

资料来源：①钢铁研究总院. 钢铁产业余热余能量及回收技术［R］. 国际能源效率研讨会报告，2010. ②张临峰，陈丽云. 深挖技术潜力，提高能源利用水平——钢铁产业节能先进技术应用发展情况综述［N］. 中国冶金报，2012-05-31.

二、技术创新与二次能源回收和利用方式

在现有技术条件下，有研究[①]对“高炉—转炉—轧钢”长流程工艺流程的能源利用情况测算发现，每生产1吨长材钢铁产品，能源有效利用率只有27%，其余73%的热能都表现为不同形式的余热或余压，其中大约44%为生产过程中外排可燃气体的化学热，大约29%为生产过程中固体物质的高温物理热。因此，钢铁产业的高能耗主要是源于绝大部分能源并没有随生产过程转移到最终产品中，二次能源的回收利用水平就直接决定了钢铁产业和企业的整体能耗水平，而技术创新对二次能源回收利用具有至关重要的决定性作用。

从实践来看，钢铁产业中二次能源的回收和利用方式可以分为两种类型：一种是直接利用法，例如利用各种换热器或换热管等换热设备回收显热，同时直接用于空气、煤气或其他生产过程，如钢坯热装热送等，实现能源在钢铁生产过程中的梯级利用。另一种是间接利用法，例如利用高温或中温余热生产蒸汽、发电或蒸汽联合发电，最典型的如高炉余压发电、干熄焦发电等，低温余热则可以采用余热溴化锂吸收式制冷技术加以利用。间接利用方式主要是二次能源在钢铁生产中的循环利用。

（一）烧结工序二次能源回收和利用

在烧结环节，可回收的主要是烧结矿显热和烧结烟气显热。烧结烟气温度较低，显热约占总热量的23%，可回收量和目前回收利用的企业均较少。烧结矿显热约占总热量的28%，回收主要有直接利用和间接利用两种方式。

直接利用方式一是回收送入烧结机上部热风罩内，进行热风烧结；目前国外企业多采用这种利用方式，但国内钢铁企业采用这种利用方式的较少，只是近年鞍钢等在新建烧结项目时采用该技术。二是利用鼓风冷却剂与抽风烧结机压差，输入点火炉前的预热混合料，热废气通过烧结料层可以对上层

① 对我国钢铁产业发展循环经济的思考［EB/OL］. 中国钢铁协会网，http：//www.chinatsi.com/news/info/2006/04/05/387393.html.

混合料进行预热、干燥处理，从而减少烧结燃料总消耗。河北唐山市津西钢铁即采用回收余热、预热和干燥混合料的方式，实现平均可降低固体燃料消耗 2~3 千克/吨。

间接利用主要是配套利用余热锅炉，可以将这两部分余热用来产生蒸汽。蒸汽既可以为混合料预热，为烧结机机头除尘器灰斗保温，实现二次能源的梯级利用，也可以进一步通过汽轮机发电，电力再供应钢铁生产使用，实现二次能源的循环利用。据经验数据，每 10 平方米的烧结面积每小时可产生 1.5 吨的蒸汽，可发电 300 千瓦，折合标准煤约 120 千克。由宝钢二期 450 平方米烧结机项目实践来看，吨烧结矿每小时可回收蒸汽 95~135 千克。

（二）焦化工序二次能源回收和利用

焦化工序的主要产品是焦炭，约占 75%左右，其次是煤气和其他化工产品，如焦油等，约占 25%。焦化工序中各种二次能源中，废烟气显热属于低温预热，因技术障碍回收利用较少，焦炉煤气可回收用于发电，再供钢铁生产使用，实现二次能源循环利用。刚生产待冷却的焦炭温度高达 950℃以上，显热相当于炼焦生产耗能的 35%~40%，焦炭显热回收主要是通过采用干熄焦技术来实现的，工艺流程如图 6-6 所示，主要是在干熄炉中利用冷的惰性气体，如氮气或氦气将焦炭熄灭，使焦炭温度降低到 200℃以下，吸收了红焦热量的惰性气体经一次除尘器除尘后温度上升到 900℃~1000℃，再进入干熄焦余热锅炉换热，将热量传给干熄焦锅炉产生蒸汽，被冷却的惰性气体经多管旋风二次除尘器净化后再由循环风机鼓入干熄炉实现能源梯级利用，生产的蒸汽则可以用于发电，实现能源循环利用。

干熄焦技术是目前钢铁产业中实现能源减量化、二次能源回收、梯级利用和循环利用最主要的技术创新。目前国内大中型钢铁企业近期建设的焦化项目多数已采用该技术，但早期主要是采用湿法熄焦工艺。理论上，采用干熄焦技术可回收红焦显热的 80%，吨焦最多可以产生 3.9 兆帕、300~450℃的蒸汽 0.45~0.6 吨，可发电 85~115 千瓦时，折合标准煤 35~46 千克。宝钢集团一份内部统计分析发现，采用干熄焦技术可降低焦化工序能耗高达 58 千克

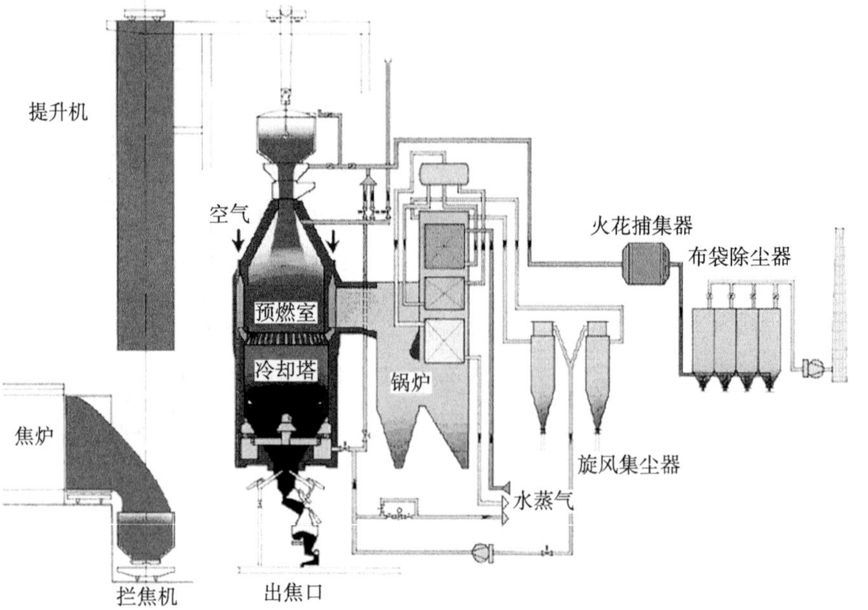

图 6-6　干熄焦工艺流程示意

资料来源：济钢集团. 济钢集团循环经济发展总结汇报［Z］. 在循环经济院士专家山东行会议上的汇报，2009-06-11.

标准煤/吨，因而具有非常好的能源和经济效益。马钢采用中温中压强制循环干熄焦发电技术，投资回收期 4 年，沙钢集团投资采用中温高压强制循环干熄焦发电，年发电 1.5 亿千瓦时，投资回收期只有 2.5 年。我国是世界上最大的焦炭生产国，从实践来看，目前国内企业干熄焦技术尚不普及，且多数采用中低压干熄焦技术，技术推广尤其是高压干熄焦的技术推广潜力较大。

（三）高炉炼铁工序的二次能源回收和利用

高炉工序的二次能源中，热风炉烟气显热属于中温余热，可采用烟气余热回收装置回收，输入热风炉助燃空气进行预热，提高助燃空气温度，有助于提高风温，节约预热能源。

高炉炉顶余压可以采用余压回收透平发电技术（Blast Furnace Top Gas Recovery Turbine Unit，TRT），即利用高炉炉顶煤气具有的压力能及热能，使煤气通过透平膨胀机做功，将其转化为机械能，驱动发电机或其他装置发电，同时将从 TRT 和减压阀组出来的低压煤气再送到高炉煤气柜和用户，实现不同能源不同形式的回收和循环利用。TRT 技术既可回收减压阀组泄放的能量，又可净化煤气，降低噪声，稳定炉顶压力，改善高炉生产条件，是钢铁产业发展循环经济的另一项重要技术创新。从经济上来看，高炉炉顶压力达 0.15~0.25 兆帕，平均每吨铁可发电 20~50 千瓦时，折 8~20 千克标准煤，单位投资费用约 4500 元/千瓦，根据压力及除尘方式不同，投资回收期在 2~6 年。理论上，高炉容积不同，可采用不同的 TRT 技术，但对于小高炉（小于 450 立方米）而言，投资回收期相对较长。考虑到既要实现物质和能量循环，又要实现经济性，高炉最好在 620 立方米以上。

高炉煤气量大，但热值相对较低，只有 2800~3500 千焦/立方米，早期采用全烧高炉煤气混合锅炉技术进行发电，需要掺入部分高热值煤气，或采用热管式换热器加热煤气，目前技术较为先进的是采用燃气蒸汽联合循环发电技术（Combined Cycle Power Plant，CCPP），将高炉煤气与脱硫焦炉煤气混合，经煤气压缩机加压后，混合燃烧，生成高温、高压气体，进入燃气透平机膨胀做功，推动燃气轮机转动发电，排出的废气进入余热锅炉，生产高温高压蒸汽驱动汽轮机，与燃气透平机组一起发电。由于采用的是燃气蒸汽联合循环发电，采用该技术既可以利用煤气潜热和显热，又可以克服煤气热值低的缺点，与常规锅炉蒸汽发电相比，可多发电 70%以上，是钢铁企业内部二次能源梯级利用和循环利用有机结合的重要技术创新。从宝钢、济钢实践来看，投资回收期通常为 4~5 年，内部收益率达 30%左右。

高炉炉渣温度在 1000℃左右，其显热属于高温余热，但利用技术障碍较大。利用高速水流冲渣冷却时，可以产生大量温度在 80℃以上的低温热水。国内只有少数北方地区的钢铁企业在冬季利用高炉冲渣热水替代或补充取暖用水，其他地区钢铁企业都没有开展利用。国际上和工程理论界目前正在研究利用有机工质双循环技术，即利用有机工质吸收冲渣废热水中的热能，将其加热成汽液两相，进入螺杆膨胀动力机或汽轮机，驱动发电机进行发电。

（四）炼钢和轧钢工序的二次能源回收和利用

炼钢工序中炉渣温度高，但利用转炉钢渣显热的技术难度更高，目前尚未找到成熟的技术路径。因此，目前利用的主要是转炉煤气，温度高达1600℃，热值约为1800×4.18千焦/立方米，规模较大，例如日钢集团目前吨钢回收规模可高达120立方米左右。煤气回收除直接用于钢铁冶炼生产外，还可用于发电，甚至城市生活用煤气。

除回收转炉煤气利用外，煤气在汽化冷却后烟道烟气温度达800℃以上，仍然是炼钢工序的重要余热。转炉吹炼过程中的高温烟气余热，因是间断产生，近来也逐步受到重视。此外，轧钢加热炉烟气显热，也属于高温余热。目前在技术上，基本上都是利用蓄热式热回收技术，或者用于材料预加热，或者生产高温高压蒸汽，用于发电。

（五）煤气和蒸汽回收与利用

在钢铁产业二次能源中，煤气和余热回收生产蒸汽是最重要的两大类。由于能源转换要不可避免地损失部分能源，因此煤气和余热回收发电只是次优选择，首选通常是优先在本工序内直接实现梯级利用；其次是在其他工序内直接利用；最后才是发电。例如，炼焦工序产生的焦炉煤气约有50%回收后直接输入焦炉助燃，其他则回收用于高炉或转炉或轧钢加热炉作为燃料，最后用于发电，各种利用方式的使用量须视具体情况进行能源的总体平衡考虑。以日钢集团为例，如图6-7所示，该企业无炼焦工序，高炉煤气和转炉煤气除自用外，均可根据需要直接分配到其他工序或生产过程中。高炉煤气由于热值低，自用和发电的比例大约都在43%左右，而转炉煤气由于热值高，自用和用于发电的比例分别只有9%和23%左右，多数用于其他工序或生产过程。

煤气和蒸汽发电时，虽然是分工序进行，但实践中考虑到电压稳定，企业需要考虑建设相对独立的分布式发电系统，统一上网和使用。例如，截止到2008年底，济南钢铁集团利用煤气和余热生产蒸汽发电，先后建成余热余能发电机组20套，发电总装机容量610兆瓦，构建了冶金工艺过程的分布式发电系统，如图 6-8 所示，济钢 2008 年全年发电 26.5 亿千瓦时，满足企业生产用电的比例达一半以上。截止到 2011 年底，日照钢铁建成各类型发电机

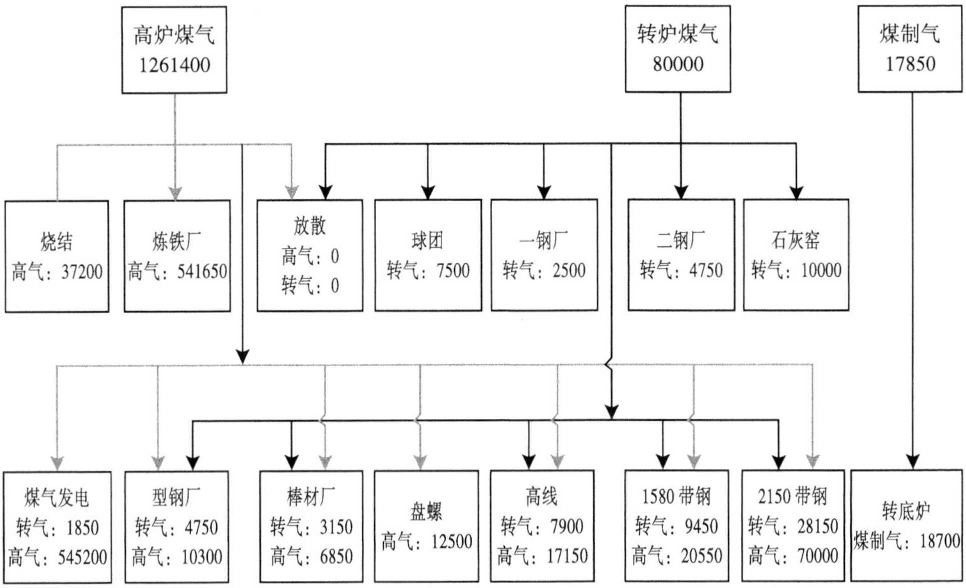

图 6-7 日钢集团煤气平衡示意（立方米·小时）

资料来源：日照钢铁控股集团有限公司. 清洁生产审核报告［Z］. 2011.

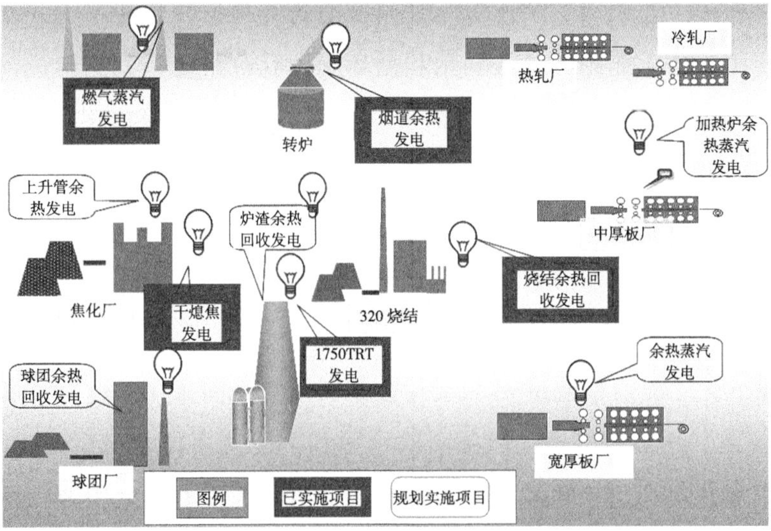

图 6-8 济钢分布式发电布置

资料来源：济钢集团. 济钢集团循环经济发展总结汇报［Z］. 在循环经济院士专家山东行会议上的汇报，2009-06-11.

组共26套，其中煤气发电机组8套，TRT发电16套，转炉余热和烧结余热发电各1套，年发电30.3亿千瓦时，自给率达52%。

本章小结

经济社会发展中的能源消耗主要是针对不可再生能源或可耗竭能源，钢铁产业更是如此。在一定意义上，作为一种基本生产要素，能源资源供给极限决定了增长的极限。石油峰值和可耗竭资源储采比等研究证实，包括我国在内的主要经济体的主要能源均存在稀缺性，对未来可持续发展提出了严峻挑战。能源资源的稀缺性从侧面证实了能源消耗减量化和推进能源梯级利用的重要性。

根据是否在钢铁生产过程经历过加工转换过程，可以将钢铁产业中的能源区分为一次能源和二次能源。二次能源主要是焦炉煤气、高炉煤气和转炉煤气以及各种工业余热、余压等。在典型的长流程钢铁企业中，一次能源的输入和使用与二次能源的梯级利用和循环利用有机结合，共同组成钢铁生产流程中的“能量流”。技术创新对钢铁产业循环经济的支撑体现在能源领域就是要针对“能量流”开发利用能源消耗减量化技术、能源利用梯次利用技术和二次能源回收利用技术，实现综合能耗或可比能源降低，节能是最终和最重要的体现。钢铁产业节能不仅关乎缓解能源约束，也直接关系到污染减排和应对气候变化的努力和成效。

实现一次能源消耗减量化首先需要分别针对不同工序生产特性和能源消耗关键节点，开发利用相应能源高效利用和节能使用技术，实现工序节能。其次应积极开发利用氢和生物质等替代还原剂，开发利用太阳能、地热等可再生能源，协同处理并利用废旧塑料和橡胶等社会大宗典型废弃物的能源化利用。此外，能源管理技术创新，包括建设企业能源管控中心等都是能源消耗减量化的必要举措。钢铁生产过程中的二次能源产生环节多，规模大，同样需要结合不同生产工序和二次能源特点，开发利用针对性技术，实现直接利用或间接利用。

第七章　固体废弃物综合利用和铁素回收利用

第一节　固体废弃物类型

一、固体废弃物的分类和来源

长流程钢铁企业中，固体废弃物主要包括七种类型，废弃物种类及其来源如下：

（1）冶金渣，主要包括高炉渣和转炉渣，前者来源于高炉炼铁，后者主要来源于转炉炼钢。

（2）除尘灰，钢铁冶炼生产各工序都会产生各种灰尘，收集起来就是除尘灰，包括原料场除尘灰、烧结除尘灰、球团除尘灰、焦炉粉尘灰、高炉瓦斯灰、高炉除尘灰和炼钢除尘灰等。由于来源不同，除尘灰成分极其复杂。

（3）氧化铁皮，主要来源是炼钢的钢坯在冷却过程和热轧钢过程中，用水冷却时钢铁和空气中氧气发生反应脱落产生的铁氧化合物，包括炼钢氧化铁皮和轧钢热轧氧化铁皮，以轧钢热轧氧化铁皮为主。

（4）尘泥，主要是各种水处理产生的含尘污泥，包括炼钢水处理污泥、轧钢水处理污泥及尘泥和综合污水处理厂污泥。

（5）废金属料，主要是炼钢和轧钢过程中切头和切尾时产生的废切头尾及废品废件等。

（6）煤基废物，主要是粉煤灰、煤矸石。

（7）其他废物，包括废耐火料、硫铵和脱硫渣（石膏）等。

上述第（1）类至第（5）类固体废弃物类型中，除焦炉粉尘灰和综合污水处理厂污泥外，其他废弃物均属于含铁固体废弃物，具有较高利用价值。

二、固体废弃物的特点

钢铁产业产生的固体废弃物具有如下特点：

一是规模大，污染危害严重。由于钢铁冶炼加工过程需要消耗大量矿石、燃料和其他辅助原料，平均每生产 1 吨钢需消耗 6~7 吨物料，其中 80%转化为废弃物，以废气、废水和固体废弃物形式存在。综合来看，如表 7-1 所示，2010 年我国钢铁产业吨钢高炉渣、钢渣和尘泥的产生量分别达 332.3 千克、139.1 千克和 80.8 千克。不同规模和技术水平的企业，固废产生规模水平也存在一定差异。以某年年产约 1000 万吨粗钢企业为例，冶金渣、除尘灰、氧化铁皮和尘泥四大类固体废弃物的年产生量分别达 552.7 万吨、53.6 万吨、16.3 万吨和 40.7 万吨。由于规模大，这些固废显然必须露天堆放。按平均 1 亩土地堆积 1 万吨固废计算，如果不加处理和利用，每年仅土地占用即高达近千亩（包括煤基固废），并且容易对地下水、土壤和空气造成严重污染。

表 7-1　我国钢铁产业吨钢主要固废产生量

单位：千克/吨钢

年份	2001	2002	2003	2004	2005	2006	2007	2008	2009	2010
高炉渣产生量	302.4	339.3	288.1	278.6	279.1	261.7	289.3	336.3	321.8	332.3
钢渣产生量	134.5	140.3	131.8	134.1	127.5	115.6	115.6	140.6	131.9	139.1
尘泥产生量	101.1	104.9	92.1	89.8	86.5	80.9	78.2	87.8	82.4	80.8

资料来源：笔者根据历年《中国钢铁工业年鉴》整理而得。

二是成分复杂，回收价值高。钢铁冶炼过程中投入的物料品种较多，铁矿石和各种辅料成分复杂，因冶炼需要，除铁素外，多数都转移到固废中。例如，高炉水渣通常含有氧化钙、氧化硅、氧化铝、氧化铁、氧化镁、氧化锌、氧化锰、磷氧化物以及硫等20多种成分，具有显著的共生伴生特征。除铁元素可以继续循环利用外，其他元素或成分虽然含量极低，但往往价值极高，如果能得到恰当的利用，通常能够实现变废为宝的目的。在某种意义上，衡量钢铁产业固废资源化利用价值的高低，一方面是考察铁元素循环利用率，另一方面是评估其他有价元素的高值化利用。例如，烧结环节收集的除尘灰，常用的方式除堆放外可以返回烧结过程，实现对铁素资源的利用。但由于其铁含量不到30%，不仅由于烧结混合料的铁品位降低导致烧结矿品质下降，还由于除尘灰中氯化钾在烧结过程中富集，增加了额外的能源消耗。此外，除尘灰中还有铅等元素进入烧结矿，难以处理。如果在返回烧结过程前，回收利用其中钾、铅、银、铟等稀有元素，不仅可以提高烧结矿品质，更可以大大提高除尘灰的利用价值。

三是利用方式多样，处理技术复杂。钢铁产业中固废利用方式和处理技术的多样性一方面是因为固废类型多样，成分复杂，另一方面是因为冶炼固废的综合利用除铁素要求继续在冶炼过程中实现循环利用外，其他多数利用是通过横向拓展形成其他产业。由于对技术经济可行性的考虑不同，不同企业对同一类型固废的处理和利用方式可能有不同的选择。此外，由于原料构成及精度、固废生成方式、化学成分不同，不仅不同企业的固废成分和含量不同，即使是同一企业不同批次的固废成分也存在细微差异，处理利用冶炼固废可能需要采用不同的处理技术，因而设计的处理技术也相对较为复杂，对企业技术创新能力是一个巨大挑战。

从实践来看，自国家大力推动包括钢铁产业在内的重点行业发展循环经济以来，钢铁全行业固废资源化利用率提升较快。据统计，2007年钢铁全行业固废平均资源化率仅为47%左右①，但目前全行业固废资源化利用率已接近90%。显然，钢铁产业中固废利用率的提高一方面得益于国家发展循环经济的政策推动，另一方面也是因为固废具有经济价值。固废的经济价值越高，其利用率相对也越高，最典型的例子就是废渣的资源化利用。据《中国钢铁工业年鉴》（2014）统计显示，如表7-2所示，2009年中国钢铁协会会员废渣利用率达94.07%，近年由于宏观经济景气影响企业经济效益，废渣利用率下滑。2013年，废渣利用率只有88.72%。但废渣中的高炉渣和钢渣由于具有较高经济价值，近年重点统计的钢铁企业高炉渣、转炉钢渣利用率均保持在95%以上。全行业废渣开发利用约2.23亿吨，不仅减少土地占用约1.12亿亩，也为水泥产业节约了约2.2亿吨石灰石、3600万吨黏土，同时还节约了电和煤炭等能源投入。

表7-2 中钢协会员主要固废利用情况

年份	2009	2010	2011	2012	2013
尘泥利用率（%）	99.51	99.87	99.11	99.66	99.74
废渣利用率（%）	94.07	88.89	86.18	85.76	88.72
废酸处理率（%）	98.27	99.87	100	99.81	99.84

资料来源：《中国钢铁工业年鉴》编辑委员会. 中国钢铁工业年鉴（2014）[M].

与此同时，也应看到，虽然钢铁产业的固废利用率较高，但总体而言，我国多数钢铁企业的固废利用还停留在简单的低附加值利用水平上。例如高炉渣几乎全部采用微粉技术生产水泥添加剂替代水泥熟料。技术装备水平较低，全行业固废资源化利用方向和产品趋同。多数钢铁企业未能建立固废集中管理机制，通常由下属辅业单位收集处置，缺乏专业化管理，固废资源企业内部利用比例较高，存在产品转化率不高等现象。从固废产生规模来看，事实上钢铁产业的固废资源化不仅是钢铁产业发展循环经济的重点，也是钢铁企业的一笔“大生意”。在经济“新常态”背景下，随着钢铁主业多数陷入亏损状态，全行业应转变观念，把固废减量化作为企业降低冶炼成本、提升

① 张亮亮等. 我国冶金固废资源化利用标准体系研究概况［J］. 中国废钢铁，2009（2）.

市场竞争力的重要手段，把资源化作为培育新的利润增长点的战略举措，建立企业内部固废专业管理体制，逐步实现固废资源化的专业化处理。更重要的是，应加大技术创新力度，以技术提升固废资源化利用的附加值，加大产品创新，寻求差异化竞争，实现固废资源化途径和方式的多样化发展。

第二节　技术创新和固体废弃物综合利用

一、固废利用的基本思路

根据我国现行污染防治技术政策① 要求，钢铁产业的固废原则上要优先选用高附加值利用方式或返回原系统利用。但由于钢铁产业的固废类型多样，成分复杂，固废综合利用需要考虑固废特性。在固废减量化的基础上，冶炼固废综合利用首先要求细化对固体废物的分类管理，对含铁废弃物，要加强铁素资源的再利用和资源化，以实现铁素循环利用；对铁素资源难以利用的固废，要通过技术创新重点解决固废高价值利用的途径；对其他类型废弃物，也要分门别类实现各类废弃物的资源化，通过横向拓展发展跨产业链的循环经济。

二、技术创新与固废减量化

固体废弃物减量化是落实循环经济“源头治理”思想的重要体现。在正常生产条件下，冶炼固废的减量化首先取决于原料和燃料选择。在原料方面，如提高铁矿石品位，铁矿石品位越高，需要的辅料投入越少，渣量相对也越少。提高精料水平有助于保持高炉炼铁的入炉原料成分和品质的稳定性，如

① 环境保护部. 钢铁产业污染防治技术政策［Z］. 环境保护部公告〔2013〕31 号，2013.

果原料波动大，则渣量相对较多。因此，从规模来看，由于高炉渣和转炉渣是钢铁产业固废的主体，因此原料直接决定了钢铁产业固废减量化水平。据统计①，“十五”期间，由于使用高品位的进口矿，球团矿比例从2000年的12%增加到2005年的15%，同期入炉矿品位由56.88%提高到58.03%，综合焦比由525千克/吨下降到520千克/吨；相应地，吨铁高炉渣由413.2千克降至321.4千克，下降了91.8千克。同期吨铁瓦斯灰和瓦斯泥也分别下降了7.9千克和2.6千克。原料改善对固废减量化的影响由此可见一斑。此外，发展燃料替代技术，如使用天然气替代煤，或在电厂使用燃气锅炉替代燃煤锅炉，也可以大量减少煤基废料。但无论是提高铁矿石品位还是提高整体的精料水平，或者是采用燃料替代方案，都需要综合考虑原料、燃料供给，成本和市场等因素。

其次，冶炼固废减量化取决于技术创新的方案，生产系统固废减量化技术措施主要包括如下三种类型：

一是采用大型先进设备，主要包括采用大型高炉替代小型高炉，采用大型烧结机替代小型烧结机，以及采用大型先进焦炉替代小型焦炉等。如前所述，先进大型冶炼设备是以技术创新推动循环经济发展的基础，对固废减量化也具有重要作用。有研究指出，“十一五”期间，通过冶金设备大型化并替代落后工艺装备，以及采取精料方针和提高自动化水平等措施，预计重点大中型钢铁企业吨钢固体废弃物产生量有年均2%的降幅。

二是采用先进固废处理技术，包括采用干熄焦技术和干法除尘技术替代湿法熄焦技术和湿法除尘技术等。

三是提高操作工艺技术水平，包括在高炉炼铁工序采用炉顶高压操作替代常压操作、在炼钢工序采用复吹炼钢技术、在轧钢工序提高热送比等。

---

① 邹真勤，马军. 对“十五”我国钢铁企业固体废弃物减量化和循环利用的进展分析［J］. 中国钢铁，2007（1）.

三、技术创新与固废资源化

在钢铁产业中，无论采用何种原料、燃料或技术与设备，必然有规模可观的固废产生。因此，固废资源化是所有钢铁企业必然的选择，也是钢铁产业发展循环经济的重点。在一个典型长流程钢铁企业中，固体废弃物在企业内的循环利用路线如图 7-1 所示。由此可以看出，粉尘和其他含铁废料基本上都可以在钢铁冶炼过程中得到再利用，下文将进一步详细分析铁素资源的循环利用。从规模来看，钢铁产业的煤基废料主要是煤矸石和粉煤灰等。煤是我国能源基本禀赋的主体，包括钢铁、化工和电力等产业在内，都以煤为主要燃料，因此煤矸石产生量规模巨大，利用难度较大。据统计[①]，2013 年我国煤矸石产生量约为 7.5 亿吨，综合利用量只有 4.8 亿吨，综合利用率只有 64%，主要用于土地复垦、筑路等，占利用总量的 56%。因此，对钢铁产业而言，大规模利用煤矸石是制约提升钢铁产业固废利用率的一个主要因素。理论上，煤矸石利用途径包括生产建材产品、回收矿产品、制取化工产品、作为发电燃料、土地复垦、筑路、井下充填等。粉煤灰利用情形与此类似，理论上主要直接用于建筑工程、筑路、回填和农业等，也可以作为商品混凝土掺合料，或在水泥混合材料中替代黏土、作为新型墙体材料等使用。实践中，部分地区由于煤质差别，可以利用高铝粉煤灰提取氧化铝及相关产品等。因此，对于钢铁产业而言，由于产生量大而经济价值较低，煤矸石和粉煤灰等煤基废料将直接决定固废资源化利用水平高低，这也决定了不同钢铁企业对煤矸石和粉煤灰的利用需要结合企业和区域现实情况灵活处理，这里不做进一步讨论，其他大宗固体废弃物主要是渣类需要进行特殊处理，以便进一步资源化利用。

① 国家发展改革委：《煤矸石综合利用管理办法》答记者问［EB/OL］. 国家发改委网站，http：//www.ndrc.gov.cn.

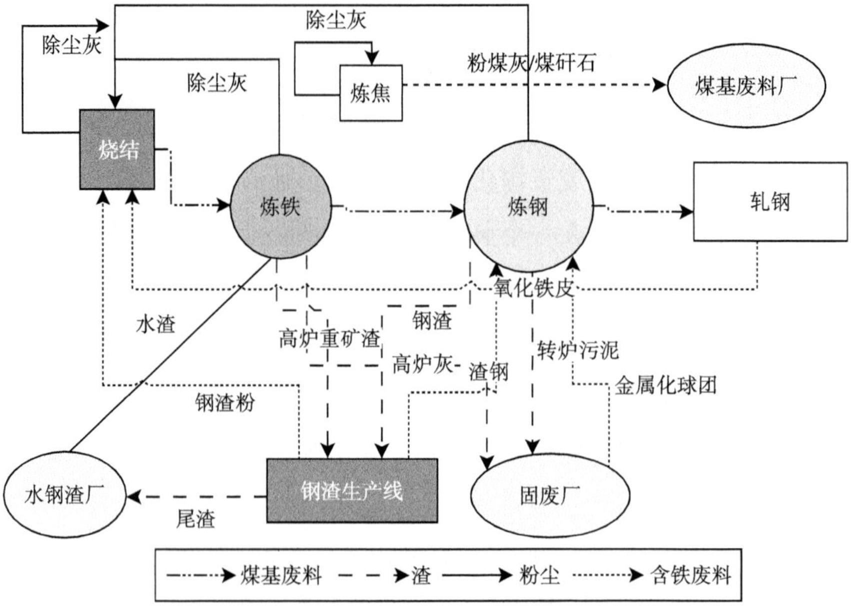

图 7-1　冶炼固体废弃物循环利用示意

（一）高炉渣的资源化利用

高炉渣是高炉炼铁过程中助溶剂、脉石、灰分等不能进入铁水的杂质组成的固体物质，根据原料和冶炼方法不同，吨铁可产生 0.3~1.2 吨高炉渣。根据冷却方式不同，高炉渣通常可分为水渣和重矿渣。水渣是用大量高压冷却水冲激高炉熔渣，快速冷却形成的高活性固体物，重矿渣则是高炉熔渣在控制中自然冷却或使用少量水慢速冷却形成的低活性固体物。由于目前主要采用水淬工艺处理高炉熔渣，这里主要介绍高炉水渣的资源化利用方式。

高炉渣处理有多种工艺技术①，如底滤法、因巴法（INBA）、图拉法（TYNA）、马钢法等，主要可分为直接水淬工艺和间接水淬工艺，其区别在于是直接使用高压水破碎还是先使用机械破碎再使用水淬工艺，目的都是破碎后便于进行渣水分离、输送和后续资源化利用，同时促进节能和降低成本，减少土地占用，目前类似的处理工艺仍处于不断创新中。

① 王社斌，许并社等. 钢铁生产节能减排技术［M］. 北京：化学工业出版社，2009.

从产品的角度看，处理后的高炉水渣资源化利用产品可达近百种。从附加价值的角度看，高炉水渣资源化利用主要分为三种类型：

第一类是低值利用，主要是直接处理作为建筑材料。最简单的利用是，利用高炉渣作为人工地基或筑路、填海材料，或者加入激发剂生产免烧砖、建筑砌块使用；也可作为水泥掺合料使用，即在水泥熟料、石灰、石膏等作用下，利用高炉水渣的水硬胶凝性能，替代水泥原料生产矿渣硅酸盐水泥。但由于直接掺和使用并未充分利用高炉渣的使用价值，因此通常是通过物理方法磨碎到一定细度，加工成矿渣微细粉，充分激发矿渣活性后可以作为水泥混合材料，或直接拌入混凝土和水泥中，部分替代水泥熟料，并提高水泥强度，从而减少石灰石开采和节能。此外，在笔者的调研中发现，唐山市已有企业开发出完全利用高炉渣生产水泥的技术，虽然与传统硅酸盐水泥相比，生产成本更低，但全部使用高炉渣生产新型水泥，短期内市场并不易接受。

第二类是中值利用，最常见的是利用高炉渣中的氧化硅和氧化钙及磷、锰等矿物质成分，根据生产需要添加若干物质，生产硅肥①。国内外都有类似的例子。相比较而言，国外如德国主要是用作石灰处理剂，生产硅肥用于中和酸性土壤，国内通常是直接风干后进行破碎处理，再筛选和磨细。

第三类是高值利用，目前工艺技术相对比较成熟的是矿渣纤维化，一种利用途径是以矿渣为原料，再熔化后通过一定技术方法利用无机纤维成分，制成矿渣棉或矿渣纸，二者均可替代保温材料、防水材料进行使用，具有较好的绝缘性能；另一种是在矿渣中添加某些物质，增加矿渣黏性，生产玻璃长纤维，或者添加活性剂生产刨花板等。

此外，当前试验较多、利用价值较高的是以利用高炉渣中的特定成分为主。目前相对比较成熟的是利用高炉渣中的铝、硅、钛等成分。例如，利用直接烧结法制备高炉渣微晶玻璃②，不仅利用率可高达90%以上，而且制备的

---

① 任庆华，赵明琦. 利用高炉渣生产硅肥技术综述 [J]. 安徽冶金，2005 (1).

② 张伟，杨淑敏，周向玲，卢红霞. 直接烧结法制备高炉渣微晶玻璃的研究 [J]. 新疆大学学报 (自然科学版)，2010 (2).

玻璃有更好的热处理度及微观结构，这也被认为是具有较高附加值和利用潜力的一种利用方式。因此可利用硅铁为还原剂，对高炉渣进行热熔后回收钛，进一步生产钛合金。国外也有报道过利用高炉渣生产钛白粉的试验，国内攀钢也在进行类似工艺研究利用高炉渣提取二氧化钛及三氧化二钪[①]。类似以高炉渣中某一特定成分为主的利用，虽然价值更高，但并非针对所有高炉渣，而是取决于高炉渣的成分，攀钢的高炉渣即是一个典型例子。

高炉渣综合利用向高值化发展是未来的一个重要趋势。高炉渣综合利用价值的变化不仅与市场因素有关，也与技术复杂程度有关，这反映了对技术创新的依赖。据中国钢铁工业协会统计，2013 年钢铁重点统计环保企业产高炉渣约 1.9 亿吨，钢渣 0.73 亿吨（其中转炉渣 6912 万吨，电炉渣 390.37 万吨），但钢渣中回收返回烧结矿的配料仅为 647 万吨。另据统计，截止到 2013 年底，全国已建成微粉生产线 408 条，年处理高炉渣和钢渣能力达 2.4 亿吨。因此，生产加工矿渣微粉是高炉渣和钢渣最主要的利用方式。这也从侧面说明，钢铁产业亟须加强技术创新，促进固废利用多样化和高值化。

（二）转炉渣的资源化利用

转炉渣是转炉炼钢过程中炉料中各元素的氧化物和硫化物、被侵蚀的炉衬和炉衬材料、金属带入的泥沙等杂质，以及掺入调整钢渣性质的造渣材料等，如石灰石、白云石、萤石等形成的混合物。根据炉料、转炉容量、操作工艺不同，吨钢产生 80~120 千克转炉渣。按百分比计算，为粗钢产量的 12%~20%[②]。据报道[③]，印度吨钢产生 150~200 千克钢渣，年产钢渣高达 400 万~500 万吨。钢渣处理已成为印度严重的环境问题。

从转炉炉料和转炉渣生产可以看出，转炉渣成分极其复杂。按质量计算，主要矿物组成是钙氧化物、铁氧化物、硅氧化物、锰氧化物和铝氧化物五类。由于转炉渣是一种多矿物质组成的固熔体，且稳定性较差，所以其处理和资

① 彭毅. 攀钢高炉渣提钛技术进展［J］. 钛工业进展，2005（3）.
② 王社斌，许并社等. 钢铁生产节能减排技术［M］. 北京：化学工业出版社，2009.
③ T. Umadevi，etc. 烧结工序中转炉渣的优化利用［J］. 世界钢铁，2011（3）.

源化利用更为复杂。

转炉渣因铁含量较高、硬度大，综合利用的前提是进行破碎处理，然后再进行分拣，将含铁元素返回冶炼再利用，其他物质进行资源化利用。根据炼钢设备、造渣物质、场地布局、利用目的等的不同，有多种不同处理工艺，如热泼法、风淬法、水淬法、热闷罐法、滚筒法等，基本原理都是利用温度变化、物理压力使其破碎至较小粒度。

目前技术较为先进、国内应用较多的是热闷罐法和滚筒法。以日照钢铁采用的钢渣热焖技术为例，如图 7-2 所示。该技术是中国京冶建设承包公司在原有热闷技术基础上进行技术创新和研制新设备而形成的专利技术，基本原理是利用钢渣本身的余热喷雾产生蒸汽使钢渣中的钙氧化物、镁氧化物等消解进行破碎处理。桥式起重机将热熔钢渣倾翻入热闷装置后，进行少量喷水冷却。PLC 总控制自动打开喷雾蝶阀进行喷雾。转炉钢渣经热闷粉化后，粉化钢渣运出至条筛过筛、磁选，根据粒度大小反复分别进入磁选和液压破碎机进行二次破碎。磁选出的渣钢进入轧钢堆场，可以返回冶炼进行再利用，非磁性尾渣进入尾渣库，供资源化利用。

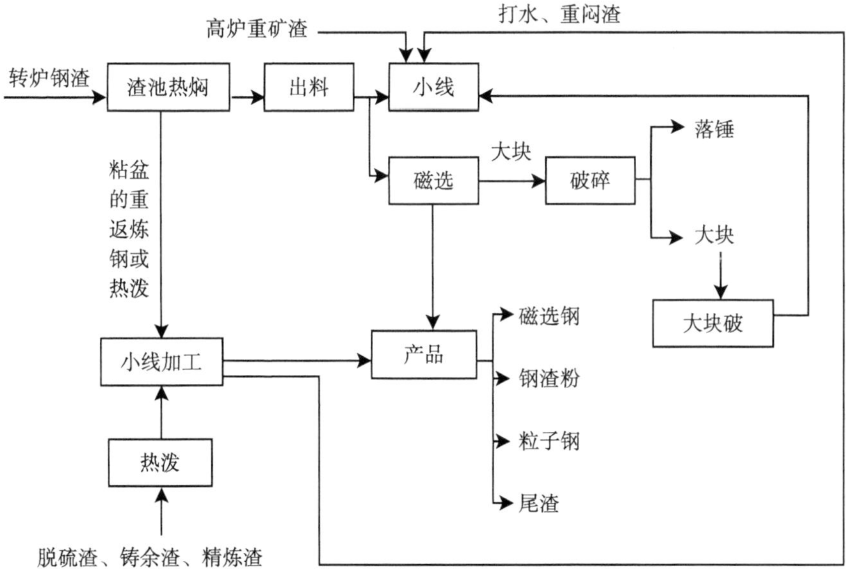

图 7-2　热焖技术处理钢渣生产工艺流程

资料来源：日照钢铁控股集团有限公司．清洁生产审核报告［Z］. 2011.

根据重量计算，磁选最后返回冶炼流程再利用的钢渣约为25%，其中金属铁含量约占10%，其余尾渣约占75%。需要进一步处理进行资源化利用的转炉渣用途主要有如下几种方式①：

一是用于建筑材料。最简单的是与高炉渣相同，用钢渣替代碎石和细骨料，作为铁路、公路路基和填海工程使用。钢渣也可以用于生产高性能混凝土，耐久性、耐磨性、抗断裂性等多项力学性能均优于普通用石灰石做集料的混凝土，市场价格高，是钢渣利用的一种较好途径。据报道②，欧美和日本对钢渣的利用中50%~60%被用于道路，在英国甚至超过90%的钢渣被用于沥青与水泥路面。如表7-3所示，欧洲钢铁大国德国的情况与此类似，只有11%的钢渣返回并在冶炼过程中实现循环利用，超过55%的钢渣直接用于道路建设。此外，使用价值相对较高的是进一步采用物理方法，磨细后生产水泥，主要利用的是钢渣中硅酸三钙等活性矿物。现在也有研究利用钢渣生产高性能的微晶玻璃、精密陶瓷等建材。

表7-3　2007年德国钢渣产生和利用情况

单位：%

2007年炼钢炉渣总产量（万吨）			651
道路建设	56	废弃	10
化肥	7	临时储存	10
冶金工艺循环利用	11	其他用途	12

资料来源：Peter Drissen等，刘友存译. 德国的炉渣处理和粉尘回收技术［C］. 钢铁译文集，2010（1）.

二是用于农业生产。主要利用钢渣来生产磷肥，可以利用其中含量较多的五氧化二磷，以及某些对农作物有利的微量元素。炉料和熔渣辅料经高温过程后，钙、硅、磷等元素的溶解性得到大幅提高，能被植物更好吸收。因此用钢渣生产磷肥具有比较悠久的历史，日本、韩国和美国等都早已将其作

① 王晓娣. 转炉渣的性能及其应用［Z］. 2010年全国炼钢、连铸技术及生产年会，2010.

② 陈丰，吴少鹏，陈美祝，束冬林. 钢渣沥青混凝土的制备与应用［J］. 筑路机械与施工机械化，2010（9）.

为复合农肥大量施用[①]。我国早在20世纪50年代即开始相关试验[②]，武钢等企业也开始了钢渣磷肥生产。由于钢渣磷肥呈微碱性，其中的氧化钙缓慢释放，是天然的缓释复合肥，比较适合我国南方土壤。

三是用于污水处理。钢渣中含有二氧化硅、氧化铁、氧化铝以及游离氧化钙和氧化镁等成分，国外自20世纪90年代中期开始研究将钢渣加工成与活性炭孔径相当的颗粒，利用钢渣粒作为吸附剂用于重金属离子废水中对镍、铅、铜等的吸附，发现其具有较好的碱性和吸附能力，近年应用于铬离子、含磷废水处理，在含磷废水处理时，去除率可高达99%。此外，利用钢渣中铁素成分，发生聚合物反应制取聚合硫酸铁，作为絮凝剂使用，以及采用直接酸熔法或还原酸熔法熔解钢渣，制取净水剂处理污水等，都在不断研究中，并取得了较好的应用进展[③]。

由于钢渣成分复杂，同时具有较高活性，近年来，随着技术不断创新，钢渣的用途越来越广泛。例如，利用钢渣脱除烟气中的二氧化硫，利用钢渣在水生态治理中脱除磷的基质材料，利用钢渣投入海水中促进海水吸收温室气体，以及在此基础上制作钢渣岩块等。钢渣资源化利用早已从传统的加工水泥添加料和混凝土转变为战略性新兴产业的基础原料。

第三节　铁素资源回收利用

钢铁产业最重要的目的是生产钢铁制品。但由于铁素并非全部随冶炼主流程过渡到下一个工序并最后固化到钢铁产品中，因此回收利用铁素，促进铁素资源循环利用，减少铁素资源浪费，是钢铁产业推动技术创新、发展循

① 臧惠林. 我国南方利用钢铁冶金渣作农肥的初步总结［J］. 农业环境科学学报，1986（3）.
② 刘贤逑. 用碱性转炉钢渣作磷肥试验初步报道［J］. 钢铁，1958（5）.
③ 王社斌，许并社等. 钢铁生产节能减排技术［M］. 北京：化学工业出版社，2009.

环经济的重要目的。铁素资源主要蕴含在固体物料和废弃物中，由于含铁固体废弃物在钢铁企业内部的再利用和资源化就是铁素资源的循环利用，因此本章将固体废弃物综合利用和铁素资源循环利用结合在一起进行讨论。

一、铁素的循环利用

对图 7-1 中含铁废料和转炉渣中铁素回收利用部分进一步细化，即可得到铁素循环利用示意图，如图 7-3 所示。显然，在钢铁冶炼主要工序中，在不采用循环经济模式的情况下，铁素循环主要是从矿石/矿粉开始，进入烧结/球团，再进入高炉变成铁水，最后进入转炉炼钢，钢包最后被轧制成各种钢材产品，其中社会回收废钢可以进入转炉炼钢环节，减少铁水消耗。在采用循环经济模式下，各工序回收的含铁尘泥及含铁废料需要进入相应工序，实

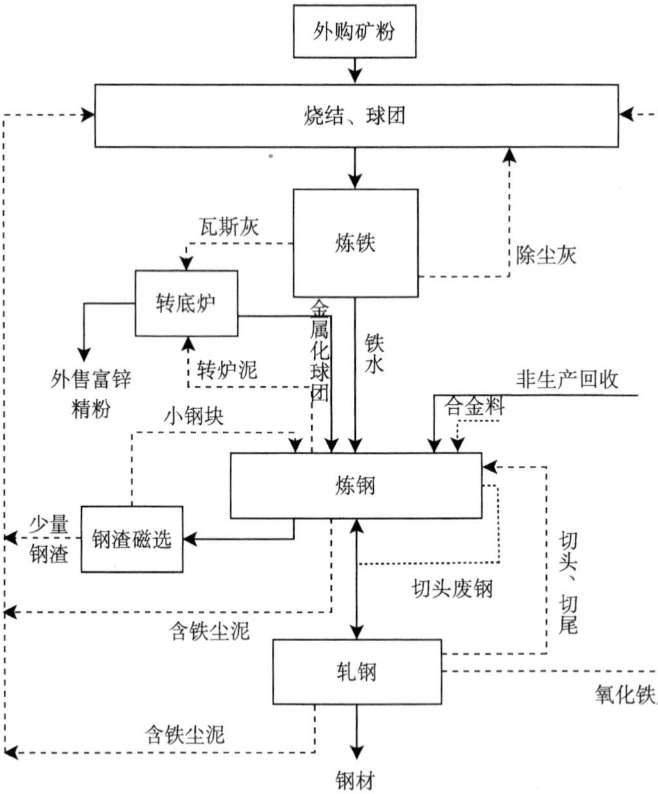

图 7-3 铁素循环利用示意

现含铁固废的再利用。

二、铁素资源回收利用方式

在技术经济上可以回收进入冶炼生产再利用的含铁素固体废弃物主要包括三类：

一是转炉钢渣。如前所述，转炉钢渣通过热闷技术等破碎后再磁选，磁选的部分钢渣精粉可以返回烧结矿使用。通常在烧结矿中配加5%左右的钢渣精粉，既可以替代溶剂使用，也可以回收钢渣中的铁素，提高烧结矿的产量，并降低烧结能耗。

二是废钢。包括两部分，一是钢渣采用自磨分选工艺进行精加工，再磁选可获得部分含铁90%以上的废渣钢；二是轧钢过程中产生的废钢，主要是废轧辊、轧钢工序切头切尾及废品废件等。这两部分废钢由于铁素含量高，可以直接送入转炉炼钢使用，可以降低炼钢成本和工序能耗。

三是尘泥。与其他冶炼固体废弃物相比①，尘泥种类最多、成分最杂，但同时铁素含量较高，通常可以达到30%~70%，一般为钢产量的8%~12%，其中规模较大的炼铁工序粉尘（泥）产出量占铁水产量的3%~4%，炼钢工序尘泥产出量占钢产量的3%~4%，烧结工序粉尘产出量占烧结矿产量的2%~4%。含铁尘泥是钢铁冶炼生产过程中含铁量最大的含铁废弃物，具有非常高的利用价值，同时由于成分复杂，如果不加以回收利用，对空气、水环境污染巨大，是钢铁产业在企业内发展循环经济、促进铁素资源回收利用的重点。表7-2也表明，由于铁素回收利用的需要，近年在钢铁产业的固废中，含铁尘泥利用率几乎达到100%，差不多是所有类型固废中回收利用率最高的固废。

不同类型的铁素尘泥需要用不同工艺技术进行处理，由于冶炼工序、原料不同，同类型的铁素尘泥回收利用也存在多种可选工艺技术，如表7-4所示。例如，高炉瓦斯灰处理可采用磁选、重选、浮选、反浮选等若干单一回

① 南京钢铁联合有限公司.《钢铁产业含铁尘泥处置及回收利用技术规范》编制说明［Z］. 2010.

收工艺，也可以选用“弱磁选—强磁选”工艺、“浮选—重选”工艺、“粗磨—弱磁—强磁—反浮选”工艺等两种或两种以上单一回收工艺集成的联合回收工艺；转炉尘泥回收可选用小球法、喷浆法、碳化球法等近十种工艺。总体来看，不同工艺技术各有优缺点，铁素回收率和回收铁品位不同，技术路线的选择主要是适应冶炼工序及其原料选择，尤其是取决于企业技术能力、投资和市场等因素。

表 7–4　国内典型钢铁企业各类含铁尘泥处理方式

尘泥种类	转底炉（%）	回转窑法（%）	压块（%）	其他（分选处理）（%）	未处理（%）
烧结尘泥	2.94	—	—	73.53	23.53
高炉尘泥	8.33	—	—	75	16.67
炼钢尘泥	—	—	13.89	80.56	5.55
轧钢尘泥	—	2.94	17.65	61.76	17.65

目前国内钢铁企业回收尘泥主要是用来返回烧结矿作为烧结原料使用，其次是作为炼钢冷却剂原料，如表 7–5 所示。结合表 7–2，从表 7–4 和表 7–5 可以看出，由于尘泥处理难度大，技术相对复杂，虽然重点企业的含铁尘泥回收利用率较高，但尘泥的总体回收率并不高，尤其是国内部分钢铁企业仅有回收但尚未开展利用，或利用率较低。现有尘泥回收利用主要限于回收利用其中的铁素、氧化钙和氧化镁等，尘泥中的锌、铅、钾、硫等成分很少利

表 7–5　国内典型钢铁企业各类含铁尘泥返回工艺和尘泥用途

尘泥种类	返回工艺					尘泥用途				
	烧结（%）	炼铁（%）	炼钢（%）	其他（%）	未返回（%）	烧结原料（%）	炼铁冷却剂原料（%）	炼钢冷却剂原料（%）	其他（%）	未利用（%）
烧结尘泥	88.24	2.94	—	8.82	—	91.67	—	—	8.33	—
高炉尘泥	86.11	2.78	—	11.11	—	83.33	—	—	11.11	5.56
炼钢尘泥	69.44	—	13.89	16.57	—	75	—	19.44	5.56	—
轧钢尘泥	41.18	—	17.65	35.29	5.88	56.25	—	18.75	25	—

资料来源：南京钢铁联合有限公司.《钢铁产业含铁尘泥处置及回收利用技术规范》编制说明［Z］. 2010.

用，这都是钢铁产业发展循环经济需要进一步考虑的课题。就钢铁产业本身的发展而言，回收尘泥并粗放地将其作为烧结矿原料，只会增加这些冶炼有害元素的富集，这些都需要进一步通过技术创新加以改进。

第四节　社会废弃物处理和循环利用

此前讨论的废弃物回收利用都是限于钢铁产业内部的固废回收和循环利用，是钢铁产业发挥生产废弃物资源化功能的一部分。事实上，在循环经济模式下，现代钢铁产业四大功能之一的处理和消纳社会大宗废弃物主要是指回收社会大宗固体废弃物，由钢铁产业协助处理和实现消耗利用，可以分为社会废钢的回收处理和消耗利用与社会非钢废弃物的回收处理和消耗利用两种情形。

一、社会废钢回收和循环利用

废钢铁是载能、降碳、绿色环保、可无限循环利用的冶金炉料。一方面，平均而言，1 吨废钢铁可替代 1.7 吨铁精矿，用废钢铁直接炼钢与用铁矿石炼钢相比，可节约能源 60%，节水 40%；可减少 86%的二氧化碳等气体排放（约减少 1.6 吨碳排放），减少 76%废水排放，减少 72%固体废弃物的排放（不含尾矿）。另一方面，由于人类历史的工业化发展已累计上百年，钢铁蓄积量达数百亿吨，因此每年的废钢产生量较大。例如，据《中国钢铁工业年鉴》（2014）分析，2012 年全球粗钢产量为 15.47 亿吨，全球消耗废钢铁 5.7 亿吨，废钢产生量占粗钢产量的比重超过 1/3。事实上，在美国等已完成工业化且钢蓄积量大的少数发达国家，目前以废钢为原料的电炉炼钢占有绝大部分份额，成为维系这些国家钢铁产业竞争力的重要举措。因此，无论是从发展循环经济还是从全社会节能减排降耗的角度，钢铁产业利用废钢都具有重要意义。

废钢来源主要包括两个部分，一部分是钢铁企业在生产过程中产生的废钢和设备检修中产生的废钢（俗称自产废钢）。这部分废钢的利用在此前钢铁企业内部铁素回收和循环利用中已有分析讨论。另一部分是社会废钢。由于钢铁主要是作为一种工业生产原材料，社会废钢主要是以钢为原料的废旧钢铁产品或废弃钢铁，以及其他废旧产品经回收拆解出的钢铁部件。前者如建筑业废钢、废弃钢铁机械、废弃铁路器材等，后者如报废汽车、自行车、船舶、电子电器产品拆解后的废钢铁零部件等。如图 7-4 所示，在钢铁全生命周期内，在传统模式下，铁矿石从自然矿山开采进入钢铁冶炼环节，产出钢铁材料供加工制造部门生产出钢铁制品，再经流通消费后形成废旧物品，以社会废弃物的形式完成单向物质流。在循环经济模式下，工业制成品的消费流通废弃物形成城市矿山，再生资源产业通过回收、分类、分拣和拆解加工，分离出含钢铁的部分，再以废钢的形式返回钢铁产业的冶炼环节，完成钢铁生命周期的物质循环。显然，只有废钢再次回收并循环利用到钢铁产业，才有全社会层面上完整意义的钢铁产业循环经济。另外，由于钢铁材料可循环利用次数多，废钢回收和循环利用不仅对钢铁产业，对全社会物质循环利用都具有重要意义。

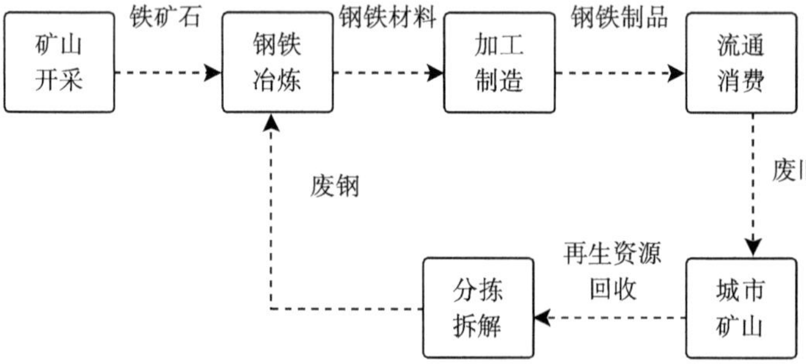

图 7-4　钢铁全生命周期物质流示意

社会废钢来源范围广，产生数量大，是钢铁产业利用废钢的主体。在实践中，社会废钢通常也分为社会回收废钢和进口废钢两大类，其中社会回收废钢是主体，占废钢总量的 55%~60%，如表 7-6 所示。废钢消耗与粗钢增长不同步，尤其是与全球水平相比，以 2012 年为例，全球废钢比（废钢消耗占粗钢产量的比重）大约为 36.8%，而我国仅为 11.7%，这也成为制约我国钢铁产业节能减排降耗的一个重要因素，是今后钢铁产业发展循环经济需要努力改善的地方。

表 7-6　2005~2013 年中国废钢消耗量和废钢资源平衡情况

单位：万吨

年份	2005	2006	2007	2008	2009	2010	2011	2012	2013
废钢铁消耗量	6330	6720	6850	7200	8310	8670	9100	8400	8570
企业自产量		2750	2780	2860	3040	3300	3560	3650	3850
社会采购量	3680	3980	4230	4200	4580	5190	5080	4420	4650
进口补充量	1014	340	120	260	1020	440	510	370	380
废次材调出量		310	270	220	200	160	200	150	170

资料来源：《中国钢铁工业年鉴》编辑部. 中国钢铁工业年鉴（2014）[M].

在社会流通环节，废钢回收涉及的技术创新主要是要对不同品种的含钢废弃产品进行安全、清洁的分拣、拆解，如对报废船舶、汽车和电器产品等进行拆解，回收含钢铁部件；在此基础上，为了便于运输，需要采用先进机械技术对废钢进行剪切、打包、破碎、装卸等操作。在钢铁生产环节，虽然钢铁冶炼环节大量利用废钢有助于钢铁产业节能减排降耗，有利于完善全社会循环经济，但由于废钢品种和质量千差万别，对企业技术创新能力仍然有比较高的要求。简单来说，通常要经过清洗、磁选和预处理等工序才能作为燃料投入冶炼生产中。清洗主要是通过不同化学溶剂或热表面活性剂，清洗钢件表面油污、铁锈、泥沙等；磁选是根据废钢中钢铁含量的不同进行详细分类；预处理是在此基础上，通过进一步的预热等处理，形成可以直接投入到钢炉或烧结机的原料。

在实践中，钢铁产业中对废钢的利用技术远比理论复杂得多。未来废钢利用的技术路线主要包括三个方面①：一是扩大废钢加工专业化、规模化配送，提高废钢供应能力。这也包括由多种原材料构成的电器电子等拆解技术、

① 闰启平，李银雪. 低碳经济与废钢铁利用［J］. 钢铁研究，2011（2）.

超大超厚型废钢加工解体技术，以及废钢质量检验技术和专业设备开发应用等。二是推广应用先进的废钢加工处理技术，提高技术装备水平，提高废钢净化处理水平，优化优质废钢比例。由于加工制造的需要，多数钢铁材料最后被加工成合金钢铁材料进行利用，再加上不同钢铁产品的质量千差万别，对废钢进行分类，提高钢铁净化处理，减少铅等有毒有害元素和物质在冶炼过程中的富集，技术处理难度较大。这可能是废钢应用技术创新的重中之重和难点。三是提高废钢应用技术，提高废钢消耗比，最终满足钢铁产业精料入炉和节能减排的要求，完善钢铁物质流循环。这部分也包括对废钢尾渣综合利用技术的开发和应用，以及使用不同钢种及不同冶炼工艺的废钢科学配料控制和配送程序软件的开发应用等。

二、社会非钢废弃物处理和利用

从国内外实践来看，钢铁产业对社会非钢废弃物的处理和利用主要有两种类型：

第一种类型是协助处理能源类废弃物，主要是废旧橡胶和废旧塑料。这是钢铁产业发挥社会大宗废弃物处理和消纳功能的最重要的体现，也是目前国外钢铁企业协同处理社会非钢废弃物的主要应用，在第五章关于能源替代技术创新和能源消耗减量化的论述中已讨论过废旧橡胶和废旧塑料作为替代燃料的问题。

第二种类型是协助处理危险废弃物。从实践来看，主要包括铬渣和赤泥。铬渣是铬盐生产行业的有毒有害废渣，因含有强致癌物铬酸钙和剧毒物六价铬等，被列为国家危险废物名录，由于具有水溶性，因此对土壤、水体和大气环境都具有严重威胁。据公开报道，目前国内已分别有济南钢铁集团和青岛钢铁等开始实现了对铬渣的处理和资源化利用①。济南钢铁集团还对电解铝厂赤泥进行资源化开发，建成了炼钢脱硅剂、赤泥造球项目，有效解决了电

① 肖再亮，蒲灵，苏培生. 钢铁绿色技术现状及发展［J］. 四川冶金，2013（1）.
吴衍秋等. 铬渣在钢铁行业资源化处理探析［C］. 中国环境科学学会年会优秀论文集，2007.

解铝厂赤泥污染环境、大量占用农田等问题。以青岛钢铁集团处理铬渣为例，其基本原理是利用铬渣的碱性，替代烧结矿的部分碱性熔剂——白云石，制成高碱度烧结矿。在炼铁环节，高碱度烧结矿与酸性球团矿和酸性块矿结合冶炼生铁，通过高炉解毒，收得铬元素，将六价铬部分变成稳定的三价铬进入高炉炉渣，可作为矿渣水泥的原料。

本章小结

钢铁产业的固体废弃物主要包括冶金渣和除尘灰等七种类型，具有产生规模大、环境污染风险大、成分复杂、处理技术复杂，但回收价值高、利用方式多样等特点。技术创新促进循环经济发展体现在固废领域主要是要在固废减量化的基础上，根据固废特性，实现分类管理和利用，实现高值利用和安全利用。

固废减量化与资源投入水平和资源利用效率密切相关，一方面要通过技术创新提高资源利用效率，减少固废产生，另一方面也需要通过设备大型化创新、先进设备替代、先进固废处理技术和工艺操作水平的提高，以及精料利用等多种途径提高资源利用效率。由于固废类型多样，需要针对各自的不同特性，开发利用相应技术，实现高值、安全利用。

由于利用铁元素生产钢铁产品始终是钢铁产业的最基本功能，因此回收利用铁素是钢铁产业固废综合利用的优先选择。此外，针对钢铁产业消纳和处理社会大宗废弃物的衍生功能要求，固废综合利用领域的循环经济同时还包括利用钢铁生产特性回收利用社会废弃物，包括社会废钢铁等含铁元素废弃物，和其他非含铁元素废弃物，如废塑料、废橡胶等社会大宗能源类废弃物，以及危险废弃物。

第八章　水资源消耗减量化和废水综合利用

第一节　水资源消耗概况和废水特点

一、水资源消耗概况

在钢铁冶炼的高温环境下，由于生产工序并非无缝链接，不同温度环境变化以及生产过程中主要都是借助水来降低温度，因此钢铁产业是典型的高耗水产业。如果不采取任何措施，毫无节制地使用水资源，长流程钢铁生产吨钢消耗水资源可高达200吨。显然，这是任何国家和钢铁企业都无法承受的。由于我国是世界第一大钢铁生产国，钢铁生产水资源消耗巨大。据统计，2014年全国生产粗钢约8.23亿吨，仅中国钢铁工业协会会员企业累计用水即达744.45亿立方米[①]。按吨钢耗新水3.5吨计算，全国钢铁产业约消耗28亿

① 李保军. 2014年12月会员钢铁企业节能减排统计月度简析［EB/OL］. 中国钢铁工业协会网，http：//www.chinaisa.org.cn.

吨新水，其中技术水平相对较高的重点钢铁企业新水用量估计接近 20 亿吨左右。

我国是一个水资源相对匮乏的国家，水资源总量位居世界第六，但人均水资源量只有 2100 立方米，仅为世界人均水平的 28%。全国年均缺水量 500 多亿立方米，2/3 的城市供水不足，超过 1/6 的城市处于严重缺水状态。节约用水是解决我国水资源短缺问题的根本出路。一方面，在工业行业中，钢铁产业总新水量占全国工业新水用量的比重超过 2%，仅次于火电、纺织印染和造纸产业，大约排第四位。另一方面，由于水耗高，钢铁产业同时也是污水产生的重点产业。按废水排放规模统计，1999~2008 年中国钢铁产业累计排放废水占工业总排放的比重高达 8.8%。钢铁产业产生的废水中悬浮物、化学需氧量、氨氮、石油类物质含量较高，污染较为严重。因此，钢铁产业通过水资源循环利用减少水资源消耗，既是我国宏观节约用水的现实需要，也是促进污染减排的必然举措。

此外，我国钢铁企业多位于经济相对发达、人口较为稠密地区。这些地区水资源短缺严重，多数处于过度开发状态。例如，我国东部地区和中部地区水资源总量大约分别占全国水资源总量的 20%和 24%，但东部地区和中部地区钢铁产量占全国钢铁产量的 80%以上。在我国钢铁产业最密集的京津冀地区，海河流域水资源开发利用程度超过了 100%。在这些严重缺水地区，水资源已成为制约钢铁产业发展的主要因素之一。从钢铁企业布局和区域水环境质量来看，多数大型钢铁企业所在城市水环境质量堪忧，如图 8-1 所示。中国钢铁工业协会统计发现，位于重点缺水城市（人均水资源拥有量只有 500~1000 立方米）的钢铁企业共 52 家，2010 年粗钢产量 28665 万吨，占我国粗钢产量的 45.7%，对应年新水需求超过 11.78 亿立方米。钢铁产业发展对其他产业发展和人民生活用水的影响日益显现，因此发展循环经济促进钢铁产业水资源消耗减量化，同时结合水污染治理促进废水综合利用，不仅对实现钢铁产业可持续发展具有举足轻重的意义，也是促进区域可持续发展的必然选择。

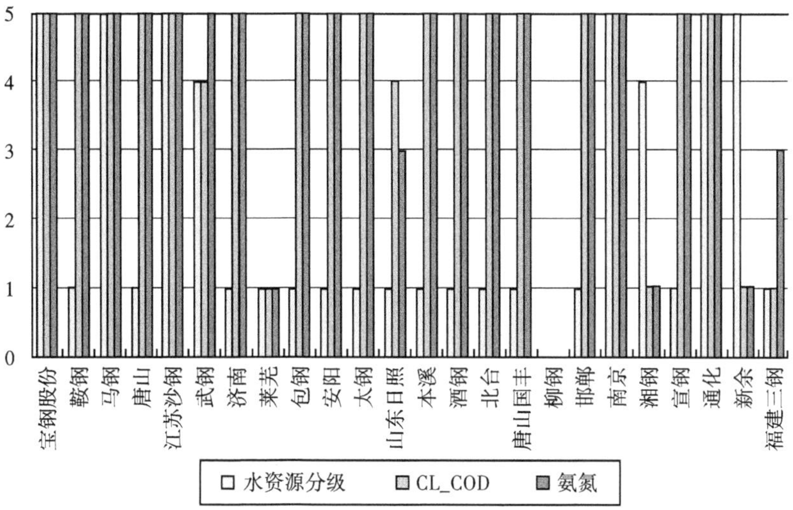

图 8-1 500 万吨规模以上钢企所在城市水环境质量

资料来源：黄导."十二五"钢铁工业环境保护面临的挑战与对策建议［Z］. 九省市金属学会领导专家座谈会，2011.

二、钢铁产业废水来源与特点

从工序来看，钢铁企业生产流程越长水耗越高。在一个典型的长流程钢铁企业中，水耗前五位的工序依次是冷轧、炼铁、转炉炼钢、镀层和钢加工。耗新水前五位的工序依次是热轧、炼铁、焦化、炼钢和钢加工。显然，作为一种典型的流程工业，钢铁产业的废水主要来源于生产过程用水、设备与产品冷却水、烟气洗涤和场地冲洗，以及辅助生产设施排水和必要的生活污水等。具体来说，烧结工序废水主要来源于冲洗矿料、地坪和湿式除尘设施等，炼铁工序废水主要来源于高炉煤气洗涤、高炉冲渣和铸铁机铸块喷淋冷却；炼钢工序废水主要来源于转炉烟气湿法净化除尘、钢水精炼装置抽气冷凝废水以及连铸工艺相关生产废水，轧钢工序废水主要来源于热轧直接冷却排水或冷轧各生产单元生产废水。

由此可以看出，钢铁产业废水除规模大外，还具有如下特点：

一是污水点多面广，从烧结、炼焦到炼铁、炼钢、轧钢等每个工序都有若干不同的耗水点和污水产生点。钢铁产业高温生产特点决定了其废水 70%

来源于各工序中的冷却环节。

二是废水成分复杂，既有共性也有个性，污染危害较大。总体上看，钢铁产业废水中的主要污染物包括悬浮物、COD、油类、金属离子等，但具体到各工序，产生的废水成分不尽相同，例如，高炉煤气洗涤废水和转炉烟气冲洗废水都主要含有大量悬浮物，而轧钢废水主要含有氧化铁皮、悬浮物和油脂类。尤其是炼焦废水、炼铁废水等里面含有重金属离子，以及汞、砷、酚和氰离子、氟离子等，具有较强毒性和有害性。不同源头产生的废水及其主要污染物和具体危害特征见表 8-1。

表 8-1　钢铁产业主要水污染物、污染源及其危害特性

污染源	污染物	主要危害特征											
		浊度	色度	恶臭	耗氧	富营养	硬度	毒性	油污染	易积累	易富集	热污染	放射性
工业排水、厂区生活污水	致浊物：尘、泥、漂浮物	严重	存在	小	存在	存在	—	存在	小	存在	—	—	小
焦化	致臭物：氨、挥发酚	—	—	严重	存在	严重	—	严重	—	—	—	—	—
选矿、烧结、炼铁、轧钢	重金属：汞、铬、镉、铅、镍、铜	—	存在	—	—	—	—	严重	—	严重	严重	—	—
焦化、烧结、炼铁、厂区生活污水	无机有毒物：氨氮、氰、氟、硫化物	—	—	—	—	—	—	严重	—	—	—	—	—
炼钢、轧钢、软水制备、生活污水	无机有害物：酸、碱和盐类	—	—	—	—	—	严重	—	—	严重	—	—	—
轧钢	石油类	存在	存在	—	存在	—	—	存在	严重	—	—	—	—
炼铁、轧钢	锌、铁	—	存在	—	—	—	—	存在		存在	存在	—	—
冷却水	冷却水热污染	—	—	—	—	—	—	—	—	—	—	严重	
选矿、焦化、厂区生活污水	有机物：酚、苯、烃、硝基化合物	—	—	存在	严重	—	—	严重	—	—	—	—	—

资料来源：中钢集团武汉安全环保研究院，国家环境保护总局环境标准研究所.《钢铁高浓工业水污染物排放标准(征求意见稿)》编制说明 [Z]. 2007.

三是可生化性差，技术处理难度大。这主要是由钢铁产业废水成分复杂，污染危害大，外排要求标准高等原因所导致的。

第二节 技术创新与水资源消耗减量化

对于各国现代钢铁企业而言，当前钢铁企业的水重复率均处于较高水平，但在新水资源消耗上仍然存在较大差异，归根结底主要是因为在直接的水资源消耗减量化措施上存在差异。从2005年至2014年，我国重点钢铁企业吨钢耗新水从8.6立方米下降到3.33立方米，取得了巨大成就。但与国外先进钢铁企业的吨钢耗新水用量相比，仍有较大差距。例如，我国部分先进钢铁企业吨钢耗新水在3立方米左右，多数钢铁企业吨钢耗新水超过4立方米，工业和信息化部发布的《钢铁产业调整政策（2015年修订）》（征求意见稿）制定的目标则是到2025年将行业吨钢取水量下降到3.8立方米以下。目前国际上先进钢铁企业如德国蒂森克虏伯吨钢耗新水2.6立方米，日本鹿岛钢铁公司吨钢耗新水达到2.1立方米左右①。另外，在我国，2014年钢铁行业水重复利用率已达到97.64%，这表明单纯依靠增加水重复利用率降低新水消耗的潜力已非常小，今后降低新水资源消耗将主要依靠技术创新促进直接水资源消耗的减量化。

一、采用节水型高效设备和工艺技术节水

钢铁产业虽然是高耗水产业，但采用不同设备和工艺技术的自然水耗差距较大。促进水资源消耗减量化首先应采用节水型高效设备，淘汰替代高耗水设备。与节能和固体废弃物减量化的技术创新相同，如先进的大型化高炉、

① 金亚飚. 浅谈钢铁企业工业污水处理现状和存在的问题［J］. 中国环保产业，2009.

焦炉、转炉、烧结机等，以及流程相对更加紧凑的连铸连轧等先进流程设备和工艺，是循环经济发展减量化的基础性设备和技术。对水资源消耗减量化而言，虽然一些先进大型化高效设备不是针对节水而开发设计，但可以为进一步实施节水和水循环利用工艺技术奠定基础。例如，高炉煤气和转炉煤气采用干法除尘技术相对单纯水洗除尘通常吨钢可大幅降低水资源消耗，但干法除尘技术的应用需要高炉和转炉大型化设备支撑①。从生产率角度来看，先进大型化设备技术创新可以提高生产率，促进单位产品水耗的降低，产生综合节水效果。

相比较而言，直接水资源消耗减量化主要是通过技术创新推广用水少或不用水的工艺技术装备，其代表性技术创新主要是与节水直接相关的“三干”技术创新、高炉渣粒化技术、钢渣滚筒液态处理技术和钢渣风淬技术等，其中最典型的是包括干熄焦技术、高炉干法除尘技术和转炉干法除尘技术的“三干”技术创新。在熄焦技术创新方面，采用湿法熄焦时，出炉红焦送往熄焦塔用水冷却熄灭，熄焦后局部未熄灭的红焦在送至凉焦台后也需要用水补充熄灭，并凉放和蒸发焦炭中的水分。因此，湿法熄焦需要消耗大量水资源。采用干熄焦工艺时，高温红焦的降温主要是通过惰性气体吸收红焦显热降温，因此采用干熄焦技术不仅可以节能，吨焦最多可以节水 0.5 立方米。在除尘技术创新方面，由于煤气产生量大，而煤气洗涤是水资源消耗最大的生产单元，以高炉煤气洗涤为例，平均洗涤 1 立方米高炉煤气需要耗水 3.5~6 立方米。以干式布袋除尘器替代淘汰湿法洗涤塔和沉降池，同时将湿式 TRT 改造成干式 TRT，实现了在煤气净化环节水资源零消耗和零污水排放。显然，采用干法除尘技术节水效果更加显著。理论上，在除尘环节，采用示范工艺吨

---

① 设备大型化创新需要综合考虑节水效果和技术经济可行性，而不仅仅是单一的节水效果目标。例如，高炉炼铁过程中干法除尘技术替代原有水洗除尘技术可以大幅降低水资源消耗，但通常需要在 450 立方米以上高炉中使用。从技术经济角度综合考虑，在 750 立方米以上大型高炉中，单纯采用干法除尘技术，虽然节水效果很好，但由于技术设备稳定性和运行安全性还有待提高，因此，采用干湿混用除尘系统，节水效果和运行安全性等综合指标更加显著。阎国荣，刘全金. 钢铁企业节水技术、措施和发展趋势［J］. 冶金管理，2007（9）.

钢取水量大约为 1 立方米，而采用干法工艺则可以降低到 0.1 立方米。除此之外，在电耗、回收煤气量和除尘效率方面，干法除尘也具有无可比拟的优越性。根据一些钢铁企业实践，在高炉煤气除尘环节，采用布袋除尘替代湿法工艺，节水可达到 80%，在转炉煤气除尘环节采用电除尘替代湿法工艺，节水可达到 60%以上。由于钢铁产业各工序都有不同程度的粉尘产生，在其他工序，如烧结和炼焦等除尘环节采用干法除尘，虽然其节水效果没有高炉煤气干法除尘和转炉煤气干法除尘的节水效果显著，但也可以促进水资源消耗减量化。从技术经济的角度来说，采用“三干”技术需要增加投资成本，但综合考虑节能、节水效果及产品质量提升等方面的协同成效，投资回收期通常只需要 3~5 年。

此外，其他一些操作层面的技术创新也可以促进水资源消耗减量化。例如，在炼焦环节，对于需要冷却的高温介质，可以先与低温介质相互换热，充分利用介质余热后再用水冷却；高温烟气需冷却再除尘时，先采用风冷再除尘也可以减少水资源消耗；转炉烟罩、烟道可采用汽化冷却替代水冷，并可以回收利用蒸汽以促进节能；连铸机的二次冷却可以采用动态控制水量的水雾化冷却方式，减少冷却水使用等。

二、采用分质供水和密闭水循环冷却技术节水

除钢铁产业自身技术经济特性因素外，造成钢铁产业水资源消耗高的原因是多方面的。从供水和功能使用来看，大部分企业都是采用“按需供水”方式，实施企业水系统大循环，“低水质高用途”和“高水质低用途”现象十分严重，甚至存在不少直流供水方式。例如，2005 年武钢 2 号、3 号高炉冷却水和 4 号高炉冲渣水以及蒸汽鼓风机站冷却水等采用直流供水方式，其年新水用量直接占武钢全年耗用新水量的 53%[①]。从工艺角度看，不同水质循环系统不完善，或者水质稳定设施不完善等都是重要原因。例如，未能根据终

① 付本全，王丽娜，卢丽君，刘璞. 钢铁企业用水与节水减排［J］. 武钢技术，2012，50（4）：50-53.

端用户对不同水质的要求建立生活水循环系统、污水循环系统、工业水循环系统、净水循环系统和浊水循环系统，或者是建立了不同的水循环系统，但供水水质不分造成补水量大，如间接冷却水与直流冷却水由同一系统处理，清浊难分造成间接冷却系统必须使用新水①。

事实上，除了不同功能终端用户对水质要求不同，在钢铁冶炼生产过程中，不同工序、同一工序的不同生产单元对水质要求也都不同。例如，钢铁冶炼过程中冲渣水、熄焦水需要普通水或废水即可，普通冷却只需要普通水，但一些关键设备需要采用纯水或软水进行间接冷却，因此采用分质供水技术与密闭水循环冷却技术可以有效降低总体水资源消耗。

典型钢铁企业分质供水如图 8-2 所示。例如，连铸过程中结晶器对冷却水质量有较高的要求，可以采用软化水供水，同时采用封闭式冷却，水只在夹套的缝隙里流动来间接冷却钢液，水质既不受污染，也可以封闭循环使用，只需要消耗很少量的水。类似的封闭式冷却系统在钢铁冶炼部分工序和生产单元中都可以采用，包括封闭式冷却水系统和半封闭式冷却水系统。可以采

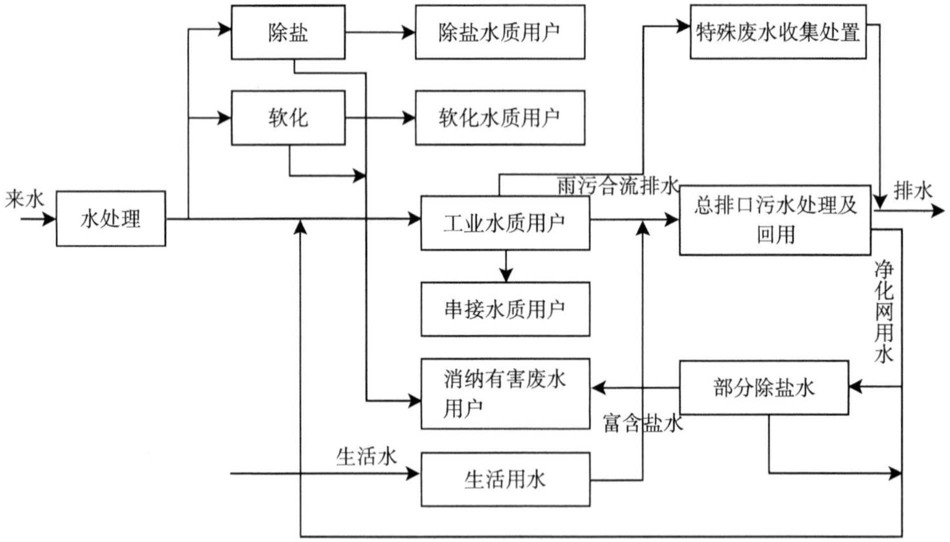

图 8-2　钢铁企业分质供水示意

资料来源：张兴华. 我国钢铁企业分质供水体系的分析与总结 [J]. 冶金环境保护，2011 (5).

① 黄导，张岩. 中国钢铁企业节水问题探讨 [J]. 中国冶金，2004 (11)：9-12.

用封闭式冷却水系统的工序或生产单元包括烧结工序中的抽风机、环冷机、热筛等设备冷却，高炉炼铁工序中铸铁机冷却，高炉炉体、热风炉阀门冷却，无料钟炉顶冷却等。由于消耗水可以在生产单元或工序内部进行全封闭循环使用，因此只需要添加少量蒸发水即可满足设备和生产的正常运转。

在设备创新和流程优化促进水资源消耗减量化的基础上，由于钢铁企业水资源消耗的70%主要用于冷却，进一步通过分质供水，采用高度循环尤其是闭路水循环冷却技术，将成为钢铁企业节水、减少污染排放的最佳途径。

三、采用串级用水技术节水

串级用水技术是指利用不同生产单元（用户）对水温、水质的差异，实行串联供水，不仅可以有效提供水资源利用效率，也是工业企业中最科学、最经济的一种水利用方式。串级用水类似于能源的梯级利用，其实质是供水过程的紧凑化，使废水既不回到原来的生产过程中循环使用，也不集中回收处理，而是专送到对水质要求较低或水温要求较高的生产单元进行使用。串级用水技术作为一种技术创新，在我国宝钢建设时被提出①，其典型模式是先将净水用于冷却，冷却后的水供给轻污染的生产工序或设备，再去供给污染重的生产工序或设施，最后经回收集中处理后再实现循环利用。简单的串级使用如图 8-3 所示，除盐水生产过程中产生的富含盐水可以直接提供给消纳有害废水的生产工序或生产单元如高炉冲渣使用。

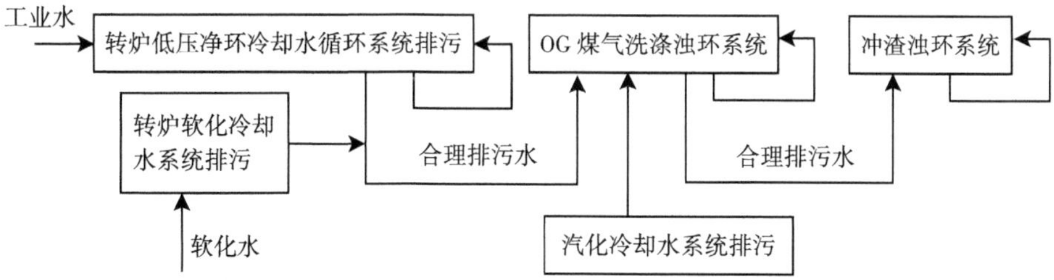

图 8-3 首钢迁钢转炉各水系统的串级使用示意

资料来源：雷仲存，朱伟明. 串级用水技术在钢铁生产工艺中的应用 [J]. 冶金动力，2008 (3).

① 雷仲存，朱伟明. 串级用水技术在钢铁生产工艺中的应用 [J]. 冶金动力，2008 (3).

图 8-3 和图 8-4 以首钢迁钢为例，体现了较完整的水资源串级使用流程。在同一工序内，软化水系统产生的污水可作为净环水系统的补充用水，净环水系统产生的污水可直接供浊环水系统使用，最后浊环水系统产生的污水可以供高炉冲渣使用。

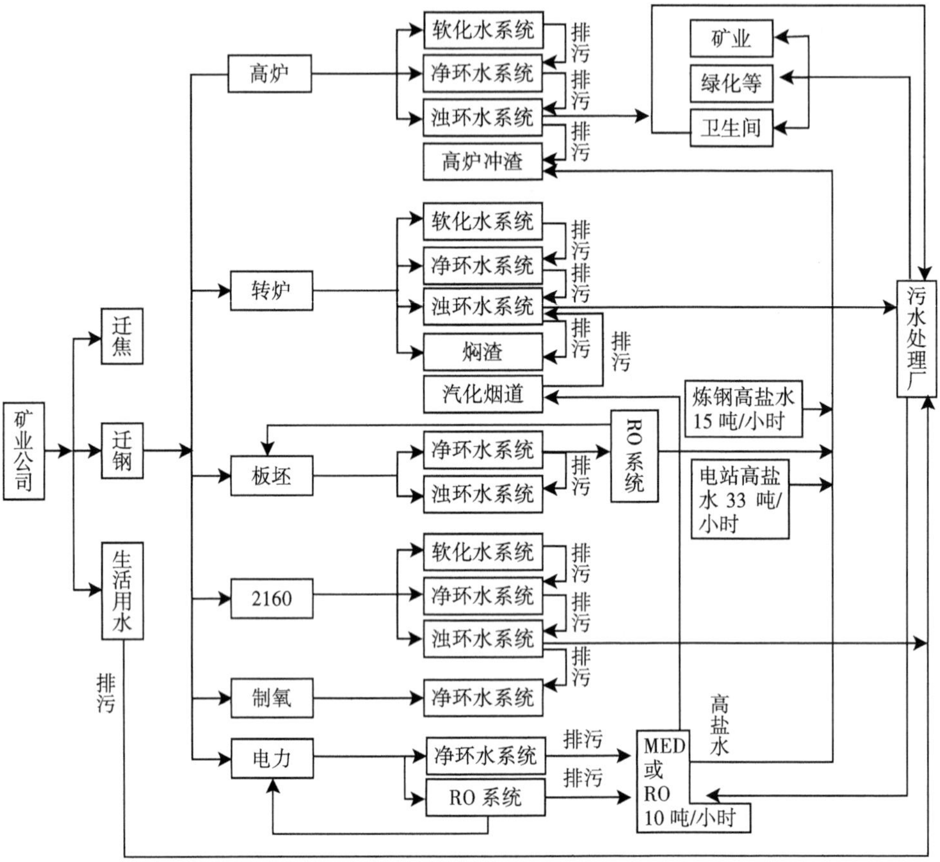

图 8-4　首钢迁钢串级使用示意

资料来源：雷仲存，朱伟明. 串级用水技术在钢铁生产工艺中的应用 [J]. 冶金动力，2008

显然，串级用水技术的采用不仅可以减少使用新鲜水，同时也大大减少了废水产生，是钢铁产业实现废水“零排放”的重要技术。据 2007 年的一份调查[①] 显示，串级用水技术普及率最高的是炼铁工序，达 22.5%，在烧结、焦化、炼钢等工序中的串级用水技术普及率只有 11%~15%，轧钢工序中的普及率只有 6.31%。因此，总体来看，由于水资源价格改革进展缓慢，钢铁企业对水资源消耗的重视不够，目前串级用水技术在我国钢铁企业中应用普及率尚不高，串级用水技术的推广普及应是将来我国钢铁产业节水技术推广的重点。

四、管理技术创新与节水

上述讨论的节水技术创新都是从“硬技术”的创新角度进行分析的，事实上在任何行业和企业对任何资源的使用中，资源利用意识和管理都是关系资源利用效率的重要因素之一。因此，“软技术”的创新，主要是管理技术创新对促进水资源节约利用同样至关重要，两者缺一不可，互为支撑，可以相得益彰。

管理技术创新主要包括三个方面：首先是水资源管理制度建设，包括水资源消耗管理组织机构的建立，用水管理制度，如建立分配到各个生产工序、生产单元甚至管理单元的水资源消耗定额管理制度，水管理以及消耗统计、检查、评比和奖惩制度等；其次是水资源计量体系完善，重点是取水和各生产单元、设施的进水、出水和外排废水的在线自动计量和监测等，完善仪器仪表的配备；最后是公共供排水硬件系统的完善，重点是对漏水管网的更新改造，推进公共用水设施的节水改造，减少“跑冒滴漏”等现象。

需要注意的是，这些管理技术创新都是就钢铁企业自身而言可以采取的管理措施。在宏观层面上，在水资源利用效率较低的情况下，制定合理的水资源价格，体现水资源的稀缺性和环境价值，充分利用价格杠杆，使企业更有动力，也能更好地促进企业加大力度推进水资源消耗减量化管理技术创新和“硬技术”创新。

---

① 中钢集团武汉安全环保研究院，国家环保总局环境标准研究所.《钢铁产业水污染物排放标准》编制说明（征求意见稿）[Z]. 2007.

第三节 技术创新与废水综合利用

在直接促进水资源消耗减量化的基础上，回收废水直接回用或经过处理后再回用，实现废水综合利用，促进提高水重复利用率是钢铁产业循环经济发展在水领域的重要任务之一。显然，废水回收综合利用途径越多，水重复利用率越高，水资源消耗尤其是新水消耗越少。例如，根据历年《中国钢铁工业年鉴》统计，1996 年，钢铁行业水重复利用率只有 82.13%，重点企业吨钢耗水达 221.31 立方米，其中吨钢新水消耗高达 39.55 立方米。2000 年，钢铁行业水重复利用率上升到 87.14%，增加了 5 个百分点。与此同时，重点钢铁企业吨钢耗水下降到 185.07 立方米，其中吨钢耗新水 23.80 立方米，这一数值大幅下降。2014 年，钢铁行业水重复利用率超过 97%，吨钢耗新水达到 3.3 立方米。这意味着由于直接水资源消耗减量化和废水综合利用规模的扩大，水重复利用率不断提高，1996~2014 年，钢铁行业可以实现在钢产量规模扩大 13 倍的情况下保持新水取水量不增加。从水资源制约的角度来看，事实上，近 20 年来在我国钢产量快速增加的情况下，尚未产生严重的水资源制约，为通过废水综合利用提升水重复利用率做出了极为重要的贡献。

与一般工业企业回收废水集中处理后再回用的思路不同，由于钢铁产业不同生产工序和生产单元产生废水成分不同，以及不同功能用户对水质要求不同，钢铁产业废水回收和综合利用首先是分质回收处理和回用，其次是对于无法分质回收和回用的废水，回收后再经集中处理实现综合利用，最后是针对钢铁产业水资源消耗需求大的特点，协同处理和综合利用其他来源的生活废水和工业废水。

一、采用分质回收处理技术促进废水直接回用

钢铁冶炼过程中不同工序产生的废水成分不同，如烧结废水产生量较小，主要是悬浮物；焦化废水含氰化物浓度较高，处理难度较大；炼钢废水主要是悬浮物和油脂；而轧钢废水种类多、成分杂，含有大量金属离子等。如果混合起来进行集中处理，再进行回用，则不仅将增加处理成本，而且需要增加外排水量，从而减少回用水量，降低水循环利用率。一个重要的解决途径就是采用分质处理技术，即建立不同的污水处理设施，对不同水质废水回收后采用不同处理方法，根据需要处理后供应给不同的功能用户，实现水资源最大限度的经济有效使用。如图 8-5 所示，针对比较难以处理的轧钢废水和焦化废水，采用对应的强化处理工艺进行处理，生活污水和其他一般性的生产污水采取针对性的处理工艺进行处理。处理过的废水根据需要或者直接循

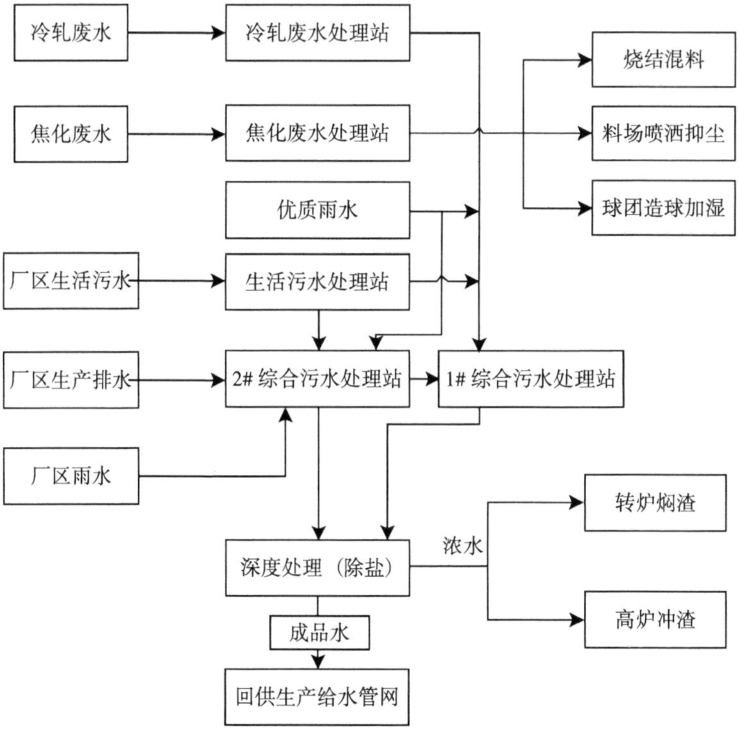

图 8–5　钢铁企业废水分质处理回用示意

环使用；或者进一步处理提升水质，然后再分质回用；或者直接输入企业生产给水管网，以便统一调配进行综合利用。

需要特别说明的是，分质回收处理技术并非是针对污水处理工艺而言，而是与不同污水和不同水质处理要求相对应的污水处理工艺的技术组合，具体处理工艺需要根据冶炼工序、工艺、生产原料、投资等各项因素综合选择。烧结废水处理可以采用平流式沉淀池分散处理工艺或集中浓缩浓泥斗处理工艺，高炉煤气洗涤废水处理可以采用石灰软化—碳化法工艺、酸化法工艺、石灰软化—药剂法工艺等。由于本书的主题并非分析讨论具体的技术细节问题，这里不再进一步详细介绍针对不同来源废水的具体污水处理工艺。

二、污水回收集中处理和综合利用

在上述直接节水、串级利用和直接回用的基础上，钢铁企业通常还需要建设一个集中污水处理厂，以便于对各工序或生产单元外排污水、收集的雨水及其他来源废水进行集中处理，然后再达标排放或进行综合利用。集中处理通常可采用澄清池或沉淀池工艺，如图 8-6 和图 8-7 所示。不同的是，达标排放是要求经处理后的水满足国家环保部制定的《钢铁产业水污染物排放标准》（GB13456-2012）的要求，且为了便于监测，要求建设总排放口，以避免分散排放。原则上一个钢铁企业只有一个总排放口，大型钢铁联合企业污

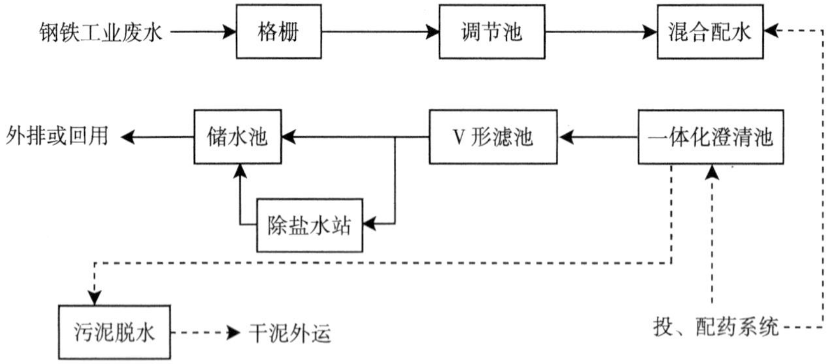

图 8-6 基于澄清池主体工艺的综合污水处理和回用示意

资料来源：编制组.《钢铁产业废水治理及回用技术规范（征求意见稿）》编制说明［Z］. 2010.

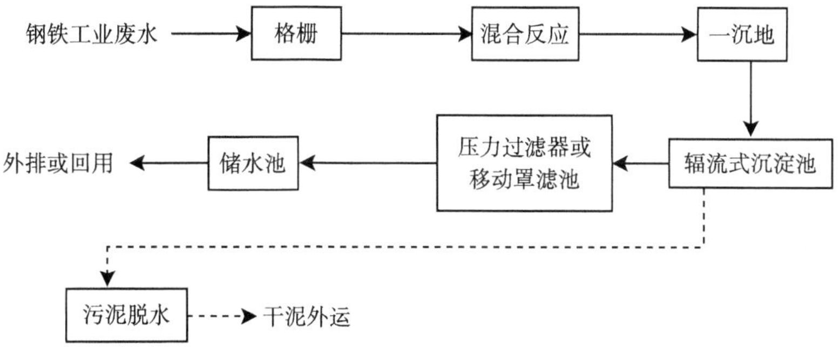

图 8-7　基于沉淀池主体工艺的综合污水处理和回用示意

资料来源：编制组.《钢铁产业废水治理及回用技术规范（征求意见稿）》编制说明［Z］. 2010.

水总排放口数量不超过 2 个。综合利用或直接利用，或者是根据集中处理后水的用途和去向决定是否需要进一步处理成中水或提升排放水质。

钢铁产业发展循环经济的一个重要目标是提高水资源循环利用率。需要额外说明的是，集中处理后的废水进一步回用到生产过程只是提高水资源循环利用率的一个方面。从经济的角度考虑，补充作为生态用水、景观用水、绿化用水等也都是达标废水利用的重要途径，未来我国钢铁企业在这方面的应用将越来越多。

三、协同处理和利用城市废水

我国现有钢铁企业多数是新中国成立初期为了建设城市和发展工业而兴建的，部分城市则是因钢铁企业而生。近十年来，由于城市化的快速发展，多数钢铁企业已逐渐成为城市中心。据国家发改委的一份统计①，2009 年，全国位于省会、直辖市的钢厂有 20 个，城市型钢厂共有 39 个，占全国钢铁产能的近 40%。因此，在钢铁企业搬迁之前，如何实现钢铁企业与城市的协调发展是钢铁企业发展循环经济必须面对的一项重要课题，而其中的重心之一就是以钢铁企业为中心，协调处理和利用城市污水。

① 张向东，郑奕. 全国 39 家城市型钢厂需五年内搬离城市［N］. 经济观察报，2011-03-29.

这方面的典型例子是唐钢公司和太钢集团。以唐钢公司建设的水处理中心工程为例①，工程实际上是一个城市废水和工业废水集成处理和城市中水利用的项目，以唐山市城市污水、城市中水（其他污水处理厂处理）以及唐钢工业废水为主要水源，首先采用调节池/高密度沉淀池/V形滤池工艺进行预处理，然后采用多介质过滤器/超滤/反渗透/混床工艺进行深度处理。在此过程中，水处理中心引入法国得利满公司的净化水处理工艺，并用国内领先的双膜法制软水技术代替传统的离子交换法，满足了各工序生产用新水和软化水等不同水质需求。工程主体废水和城市中水预处理能力达到3000立方米/小时，项目建设后唐钢南区整体可达到生产净化水4200立方米/小时，软化水1000立方米/小时，除盐水3000立方米/小时的能力。

由于采用以城市污水、城市中水为补充水，与企业废水协同集中处理进行循环利用的技术，唐钢不仅停止使用深井水和河水，还每年回收工业废水4029万立方米，相当于唐山市区年用水量的20%，实现了钢铁企业不使用城市资源水作为补充水的目标。由于利用废水深度处理产生的浓盐水供给高炉冲渣、烧结布料及钢渣处理，实现工业废水零排放，还彻底解决了原有生产用水系统中氯根、含盐量不断循环富集的问题。

第四节 集成水处理技术和水循环利用技术

2009年，住房和城乡建设部与国家质检总局联合发布的国家标准《GB5-5-6-2009：钢铁企业节水设计规范》提出，除回收利用雨水、城市污水再生水作为生产水源外，还应采用海水、尾矿库澄清水等作为生产水源。目前我国钢铁产能正在进一步呈现向沿海经济发达地区搬迁转移的趋势，因此，通

① 苗利利等. 唐钢城市中水与工业废水综合利用工程［J］. 中国给水排水，2011（10）.

过海水淡化技术利用淡化海水并实现钢铁企业的水资源循环利用是未来钢铁循环企业循环经济发展的一个重要方向。

目前比较典型的案例是首钢京唐钢铁公司（简称京唐公司），该公司位于唐山曹妃甸，临海而建，水源来自陡河水库和淡化海水。如图 8-8 所示，京唐公司在利用淡化海水时采取的技术创新措施是，在取水环节即在取水泵房配置电解海水制氯装置以减少海洋微生物对后续设备、设施的影响，增加预处理环节，设置两套采用法国威立雅微砂絮凝沉淀工艺的海水预处理单元，在海水淡化环节采用热法低温多效蒸馏工艺，热源采用回收余热生产的低温低压蒸汽，不仅可以减少外部供热。同时设置热压缩模式、多效模式和混合模式等几种操作模式，以便更好地消耗钢铁厂内部的各种富余蒸汽。淡化的成品水纳入企业生产水系统外，浓盐水供应周边社会盐场晒盐，发展盐化工产业。

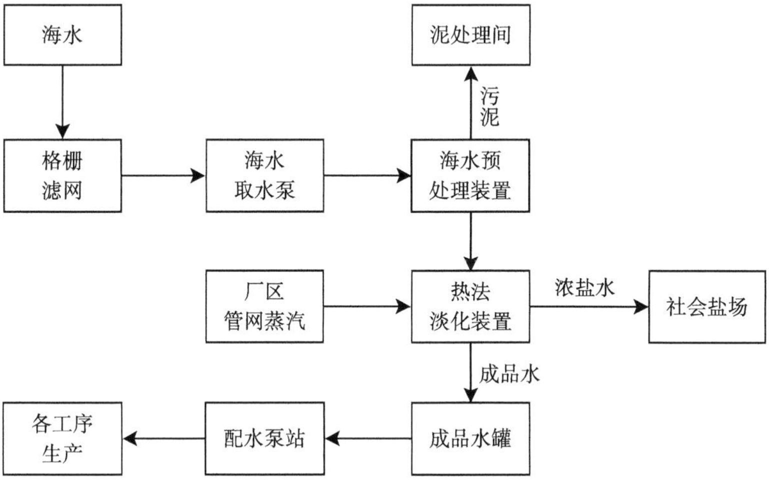

图 8-8　京唐公司海水淡化工艺流程

资料来源：吴礼云等. 首钢京唐公司海水淡化全流程技术优化［J］. 首钢科技，2010（6）.

在整个公司水循环层面，如图 8-9 所示，淡化海水与来自陡河水库用水，以及收集的雨排水混合，进一步采用分质供水技术供应企业内不同水质需求用户和工序，废水采用分质废水处理技术进行初步处理，按质实现串级使用，减少污水处理压力。污水处理厂处理产生的高盐水与生产淡化海水时产生的浓盐水混合供应社会盐场，从而实现多种水处理技术和水循环利用技术的集成。

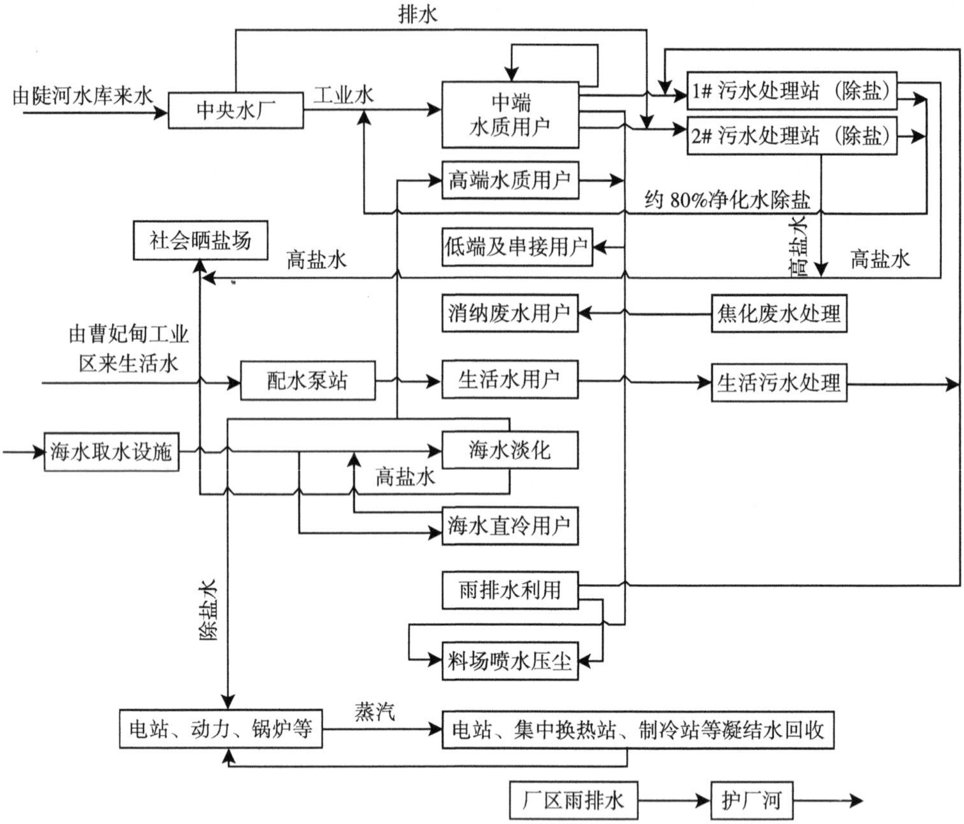

图 8-9　京唐公司基于分质供水与水处理相结合的水循环利用示意

资料来源：黄导. “十二五”钢铁产业环境保护面临的挑战与对策建议［Z］. 九省市金属学会领导专家座谈会，2011.

本章小结

钢铁产业在生产过程中需要依靠水资源降低温度，是典型的高耗水产业和重点污水排放产业。由于多数钢铁企业均布局在经济相对发达但水资源相对短缺的地区，发展循环经济实现水资源节约使用和循环利用，既有利于钢铁产业和区域经济社会可持续发展，也是减排治污的必要举措。

钢铁产业污水产生规模大，产生源头点多面广，且不同工序污水成分不同，环境污染风险相对较大，处理技术难度大、成本高。因此，需要通过技术创新实现水资源消耗减量化，包括采用节水型的高效设备和工艺技术，针对不同工序对水质的不同需求实现分质供水和串级用水技术，以及采用密闭水循环冷却技术和推进管理技术创新等。

针对钢铁产业水耗高的特点，由于水资源综合利用直接关系到水重复利用率，而重复利用率越高，单位产品的水资源消耗越低，因此在直接减量化基础上回收废水，开展综合利用提高水重复利用率是钢铁产业发展循环经济在水资源领域的主要任务。首先，要针对不同工序的废水特性和水需求特性，分质回收废水并处理后促进废水直接回用。其次，回收无法直接回用的污水进行集中处理，然后再实现综合利用，包括回用生产过程和补充作为生态水使用等。最后，为弥补钢铁水资源不足和充分利用污水处理设施，钢铁企业应积极协助处理区域城市生活污水和其他中小企业工业污水，生产中水供钢铁企业综合利用，或者是因地制宜充分利用集成水集中处理，积极处理和利用矿井水、海水等非常规水，扩充钢铁产业用水水源。

第九章　基于循环经济的钢铁产业技术创新模式和发展趋势

第一节　钢铁产业技术创新模式和特点

一、钢铁产业的技术创新目标导向

从古典经济学开始，包括个体和企业都被假设为“经济人”，以自身利益或效用最大化为目标。对企业而言，其本质和最理性的选择就是实现利润最大化。从熊彼特开始，企业创新的目的就是通过提高生产率，扩大市场占有和销售，实现成本消化和利润最大化。因此，企业技术创新既是效益导向的，也是成本导向的，两者是硬币的正反面。对一个产业而言，在企业追求利润最大化的前提假设下，按照传统的发展模式，技术创新是效率导向的，提高生产效率，以谋求更大的经济价值。从政策角度看，主要是要着眼于产业共性问题，支持推动技术创新，解决产业共性关键技术问题。

在传统模式下，受技术二重性影响，技术创新带来的生产效率提高可以提高单位时间产出和经济效益，但并不必然带来资源、能源和环境效益的提高，有时很有可能技术创新会导致资源、能源和/或环境效益的降低。具体到钢铁产业这种大规模生产的传统“三高”产业，过去的实践已经证明，以规模扩大、效率提高为目的的设备大型化发展，虽然带来了单位资源、能源效率的提高，但单位资源、能源效率提高的幅度小于规模扩大和生产效率提高的幅度，仍然导致总体的资源能源问题产生，甚至污染排放规模和水平有可能也在增加。因此，在循环经济模式下，循环经济发展对钢铁产业的技术创新提出了新的需求，这主要表现在技术创新要更加强调生态导向和循环导向。

从生态导向的角度看，基于循环经济的钢铁产业技术创新应实现生态价值和经济价值的兼顾与平衡，而非过去单纯地追求效率和经济效益。从强调循环导向的角度看，基于循环经济的钢铁产业技术创新应以工艺创新为主、产品创新为辅。有研究[①]认为，对任何产业而言，产品创新和工艺创新都占有十分重要的位置，而工艺创新往往是产品创新的前提和基础。在钢铁产业发展历史过程中，早期几乎每一次钢铁产业的大发展都与工艺创新密不可分。例如，19 世纪末期美国钢产量由 100 万吨快速上升至 20 世纪初的超过 3000 万吨，就被认为与早前 19 世纪五六十年代的工艺创新，尤其与贝塞麦炼钢法的推广是分不开的。由于钢铁产业技术创新都是在不改变钢铁元素基本特征的条件下进行的创新，钢铁产业的技术创新基本上都是工艺创新，至少在某种程度上工艺创新比产品创新占有更加重要的位置。但不同的是，事实上，工艺创新成为技术创新重点的情况只出现在钢铁产业发展的早期。至少在近几十年来，在缺乏重大技术创新的情况下，出于差异化竞争的目的，钢铁企业对产品创新的重视远远超过了工艺创新。在传统模式下，钢铁产业工艺创新的重点主要集中于生产领域和产品领域。在循环经济模式下，未来技术创新必然要更多地兼顾到节约资源能源和污染治理等领域。工艺创新的首要目的是完善现有工艺的流程，实现铁素流、固体废物流、能量流、水流等几种

① 张冶河，谢忠泉. 我国钢铁产业创新与发展的问题及管理措施［J］. 中国软科学，2006（2）：31-40.

主要“流”的循环利用，实现工艺流程的“尽善尽美”。产品创新的主要目的也不是为了传统意义上的新产品开发，而是要开发更加耐用、更高质量的钢铁产品，延长钢铁产品生命周期，促进社会整体减少钢铁产品消耗。

从产业链发展的角度看，传统模式下钢铁产品制造是钢铁产业的唯一功能，因此更加强调依靠技术创新推动产业链的纵向延长，实现钢铁产品的精深加工，提高资源产出率。在循环经济模式下，钢铁产业的功能拓展衍生出能源转换、产业废弃物消纳处理和社会废弃物消纳处理的功能，因此将更加强调技术创新推动产业链的横向拓展，回收利用二次能源、固体废弃物和废水等，发展电力、化工、建材、新材料等关联产业，通过产业集聚和范围经济的适度发展，形成多产业高度复合的循环经济产业体系。

二、钢铁产业的技术创新模式

综合此前几章的分析讨论可以看出，从钢铁冶金的角度看，钢铁产业的技术创新主要有如下四种类型：

（1）设备进化。这主要是指用先进高效设备、精细材料和先进技术再生生产过程，并带动相关工艺技术进步。综合钢铁产业发展的历史进程来看，设备进化又可以区分为三种情况：第一种是用先进高效设备替代原有低效设备，发生设备体系和相关工艺方法的整体进化和替代，如顶底富吹氧气转炉替代平炉或其他转炉，用焦炉替代土窑炉，用干熄焦替代湿法熄焦等。第二种是先进高效设备替代原有低效设备，但仅是设备体系或部分功能的进化。高炉、转炉、烧结机、焦炉设备大型化等也都是设备进化的例子。第三种是原料和燃料等的进化替代，如用焦炭替代木炭等。在钢铁冶金发展的早期，以及出现突破性技术创新或在一种新的技术体系诞生初期，通常都会出现创新蜂集现象，这类创新多数都属于设备进化类型。

（2）功能分化。这主要是指使工艺流程进一步符合钢铁冶金过程中物理化学反应原理的需求，实现能耗、水耗减量化等目的。例如，高炉富氧喷吹煤粉技术往高炉鼓风加入工艺氧气，使鼓风含氧超过大气含氧量，同时用输送的气体为载体直接在高炉风口喷进磨细的煤粉，在提高冶炼强度的同时，降低焦炭用量和冶炼成本；改造燃烧室结构，部分使用废旧橡胶和废旧塑料做燃料的替代能源技术；改进转炉炼钢系统的冷却系统，实现冷凝水全封闭循环利用技术等。此外，在某种程度上，功能分化也是出于产品技术创新的需要而增加额外生产控制环节。例如，在高炉炼铁工序和转炉炼钢工序之间，增加脱除硫、硅和磷等杂质，或者是从铁水中回收提取钒、铌、钨等有价值元素的铁水预处理工艺，既可以减轻高炉负荷，减少转炉渣产生量，缩短冶炼时间，同时也可以提高转炉钢质量和生产能力。类似地，技术创新还有炉外精炼技术，即将炼钢过程分解为初炼和精炼，在转炉、电炉等初炼后，进一步将初炼的钢液注入真空、惰性气体或还原性气体的容器中，加热进行脱气、脱氧、脱硫等除去杂物或成分微调的二次炼钢工艺创新。

（3）流程优化。这主要是通过技术创新解析、重组生产工序或生产单元，从而使生产过程更加合理、更加紧凑和更加连续，最典型的是铁水热送热装技术、连铸技术、连铸连轧技术等。以推广普及率最高的连铸技术为例，在传统模铸工艺下，需要将炼好的钢液浇注到钢锭模内使其凝固。由于难以控制模铸钢锭内部的纯净度、均匀度和致密性，同时在轧钢或最终使用时，需要对模铸的钢锭二次加热变形，社会总体能耗高，有很多弊端。连铸技术则可以根据最终产品尺寸，直接将合格的钢液铸成要求的钢坯，实现了炼钢和铸造的连续生产，既提高了生产率，也大幅减少了社会整体的能源消耗，因此在20世纪70年代的全球能源危机后迅速推广开来。

（4）流程简化。这主要是指对生产流程进行综合，通过减少生产流程中的生产工序或生产单元，以减少消耗和废弃物、污染物排放，增加产出，提高生产效率。比较典型的是转炉炼钢—连铸连轧技术，减少了模铸和开坯两个工序。在连铸连轧技术上发展的近终形连铸技术，即按照最终产品尺寸和形状实现直接浇铸，可以进一步减少中间加工工序，节省能源和加工损耗，缩短生产时间。当然，最典型的是熔融还原炼铁工艺取代高炉炼铁工艺，可以去除烧结/球团和炼焦两个能耗高、污染排放高的主要工序，实现钢铁流程工业的革命性变革。

从技术创新的角度看，钢铁产业的技术创新主要属于如下三种类型：

（1）渐进性创新。同所有产业技术创新类似，在钢铁产业发展史上，多数创新都属于渐进性创新。事实上，也正是因为持续不断的渐进性创新，钢铁产业才能发展成为如今规模和影响力都巨大的“传统”产业之一。在循环经济模式下，钢铁产业的多数技术创新通常都是为了解决特定资源能源节约利用、废弃物资源化和污染治理等问题，显然也都属于渐进性创新，尤其是本书前述的促进铁素循环利用、固废减量化和资源化利用、能源消耗减量化和二次能源回收利用，以及水耗减量化和废水循环利用等，这些创新都属于渐进性创新的范畴。

（2）突破性创新。钢铁产业发展过程中的突破性创新主要有两大类：现代焦炉炼焦取代土法炼焦，以及连铸技术的出现。

（3）技术体系的变革。在炼钢领域主要是氧气顶吹转炉炼钢技术替代平炉炼钢；在炼铁领域则主要是非高炉炼铁工艺取代高炉炼铁工艺，尤其是熔融还原工艺的出现，使得钢铁生产流程不再依赖烧结矿/球团矿和焦炭，第一次有可能使钢铁产业的长流程钢铁出现流程技术革命。

三、钢铁产业的技术创新特点

综合此前分析讨论可以看出，首先，与所有产业的技术创新模式相类似，钢铁产业技术创新中，渐进性创新是常态，而突破性创新则不常见，技术体系的变革则需要经历更长时间。这也是技术创新的一般性规律。

其次，钢铁产业是典型流程工业，流程优化和流程简化可以使多工序、多生产单元的钢铁生产流程更加合理、更加紧凑和更加连续，从而可以提高效率。因此，促进流程优化和流程简化是技术创新的重点，通常突破性创新都是可以促进流程优化或流程简化的创新。

再次，基于关键冶炼设备替代技术创新的设备进化是促使钢铁产业出现技术体系变革的突破口。氧气顶底复合转炉技术的成熟是一个典型例子。氧气转炉炼钢替代平炉炼钢，大大提高了生产效率，直接促进了下游连铸连轧技术的发展，替代了传统的模铸—开坯工序。同时，使得与上游高炉炼铁的生产规模不相兼容，进而促进了以高炉大型化为代表的各主要工序设备的大型化发展，使得钢铁产业开始由传统生产方式向大型化、连续化、自动化和高速化方向发展，涌现出一批超大规模钢铁联合企业。因此可以说，正是氧气转炉的出现，引起了一系列与之相关的渐进性和突破性设备创新和工艺创新，从炼钢系统开始，逐步彻底改变了钢铁产业的生产方式，对钢铁产业发展起到重要的显著性影响。20 世纪 50 年代至 70 年代日本和欧洲钢产量的快速增长，以及我国 20 世纪 80 年代后钢铁产业的崛起，都被认为是氧气转炉替代平炉炼钢起到了重要作用[①]。

最后，以工艺创新为先导，工艺创新与产品创新协调发展成为推动钢铁产业持续发展的主要原因。不同产业和不同企业有不同的技术创新策略。在钢铁产业，工艺创新和产品创新同样有非常高的相关性。产品创新是工艺创新的目的，它固然可以直接提升企业竞争力，为企业带来利润，并支撑企业开展工艺创新，但工艺创新始终是产品创新的基础和前提。没有工艺创新，产品创新不可能获得真正成功。有研究[②]发现，综观发达国家钢铁产业发展历程，过分重视产品开发而忽略工艺创新的国家，如美国等，往往最终在钢铁产业的国际竞争中逐步失去了竞争优势。相反，始终重视工艺创新，以工艺创新为先导促进工艺创新与产品创新协同发展实现良性循环的国家，往往始终保持较强的产业竞争力。如以投入比例计，日本对工艺创新的投入差不多是产品创新的 2 倍，德国对工艺创新的投入更是产品创新的 4 倍多。日本和德国尽管都早已完成了工业化，但这两个国家始终是钢铁产业发展的最重要国家之一。

---

① 张寿荣. 钢铁产业与技术创新［Z］. 2004 年武钢科技周上的讲话，2004.

② 潘贻芳，齐二石，仇圣桃，干勇. 钢铁企业技术创新的模式与策略［J］. 钢铁，2004，39（1）：72-75.

第二节　钢铁产业技术创新发展趋势和演化规律

一、国际钢铁产业技术创新发展动态

技术创新对企业和产业发展的重要性不容置疑，但由于发展战略和目标不同，企业和产业技术创新的重点可能并不完全一致，甚至不同国家和地区在不同发展阶段，相同产业的技术创新重点也存在差别。如果综合考察各国钢铁产业技术创新战略，仍然可以发现在新的经济发展阶段和社会环境下，未来钢铁产业技术创新的重点和一些趋势性、规律性的东西。

在欧洲，在欧盟委员会的支持下，2004 年欧洲煤钢研究基金会联合 7 大钢铁企业、47 所大学、4 个科研机构和相关行业协会、工会组织等，建立了技术创新研究联盟“欧洲钢技术平台”，确立了三大战略重点计划①：一是开发安全、清洁、低成本和低资本密集度技术，包括新的钢材无氧化加工处理与能源有效利用的集成技术路线，开发柔性和多功能紧凑式生产线，发展紧凑式制造流程，以及研究推进钢厂用机器人、基于网络和移动通信的自动化解决方案、自学习型自动化生产线和开放的信息交换系统。二是合理使用能源资源与废弃物管理，包括短期内降低钢铁生产的碳消耗，开发利用木炭、塑料等替代碳源，有效利用二次能源以迎接温室气体排放限制的挑战；开发高强钢的高效连铸、低温连续操作过程中的能源回收技术、太阳能冶金技术以及高温核反应制氢技术、生物冶金技术等，以解决碳能源的二氧化碳问题；强调从微观与宏观分析材料对社会的影响，包括建立钢材生产与回收数据库、材料使用寿命影响分析 LA 和生态情景设计与敏感性分析等。三是为最终用

---

① 王少雨，黎苑楚，陈宇. 欧洲钢铁技术平台 2030 年构想［J］. 全球科技经济瞭望，2006，252（12）：44-46.

户提供有吸引力的解决方案，重点是高性能、低成本和多品种钢铁产品生产，加强与汽车制造、建筑等下游用户建立紧密的合作关系。

在亚洲①，韩国的目标是确保世界级钢铁生产设施和技术，尤其是确保下一代的技术优势，以长期自主创新引领世界钢铁技术发展，实现韩国钢铁产业从数量增长转变为以质量、价值和技术为导向的发展。具有典型意义的是日本，早在 1999 年，日本钢铁学会就制定了“日本钢铁产业科学技术战略”，明确未来的发展思路是灵活地适应变化的资源能源，建立兼顾环境、再生利用的生产技术、产品设计技术和应用技术，包括新一代焦炉技术、新一代炼钢技术、下一代电炉炼钢、电磁连铸生产技术、二氧化碳排放极小化技术，以及协同处理钢铁周边生活垃圾和利用钢厂低温余热供应城市等。该战略同时明确提出，未来钢铁产业技术战略路线图就是扩大资源能源和环境适应能力，提高钢铁企业的竞争力。例如，日本铁钢联盟推动的 COURSE50 技术主要就是开发减少高炉二氧化碳排放量，并从高炉煤气中分离、回收二氧化碳。

在我国，2014 年 11 月 18 日，中国钢铁产业协会组织召开的钢铁行业技术创新大会暨科技负责人会议发布了协会组织编写论证的《钢铁行业 2015~2025 年技术发展预测报告》指出，未来 5~10 年我国钢铁产业技术发展主要体现在十个方面：①绿色、可循环钢铁制造流程技术，主要是要通过钢铁流程结构优化和物质流、能量流、信息流网络集成构建，对涉及高炉—转炉长流程和废钢—电炉短流程的关键界面匹配、二次能源高效转化、低品质余热回收利用、低碳绿色制造工艺、钢铁流程三个功能的价值提升等关键技术进行深度开发，其范围涵盖整个钢铁制造过程，是在各项单体技术研发基础上的系统集成、优化和匹配。②低碳钢铁制造技术，包括高效节能减排和清洁生产技术、全生命周期能耗和二氧化碳排放评价导向下的生态钢铁材料生产工艺技术、替代能源非碳冶金技术等。③高效资源开发及综合利用技术，主要

---

① 高怀，金向荣，茅益民. 国际钢铁企业技术创新战略发展趋势与基本特点［J］. 冶金信息导刊，2006（4）：1-5.

涉及采矿、选矿领域，以及强化共伴生矿、尾矿综合利用和资源循环技术等。④高效、节能、长寿综合冶炼技术，如高炉的高顶压、高风温、高富氧、高喷煤、高利用系数和长寿化技术，高炉专家系统应用技术（包括智能操作指导和监测技术），高效 TRT 技术等。⑤高效、低成本洁净钢生产系统技术，主要包括铁水预处理技术、转炉（电炉）冶炼与高精度终点控制技术、快速—协同的钢水精炼技术、高效恒速的全连铸技术四项基础支撑型技术，以及优化—简捷的流程网络和动态—有序运行的物流技术两项集成技术。⑥高性能、低成本钢铁材料设计与制造技术，主要包括低成本、高性能微合金化技术，组织和性能精确控制技术，以及表面质量控制技术等。⑦高精度、高效轧制及热处理技术，主要包括高精度轧制技术、新一代控轧控冷技术和特种钢板热处理技术等共性技术。⑧复合材料制造技术，重点是制造节材、节能、节约资源且基于钢铁材料的绿色复合材料。⑨面向全流程质量稳定控制的综合生产技术，主要是开展新一代的钢铁生产过程控制技术研究，解决控制系统在生产批次之间、品种规格之间的适应性问题，大幅提高复杂工况下产品质量的控制能力和稳定性。⑩信息化、智能化的钢铁制造技术，主要包括大型装备的智能化嵌入式软件开发与应用，基于物联网和云技术的钢铁生产信息化技术，钢铁生产复杂流程智能化自动控制系统，基于大数据技术的钢铁行业大数据库平台系统。

由欧洲、亚洲和我国对未来中长期钢铁产业技术创新重点的关注和推动可以看出，欧洲钢铁产业技术创新在强调安全、清洁、低成本、低资本密集度基础上，重点关注了能源资源利用和废弃物管理问题，尤其是（包括还原剂）通过能源替代技术创新降低能耗、污染排放和温室气体排放水平。日本钢铁产业注意到了钢铁产业竞争环境的变化，技术创新的重点在于下一代钢铁产业技术，目标在于提升产业和企业竞争力。不同的是，韩国更加强调以技术创新促进钢铁产业的转型升级发展，日本则更加强调提高钢铁产业的资源能源和环境适应能力。在我国，未来钢铁产业技术创新虽然一方面强调要对现有关键技术的深度开发、系统集成、优化和匹配，另一方面也强调要适应资源、能源和环境变化，发展低碳钢铁制造技术、资源高效开发和综合利用技术等。但事实上，从上述十个重点方向的第④、第⑦、第⑨和第⑩项可以看出，中长期内钢铁产业技术创新最为重要的仍然是要通过工艺方面的渐进性创新，优化现有操作层面的控制技术，推广利用钢铁产业已有的成熟技术，在此基础上促进提高钢铁产业整体技术水平。

显然，各国钢铁产业技术创新的重点存在一定差异，而这种差异主要是由各国经济发展阶段，尤其是钢铁产业发展水平及其在社会经济发展中的作用不同导致的结果。欧洲和日本等国外钢铁产业发展较早，其产业集中度和产业技术集中度都处于较高水平，钢铁产业发展较为成熟，基本上已完成大型化建设，钢铁产业的成熟技术多数是这些国家钢铁企业已拥有和采用的技术，先进技术已基本普及。因此，为了适应资源能源和环境形势的变化，其技术创新更加侧重于低碳发展，强调废弃物循环利用、二次能源和能源替代，以及低碳冶金产品创新等。韩国钢铁产业整体技术水平介于欧日和中国之间，因此其技术创新更加强调改变以数量增长驱动的增长模式。在我国，由于钢铁产业的产业集中度低，技术水平参差不齐，整体与欧日等先进钢铁企业的技术水平尚存在较大差距，因此技术创新重点需要加快推广应用先进流程技术、工艺操作技术，推进产业整体的集成创新。在此基础上，才能推进产品创新，关注和推动新一代钢铁生产技术。

二、钢铁产业技术创新的发展重点和趋势

虽然目前各国和不同钢铁企业技术创新的重点存在一定差异，但更重要的是应意识到国际钢铁产业技术创新的共同点和发展趋势。

（1）集成创新成为钢铁产业全面提升技术创新能力和竞争力的首要选择。钢铁产业中大量的渐进性创新虽然是为了解决特定生产单元、生产工序的能源消耗高和污染排放高的问题，但循环经济是以“3R”为原则，解决企业和产业发展资源、能源和环境等多方面问题的应用性解决方案，而钢铁产业是一个涉及多学科、多工序流程和多产业关联的产业部门，因此整体上钢铁产

业循环经济发展需要建立包括多个门类技术的技术支撑体系，技术创新具有集成创新的性质。此外，随着以中国为代表的发展中国家钢铁产业技术水平的迅速提升，各国钢铁企业之间的技术差异迅速缩小，竞争日趋激烈，因此各国钢铁产业和钢铁企业都把集成创新、消化吸收其他国家和企业的创新成果作为提升竞争能力的重要手段。事实上，以集成创新促进钢铁流程结构优化和不同“流”网络的集成构建，已成为我国未来中长期钢铁产业技术创新的首要任务。

集成创新也体现在钢铁产业发展更加重视跨产业复合经济链接技术发展，促进基于钢铁产业的多产业复合循环经济发展。随着钢铁产业功能由传统上单一的钢铁冶金材料制造向材料制造、能源转换、内部废弃物处理利用和社会废弃物协同处理四大功能转换，钢铁产业的发展模式将由过去的专注于钢铁材料产品制造向钢铁—电力、钢铁—化工、钢铁—建材、钢铁—供水等综合性方向发展。建立以钢铁产业为基础和核心的重化工产业园区，发展园区循环经济，也是钢铁产业发展的一个重要趋势，因此需要加快发展与此相关的产业链接技术。日本明确提出的协同处理周边生活垃圾、利用钢厂低温余热供应城市等，欧盟提出的与下游用户建立紧密合作关系等都是这方面的典型例证。

（2）重视环境导向，尤其是应对气候变化已成为制约钢铁产业发展的硬约束，促进钢铁产业低碳发展已成为技术创新的必然选择。从循环经济的角度看，技术创新从过去的只重视效率和效益转变为对生产效率、经济效益和环境效益的兼顾。不仅技术创新的每一阶段都必须重视创新对环境的影响，甚至需要考虑环境效益而推动技术创新，线性的技术创新模式转变为以环境为终端和开端的循环型模式。钢铁产业作为典型“三高”产业，在钢铁生产过程中，更应该通过技术创新，促进资源、能源的可循环利用，提高资源、能源利用效率，减少大气环境污染，基本实现固体废弃物和污水的零排放。

从气候变化的角度来看，应对气候变化已成为当今国际政治经济竞争的主要领域之一，积极应对气候变化也成为企业、产业和国家（地区）积极履行社会责任的重要方式。目前人类排放的 CO_2 超过一半来自化石燃料（煤、石油和天然气等）的燃烧。钢铁产业的高耗能消耗的正是这类燃料，尤其是以煤炭占绝大多数。综合有关资料分析，目前钢铁产业排放的二氧化碳占排放总量的 5%~6%，仅低于水泥产业[①]。显然，钢铁产业发展是导致温室气体增加的主要原因之一。因此，无论是钢铁产业技术水平较为领先的欧洲和日本，还是我国，技术创新促进钢铁产业低碳发展不可避免地成了共同的首选。这些领域的技术创新，既包括能源的节约和减量化，也包括能源梯级利用和二次回收利用，还包括积极研发推进替代能源开发利用和研发低碳钢铁产品等。

（3）现代信息网络技术已成为影响钢铁产业发展的渗透性技术，促进钢铁产业智慧发展已成为技术创新的重要课题。自动控制技术的应用是生产流程连续化、紧凑化运行的重要保障，但钢铁产业自身紧凑但非连续性生产流程的特性在一定程度上制约了信息技术的应用。传统的钢铁产业虽然一直被认为是大规模工业生产的典范，但信息技术的应用主要体现在辅助性的决策支持系统、管理信息系统和有限的自动控制系统等领域。近年来，工业化和信息化融合发展的趋势已成为现实，其突出表现就是现代信息网络技术发展迅速，尤其是新一代芯片、无线网、物联网、大数据等已成为广泛影响社会经济发展的渗透性技术。具体到钢铁产业而言，现代信息技术可广泛应用于钢铁生产过程控制，发展紧凑式生产流程，提高钢铁生产的连续性；更重要的是，现代信息网络技术的应用可以提高钢铁生产柔性生产能力，根据客户需要小规模生产特定需求的钢铁产品，以及提高自动化生产线的自动化学习能力和适应能力，发展“智慧钢铁”（Smart Iron & Steel）。同时，根据建立全生命周期物质管理的需要，现代信息网络技术的应用也是必不可少的技术支撑。

（4）优化和简化钢铁生产制造流程，促进钢铁生产制造流程的连续、紧凑和高效化发展是钢铁产业技术创新的核心任务。钢铁产业本质上是流程工业，其能耗水耗高、污染排放高的根本原因在于维持物理化学反应需要高温

---

① Chris Beauman. STEEL：Climate Change Poses Stern Challenge［J］. Finance Times，2007（8）.

环境，以及工序多、生产单元多。在某种意义上，钢铁产业的资源、能源和环境等问题都是由其流程工业特性衍生而来。因此，流程优化和流程简化等自始至终是钢铁产业技术创新的重要内容。近十年来，钢铁产业以氧气转炉炼钢为标志促进高炉—转炉钢铁的生产流程发生了技术体系的变革，尤其是“负能炼钢”的实现，表明流程连续化、紧凑化对节能降耗减排具有显著作用。当前以薄板坯连铸技术为代表的新工艺和新技术涌现，形成了钢铁产业技术创新的一个热点和高峰，也标志着钢铁生产制造流程向连续、紧凑和高效化发展已成为钢铁产业的发展趋势。

未来在新的资源环境形势下，环境制约和应对气候变化成为“硬约束”，基于流程的技术创新，尤其是流程简化通过减少生产工序和生产单元而减少能源消耗和污染物排放，开始进一步上升为钢铁产业技术创新的首要选择。欧洲强调通过集成技术路线实现紧凑式制造流程和自动化解决方案，我国强调对钢铁制造全过程单体技术的系统集成、优化和匹配实现钢铁流程结构优化等，都是流程简化在未来钢铁产业技术创新中重要性上升的体现。钢铁产业要提高资源和环境适应能力，必然要求钢铁产业通过技术创新实现以最低的资源消耗、最高的生产效率、最优化的质量控制和接近“零排放”的最小的环境负荷来生产合格、低成本的优良产品，这就要求必须加强工艺技术优化，其中最重要的就是从总体上优化钢铁生产流程，并尽可能进一步简化生产流程。

（5）探索发展新一代钢铁生产技术成为各国抢占未来钢铁产业发展制高点的重要手段。当前国际上欧日和韩国先进钢铁企业的生产技术水平相差无几，中国、印度等新兴钢铁生产大国的技术水平和技术创新能力迅速提升，与先进国家的技术差距迅速缩小。再加上资源、能源和环境约束，以及应对气候变化的需要，各国都在积极探索下一代钢铁生产技术。但由于国情和钢铁产业发展基础的不同，目前各国对未来钢铁生产技术的关注点存在一定差异。例如，日本关注新一代焦炉技术、炼钢技术和电炉炼钢等技术，我国则关注绿色、可循环钢铁制造的流程技术。

截至目前，除辅助工序的炼焦外，钢铁产业的突破性创新和技术体系的变革均出现在炼钢系统。高炉炼铁已有上千年历史，但除了设备大型化和围绕高炉炼铁系统的渐进性创新外，技术体系均未发生根本转变。熔融还原等非高炉工艺的发展，既符合促进钢铁产业流程优化和流程简化的发展趋势，更重要的是 Corex、HIsmelt 等工艺的发展已初步呈现出节能减排降耗的巨大潜力。在各国重视下一代钢铁可循环生产制造流程时，需要更加重视非高炉工艺成为长流程钢铁技术创新主攻方向的可能性。

三、冶金制造流程演化发展规律

流程的技术创新成为钢铁产业技术创新的核心任务，各国也在积极探索新一代钢铁生产技术，这实际上也是钢铁产业流程演化规律的重要体现。从钢铁产业发展历史来看，在突破性创新和促进技术体系变革的创新出现后，钢铁产业的生产流程中通常会有部分工序和冶炼设备被淘汰、消失，同时涌现出一些新的替代工序。与此同时，围绕突破性创新和技术体系变革产生的持续的渐进性创新，新的技术体系逐步成熟的过程也是使发生替代的主要工序的生产单元更趋丰富的过程，还可能会使原有的主工序分化演变成若干个工序功能单一的子工序，每一个工序功能则呈现单一化趋势。因此，技术创新驱动下的冶金制造流程就是串联工序产生替代进化与分化—集成相结合的优化过程。由于突破性创新和技术体系变革的主要目的是实现流程优化和流程简化，因此整体来看，在流程简化基础上实现连续化、紧凑化和高效化是冶金制造流程演进的基本规律和发展趋势。

如图 9-1 所示，转炉技术出现成熟后，首先是淘汰了原有的混铁炉，并推动连铸连轧技术替代了原有的模铸—开坯技术，实现了由平炉技术体系向转炉技术体系的变革。从功能增强的需要出发，原有在转炉炼钢过程中的脱硫、脱硅、脱磷等功能逐步分化成相对独立的子工序，转炉演化为功能相对单一的炼钢设备。在进一步演进过程中，脱硅与脱磷子工序合并，流程更加连续紧凑，也体现了冶金流程演变中的分化与集成相结合的动态演进过程。在转炉炼钢提升生产效率和生产规模的情况下，连铸技术得到发展，不同工艺环境下尽管流程分化，但仍然没有脱离连续生产、紧凑生产的出发点。以薄带连铸连轧为代表的近终成形连铸技术的出现，则更加直观地体现了炼钢工序出现明显的简化趋势。在第二次世界大战后，尤其是自20世纪70年代以来，钢铁制造流程演变的最重要特征就是由间歇型向准连续型甚至连续型过渡，工艺流程不断准连续化、连续化和紧凑化①。

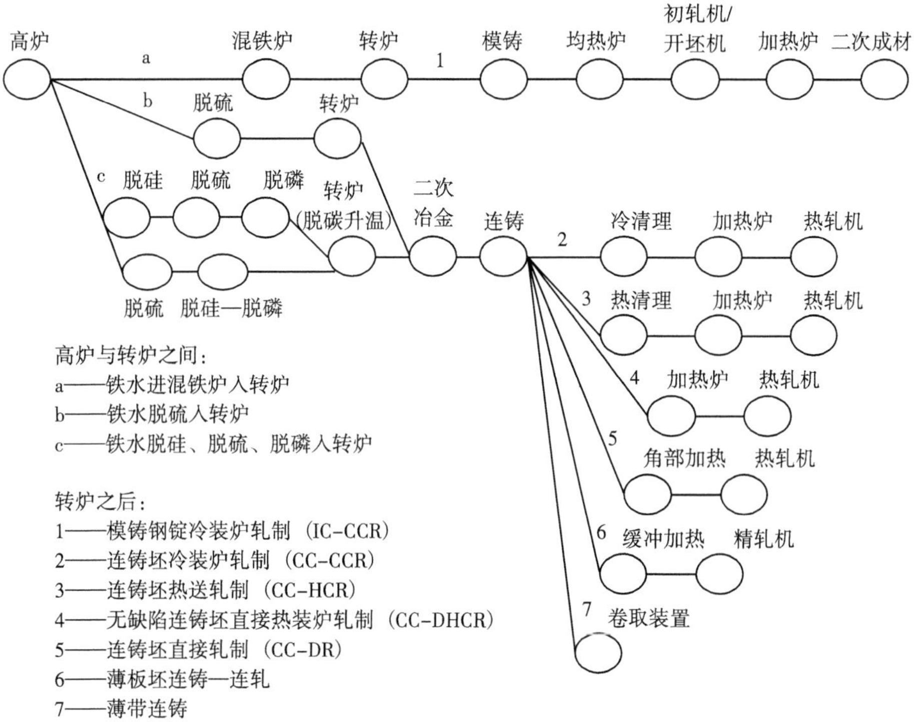

图9-1 "高炉—转炉—轧钢"生产流程的演进

资料来源：殷瑞钰. 冶金流程工程学（第2版）[M]. 北京：冶金工业出版社，2009.

四、新一代可循环钢铁生产制造流程

虽然重点内容不同，但目前日本和我国都明确提出了要发展新一代钢铁生产技术。钢铁产业界认为，20世纪钢铁产业发生了两次大规模的技术创新

① 殷瑞钰. 冶金流程工程学（第2版）[M]. 北京：冶金工业出版社，2009.

高潮，形成了两代钢铁生产流程技术①。第一代技术是以平炉炼钢—模铸为代表的生产流程技术，第二代技术是以氧气转炉炼钢—连铸连轧为代表的生产流程技术，尤其是第二代钢铁生产流程技术中氧气转炉炼钢、连铸连轧的出现具有划时代意义，奠定了现代钢铁生产流程连续、高效、柔性、可控特征的基础。

尽管如此，以转炉—连铸连轧为核心的钢铁生产流程仍然深受资源、能源、环境的严重约束。钢铁产业的高能耗和高排放主要受限于其冶金工业的技术经济特性，尤其是多工序、多单元的流程工业特性。受资源、能源、环境以及应对气候变化的需要，各国都在关注研究如何以技术创新推动钢铁冶金制造流程演变。在循环经济模式下，钢铁流程未来的发展趋势主要聚焦于新一代可循环钢铁生产制造流程。

从 2004 年开始，欧洲开始启动超低碳炼钢项目②（ULCOS），核心是提高焦炭燃烧利用率，减少焦炭和天然气使用量，试验中性碳和可持续生物能源，并开始联合试验氧气高炉替代现有高炉技术，以及围绕新高炉技术采用炉顶煤气循环技术等。相应地，钢铁生产大国德国关闭了全部焦炭厂。同时，各国也都在试验利用氢气作为还原剂和能源，或者利用太阳能、风能、核能作为冶炼替代能源的可能性。按照欧洲钢铁制造协会的计划③，ULCOS 项目第一阶段工作的重点就是比较全氧高炉炼铁、新的低碳或碳基钢生产流程、新的熔融还原工艺、下一代天然气基钢生产路线、氢还原生产工艺、电解冶金工艺和生物质基钢工艺等。未来将在研究基础上，进一步建设中试生产线和工业生产线。

在我国，《国家中长期科学和技术发展规划纲要（2006~2020 年）》和“十一五”科技支撑计划安排启动了新一代可循环钢铁流程工艺技术项目，按照“积极发展绿色制造”、“形成高效、节能、环保和可循环的新型制造工艺”，以

① 干勇. 钢铁生产流程发展及先进钢铁材料研究的展望［J］. 宝钢技术，2007（1）.
② L. Hooey，J. Wikstr，et al. 高炉炼铁技术的未来——北欧的研发［J］. 世界钢铁，2011（11）.
③ 袁宇峰. 世界钢铁产业主要技术创新领域分析［J］. 冶金经济与管理，2011（6）：41-43.

及“制造业资源消耗、环境负荷水平进入国际先进行列”的发展思路，重点研究开发以熔融还原和资源优化利用为基础，集产品制造、能源转换和社会废弃物再资源化三大功能于一体的新一代可循环钢铁流程，目标是在2000年的基础上，实现吨钢节能20%~30%，节水约70%，主要污染物排放量减少40%，钢的利用效率再提高10%~15%，为钢铁企业的生态化转型创造条件。2007年，科技部等推动成立了由中国钢研科技集团和宝钢、鞍钢等主要钢铁企业，以及北京科技大学等院校组成的钢铁可循环流程技术创新战略联盟。与此同时，设立了15项课题，由中国钢铁产业协会组织，由钢铁研究总院牵头，以代表性钢铁企业为实施主体，相关高等院校等参加攻关。结合研究和实践来看，目前主要集中在新一代板带材制造工艺流程，包括高效、低成本、结晶钢流程集成技术，大规模薄板坯连铸连轧技术，大型冷热薄板连轧和深加工流程集成技术，多维物质流运行与信息化、智能化控制技术等。在技术前沿领域，新一代可循环钢铁流程主要关注的领域包括熔融还原—近终形连铸集成技术、铁—煤（钢铁）制造流程与新型大容量氢—二甲醚制取技术等①。

第三节　熔融还原技术的发展前景分析

一、熔融还原技术与钢铁产业技术体系变革

近几十年来，钢铁产业的突破性创新主要出现在炼钢系统，技术体系的变革也主要是由炼钢系统的技术创新所驱动。负能炼钢技术的出现，表明炼钢系统已日趋完善，再次在炼钢系统涌现技术体系变革的可能性非常小。与

① 专题报道组.我国可循环钢铁流程与装备技术发展开创钢铁产业新局面［J］.科技促进发展，2015，83(2)：221-226.

此同时，炼铁系统中以高炉为代表的主要设备向大型化方向发展，技术经济指标也已达到很高的水平，大大减轻了对环境的压力。但高炉大型化体现的技术创新方向首先是以节约成本和效率提高为驱动的，其次才是环境保护，因此从循环经济的角度看，高炉大型化和以高炉为核心的炼铁系统的完善仍然没有从根本上解决能耗高，尤其是焦炭需求量大和污染排放高的问题。

上文已提到非高炉工艺将成为长流程钢铁技术创新的主攻方向。事实上，高炉炼铁系统已历经数百年，通过持续的渐进性创新，也已日趋完善，再次出现技术体系变革的概率很小，尤其是高炉炼铁是与烧结矿/球团矿等人造矿石，以及焦炭等联系在一起的。欧洲近年来为降低钢铁产业碳排放进行的试验已表明，无焦高炉炼铁的技术路线难以实现工业化。因此，解决钢铁产业发展面临的能源、环境和应对气候变化的困境，只能寄希望于钢铁产业再次出现技术体系的变革，即发展非高炉—转炉钢铁工艺，进一步促进钢铁生产流程简化。

除以废钢为主要原料的电炉工艺外，以铁矿石为原料的非高炉炼铁工艺主要有熔融还原炼铁、直接还原炼铁和粒铁法等。从工业化应用和技术经济可行性角度来看，在众多非高炉炼铁工艺中，最有可能促使钢铁产业出现技术体系变革的是熔融还原技术。与现有高炉炼铁需要以焦炭为还原剂和人造矿不同，熔融还原炼铁是直接利用铁矿粉或烧结矿，少量使用或不利用焦炭为还原剂，在熔融状态下直接还原铁氧化物生成液态铁和渣的一种炼铁方法。因此，与传统的长流程高炉炼铁技术相比，目前已完成或正在进行工业规模试验的熔融还原炼铁技术，吨铁能耗平均下降15%~20%，减少温室气体排放20%左右，理论上可减少污染排放70%以上。由于不需要建设焦炉和烧结厂，联合工艺可减少SO_2排放90%以上，减少NOx排放40%以上，灰尘和废弃物中的酚、氮等排放水平也大大降低。如利用循环经济联合工艺，将会更加节能。对于一个投入应用只有十几年历史的新技术而言，与有数百年历史的高炉技术相比能取得如此成就，熔融还原技术的节能减排降耗效果无疑是非凡的。因此，随着熔融还原技术在应用中的日益完善，完全有可能使钢铁产业出现第三次技术体系变革的理论变成现实。事实上，早在 20 世纪，日本学者在预测钢铁产业技术发展趋势时，就认为熔融还原是跨世纪的钢铁产业新流程前沿课题，将在 21 世纪初期工业发达国家中有较大发展，预计到 2020 年熔融还原炼铁占转炉炼钢原料供应的比重将超过 25%[①]。在我国中长期科技规划纲要中提出的新一代可循环钢铁流程中，首要任务也是以熔融还原技术为基础。

二、三种主要熔融还原技术的比较

Corex、HIsmelt 和 Finex 是目前公认的技术成熟度最高的三种主流熔融还原技术。从技术角度看，Corex 是先将铁氧化物直接还原为海绵铁，再进一步在类似高炉的半焦化环境中还原成铁水，因此，它实际是一种广义上的熔融还原技术，其技术工艺和设备相对复杂。HIsmelt 是直接将铁氧化物还原为熔融铁液，是一种真正意义上的熔融还原技术，相应的工艺和设备较为简单，很多设备系统与现有的高炉和转炉技术的设备类似。Finex 则介于两者之间。

Corex 的最大优势是商业应用基本成熟。Finex 是在 Corex2000 基础上的改进，目前仅在韩国浦项钢铁公司进行商业规模试验，还没有达到成熟推广的程度。2004 年宝钢考察其新建成的年产 60 万吨铁水的示范工厂时，与浦项合作开发 Finex 的奥钢联认为，由于设备作业率、产能等许多问题还有待进一步攻关和改进，Finex 要达到商业化工业生产还需 5~10 年以上的研发，还不具备作为生产设备转让的条件。由于 Corex 也在不断改进和完善，Finex 不可能超越 Corex。相比较而言，虽然 HIsmelt 年产 82 万吨铁水的规模示范工厂比 Finex 稍晚建成，但总体而言，其商业应用的成熟度比 Finex 更高。从半工业规模试验运行情况看，HIsmelt 和 Finex 依据的熔融还原理论和工艺设计都可以达到设计目标，示范工厂的运行和改进也在不断完善。由于钢铁冶炼并非 HIsmelt 公司及其母公司力拓集团的主业，如有钢铁企业采用 HIsmelt 熔融还原技术，与 HIsmelt 公司一起在其 Kwinana 示范工厂的基础上开展应用，必将

---

① 杨天钧等. 高炉富氧煤粉喷吹 [M]. 北京：冶金工业出版社，1991.

加速推进 HIsmelt 熔融还原技术商业应用的成熟化。

从原料、燃料使用和铁水质量来看，HIsmelt 直接使用煤粉和铁矿粉，还可以处理钢铁厂循环废料和高磷（P）、高锌（Zn）或高铅（Pb）的铁矿粉，原料和燃料适应性较好。

三种熔融还原技术产生的铁水质量都非常高，但 HIsmelt 铁水含硫较高，最高可达 0.1%，不适合供传统的转炉炼钢直接使用，需要进行炉外脱硫或者使用低硫煤。这是 HIsmelt 的一大缺点，但其优点是铁水含磷低，几乎不含硅，不含二噁英、呋喃和酚等有毒物质，碳含量比较低，而 Corex 和 Finex 的碳含量则超过了 4%。

从节能减排的角度看，HIsmelt 可以完全省去炼焦和烧结环节，Corex 大大减少了焦炭和烧结矿的使用，这三种熔融还原技术节能减排的效果都非常显著，但也有一定的差别。HIsmelt 相对能耗最低。

从投资角度看，具体项目的投资受当地资源和物料等条件影响。由于熔融还原还是一项新技术，技术转让费可能比较高，单体设备的投资与同产量高炉相比可能略高。但如果把烧结、焦化等设备联合计算，等产量总投资可能比焦化—烧结—高炉技术体系略低。在同等规模和相同条件下，韩国浦项估计认为，Finex 投资大约是高炉体系的 85%。如果使用球团比例较低，Corex 的成本比 Finex 略高。相比较而言，HIsmelt 的投资是最低的，特别适合中小型钢铁企业的技术升级改造。

综合不同渠道对这三种技术应用的报道和有关研究，表 9-1 列出了它们的主要技术经济指标。通过比较可以看出，在熔融还原技术的推广应用过程中，短期内可以重点推广 Corex 技术，但中长期应该把 HIsmelt 技术作为促进钢铁产业出现技术体系变革的重点。

三、完善和推广熔融还原技术的障碍

尽管熔融还原技术无论是在理论上还是在试验和实践上均初步体现出了其在资源能源和环境效益，以及在应对气候变化上的优越性，但熔融还原技

表 9-1 HIsmelt、Corex、Finex 的主要技术经济指标比较

指标	HIsmelt	Corex	Finex
原料（毫米）	铁矿粉小于 6 毫米，废钢	三种：块矿 6~30 毫米，球团 10~15 毫米，烧结矿	铁矿粉
还原剂和焦比	非焦煤粉，焦比 0	非焦煤粒 8~40 毫米，焦比 10%~20%	非焦煤粉，焦比 0~10%
预热温度（℃）	850	800	750
传热效率（%）	≥85	≥80	
煤耗（千克/吨）	900~950	900~1000	1000~1100
氧耗（千克/吨）	235	520~600	540
煤气量（立方米/吨）	2765	1800	2000
煤气热值（兆焦/立方米）	3.2	7~8.2	
铁水温度（℃）	1440~1530	1450~1550	1450~1550

资料来源：彭绪庶，齐建国. 关于加速推进熔融还原炼铁法的技术经济分析与政策建议［Z］. 2008.

术尚不完善，目前愿意采用的钢铁企业并不多，完善和推广熔融还原技术还存在很多障碍，既有技术本身方面的原因，也有市场、制度等方面的原因。

从技术层面上来看，首先，从 Corex 技术第一次开始商业使用还不足 30 年，各种熔融还原技术都尚不完善，尤其是生产规模与大型化后的高炉炼铁工艺相比差距较大。以我国宝钢采用的 Corex3000 为例，该技术目前是国际上单体设备生产规模最大的熔融还原炼铁设备。按单体炼铁规模计，仅相当于 1080 立方米的炼铁高炉。目前国际上先进发达国家的钢铁企业早已淘汰了 1000 立方米规模的炼铁设备，日本钢铁企业炼铁设备更是均已超过 3000 立方米。由于钢铁企业是典型的大规模生产产业，对大规模生产的要求较高。在这方面，熔融还原技术还存在先天劣势。其次，对采用高炉炼铁工艺的企业而言，都存在着路径依赖问题，尤其熔融还原炼铁是与高炉炼铁完全不同的一种技术体系，采用熔融还原技术对人力资源的生产操作技术水平，原料、燃料选择，铁水后续处理及与现有转炉炼钢系统的衔接，围绕熔融还原炼铁的循环经济技术经济路线选择，以及已沉没的烧结/球团和炼焦设施投资等，都是巨大的挑战。此外，由于规模经济的要求，钢铁项目投资巨大，在钢铁企业竞争日益激烈的今天，熔融还原技术的优越性主要体现在环保效益上，而非生产效率和经济效益上，导致较少有企业愿意选择理念先进而非现实先

进的熔融还原技术。

从市场和制度层面来看，经常会出现由于投资或市场需求的原因，导致新技术被延迟利用。例如，美国柯达公司是数码相机的发明厂商，但因顾虑数码影响技术将改变整个行业而危及公司当时占主导并绝对统治全球的胶片业务，因此迟迟不推进该技术的商业化，并最终导致公司破产。同样的例子如核电技术，美国是世界上最早推动核电发展的国家，早在 1957 年即实现了商用核电反应堆向电网正式输送电能。但在 1975 年的一起事故后，美国 30 多年没有再新建核电站。尽管自 2001 年开始，美国政府发布新的能源政策提出扩大发展核能，但由于天然气等传统能源占主导，因此美国西屋公司虽然有满足安全要求的第三代核电技术 AP1000，但美国至今仍未在国内正式商用第三代核电技术。这都说明，除技术自身成熟度的因素外，投资、市场和传统习惯等诸多因素都会影响新技术体系的应用和推广。

在已完成工业化的发达国家，完成工业化后钢铁蓄积比例较高，因此短流程电炉炼钢比例较高。例如，美国电炉炼钢的比例超过 50%，日本电炉炼钢比例也超过了 30%，我国则不足 20%。显然，电炉炼钢比例越高，钢铁产业节能减排降耗的压力越小。熔融还原技术体系主要是相对高炉炼铁和转炉炼钢长流程而言，与短流程炼钢不具有可比性。另外，工业化后发达国家的钢铁需求和生产均已跨过高峰期，趋于饱和和稳定，钢铁生产主要以市场竞争力较强、经济附加值较高的产品为主。因此，发达国家的钢铁产业发展技术水平较高，有能力但却没有意愿推动熔融还原技术的完善和推广。因此，这就是目前只有技术水平相对较低，但仍未完成工业化，钢铁产业仍处于产量扩张阶段的南非、印度、韩国、俄罗斯和我国愿意积极尝试采用熔融还原技术的原因。

四、从历史看熔融还原技术的发展前景

技术体系是围绕特定目标或目的，由相互联系和相辅相成的一组技术构成的技术组合。由于构成技术体系的技术组合诞生时间和成熟时间不一致，

因此技术体系诞生通常是以技术组合中标志性技术的诞生为标志的，但技术体系的成熟则是以技术组合中标志性技术的成熟为标志的。在技术体系的诞生到成熟过程中，通常都由至少一个破坏性技术创新和多个连续性技术创新构成，如现代高炉炼铁技术体系中的高炉是突破性创新，而围绕高炉炼铁操作的其他众多技术都是渐进性创新。研究发现，由于新技术体系在诞生初期与之相关的渐进性创新较少，发展缓慢，随着渐进性创新积累到一定阶段后，大量研究开发促进大量创新蜂聚出现，技术体系发展较快。此后随着新的技术体系诞生，原有技术体系逐渐衰退，并逐步被新的技术体系所替代。因此，大多数产业技术体系的生命周期呈现 S 形曲线特征。对钢铁产业技术创新历史的总结研究发现，无论是炼铁技术体系还是炼钢技术体系，其成熟都呈类似的 S 形曲线。由于技术体系的生命周期呈 S 形曲线特征，如图 9-2 所示，这就意味虽然新技术体系早在旧技术体系存在时即已诞生并不断发展，但新技术体系的演进和对旧技术体系的替代很可能是一个长期和缓慢的过程。

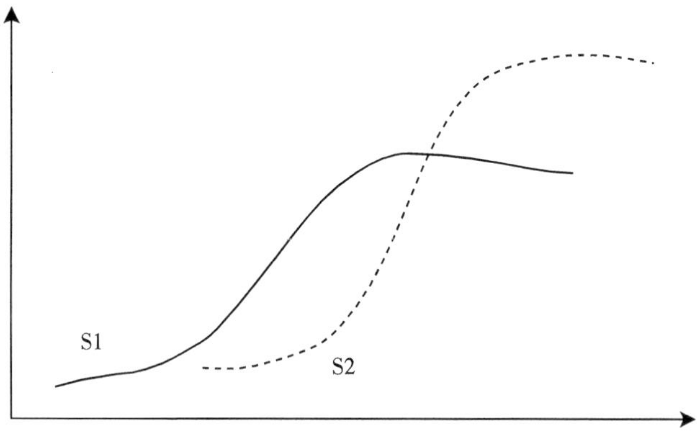

图 9-2　技术体系生命周期的 S 形曲线和演进路线示意

在钢铁产业的技术创新史上，炼钢技术体系的演进和变更就是一个典型的例证。历史上，尽管转炉炼钢最终促成了钢铁产业出现技术体系的变革，但却经历了漫长而曲折的历史，如图 9-3 所示。据记载，早在 1855~1856 年，英国人亨利·贝塞麦就开发了酸性底吹空气转炉炼钢法。近 10 年后，即 1864 年法国人才发明了平炉炼钢法（OH）。由于技术本身的不完善，早期的酸性转炉炼钢法并未成为主导力量，包括 1878 年英国人托马斯改进发明了碱性底吹空气转炉炼钢法后，一直到 20 世纪中叶，平炉炼钢法仍始终牢牢占据主导地位。20 世纪 40 年代，氧气制取技术成熟使得企业可以获得低价氧气。20 世纪 50 年代，转炉底吹空气演变为顶吹氧气，氧气转炉炼钢才逐步得到推广。直到 20 世纪 70 年代，顶底复吹氧气转炉技术开发成功，才标志着转炉炼钢工序的技术体系得到初步完善，并最终淘汰了平炉炼钢。在我国，尽管早在 1964 年，首钢即建成投产了我国第一家氧气顶吹转炉炼钢厂，但直到 2002 年左右我国才彻底淘汰了平炉炼钢。由转炉炼钢体系成熟和逐步取代平炉炼钢技术体系的历史过程可以看出，新技术体系替代旧技术体系是一个相当漫长的过程。

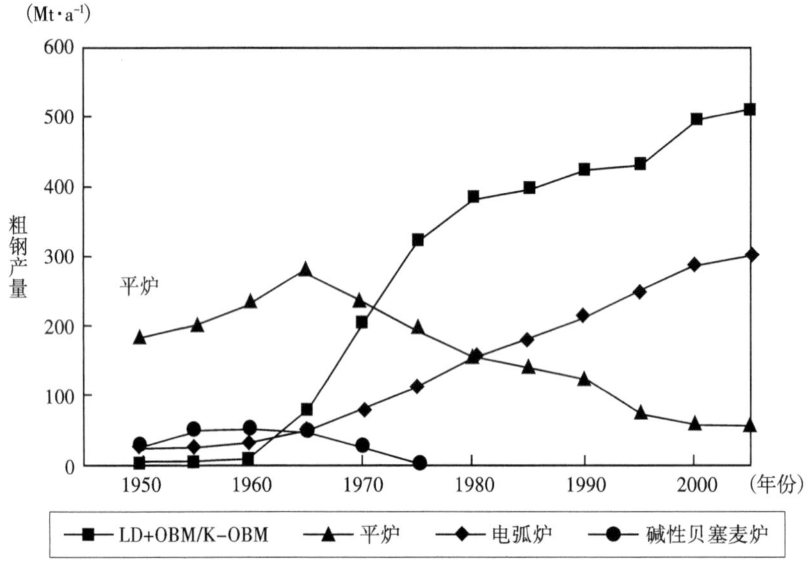

图 9-3 平炉、转炉和电炉发展趋势

资料来源：李利剑，郭新有，唐娟. 我国钢铁工艺技术创新模式［J］. 科研管理，2008，29（1）：29-33.

尽管熔融还原技术在理论上和初步实践上体现出了优越性，具备推动钢铁产业再次出现技术体系变革的潜力，但前途光明，道路曲折。从转炉炼钢技术的发展历史可以看出，如果要按照技术自然扩散轨迹去完善和推广熔融还原技术，可能需要相当长的时间。

本章小结

传统模式下，以提高效率和利润最大化为目标的技术创新并不必然带来资源能源利用效率，也可能因为资源效率和污染减排的速度低于生产规模的增长速度而加剧资源环境问题。在循环经济模式下，钢铁产业技术创新将更加强调生态导向和循环导向。从生态导向的角度看，基于循环经济的钢铁工业技术创新应实现生态价值和经济价值的兼顾与平衡，而非过去单纯地追求效率和经济效益；应以工艺创新为主，产品创新为辅。从产业链的角度看，在循环经济模式下，钢铁工业的功能拓展更加强调技术创新推动产业链的横向拓展，在实现内部废弃物资源化和再利用的同时，发展基于钢铁产业的多产业复合循环经济产业体系。

从钢铁冶金的角度看，钢铁产业的技术创新模式主要包括设备进化、功能分化、流程优化和流程简化四种类型。从技术创新的角度看，则分别属于渐进性创新、突破性创新和技术体系的变革三种类型，其中多数创新都是渐进性创新。在产业发展成熟后，流程优化和流程简化成为技术创新的重点，突破性创新通常都是可以促进流程优化或简化的创新，基于关键冶炼设备替代技术进步的设备进化通常会成为钢铁产业出现技术体系变革的突破口。此外，以工艺创新为先导，工艺创新与产品创新协调发展成为推动钢铁产业持续发展的主要原因。

不同国家经济发展阶段和钢铁产业发展水平及其在社会经济发展中的作用不同，导致各国钢铁产业技术创新重点并不完全一致，但综合来看，国际钢铁产业技术创新具有共性的特征是：①集成创新已成为钢铁产业全面提升技术创新能力和竞争力的首要任务。②随着资源环境约束的强化和应对气候变化的需要，重视环境导向，促进钢铁产业低碳发展已成为技术创新的必然选择。③现代信息网络技术已成为影响钢铁产业发展的渗透性技术，促进钢铁产业智慧发展已成为技术创新的重要课题。④优化和简化钢铁生产制造流程，促进钢铁生产制造流程的连续、紧凑和高效化发展是钢铁产业技术创新的核心任务。⑤探索发展新一代钢铁生产技术成为各国抢占未来钢铁产业发展制高点的重要手段。熔融还原等非高炉工艺的发展既符合促进钢铁产业流程优化和流程简化的发展趋势，也已初步呈现了节能减排降耗的巨大潜力。

流程优化和简化是循环经济发展的物质基础和重要途径。以突破性创新和技术体系的变革实现流程优化和简化，在此基础上实现钢铁冶金制造流程的连续化、紧凑化和高效化，这是钢铁冶金制造流程演化的基本规律。国内外广泛关注的新一代可循环钢铁生产制造流程与钢铁工业的技术创新重点以及技术创新发展趋势高度相关。随着熔融还原技术在应用中日益完善，完全有可能使钢铁产业出现第三次技术体系变革的理论变成现实。当前完善和推广熔融还原技术尽管还存在技术、市场和制度等多方面的问题，但从突破性技术体系创新和演进历史，尤其是钢铁产业技术创新史上转炉技术体系替代平炉技术体系的历史来看，熔融还原等先进技术体系的自然替代需要经历相当长的时间。

第十章　中国钢铁产业技术创新模式和战略选择

第一节　我国钢铁产业发展及其地位演变

一、钢铁产业发展史上的奇迹

中国是最早发明并开发利用铁器的国家之一，但直到 1890 年才在汉阳诞生了现代意义上的第一座钢铁厂。1949 年新中国成立时，中国生铁和钢产量分别只有 25 万吨和 15.8 万吨，年钢产量居世界第 26 位，人均钢产量只有 0.3 公斤，几乎微不足道。

新中国成立后，虽然十分重视钢铁产业发展，但由于“文化大革命”和“大炼钢铁”错误思想的指导，钢铁产业也经历了一段曲折发展历程。1978 年，我国粗钢产量只有 3178 万吨。改革开放带来了经济的快速发展，钢铁产业发展有了较好的环境，钢铁需求稳步快速增加，钢铁产量也迅猛增加，钢铁产业取得了辉煌的成就。1996 年，我国粗钢产量首次突破 1 亿吨，居世界首位，约占世界粗钢产量的 13.5%，如图 10-1 所示。2001 年后，受益于新一轮的中国及全球经济扩张，我国开始步入工业化的重化工发展阶段，加上发达国家由于资源、能源与环境等因素实行产业转移，中国钢铁需求猛增，钢铁生产规模飞速增长，如图 10-2 所示。根据中国钢铁工业协会的统计，2014

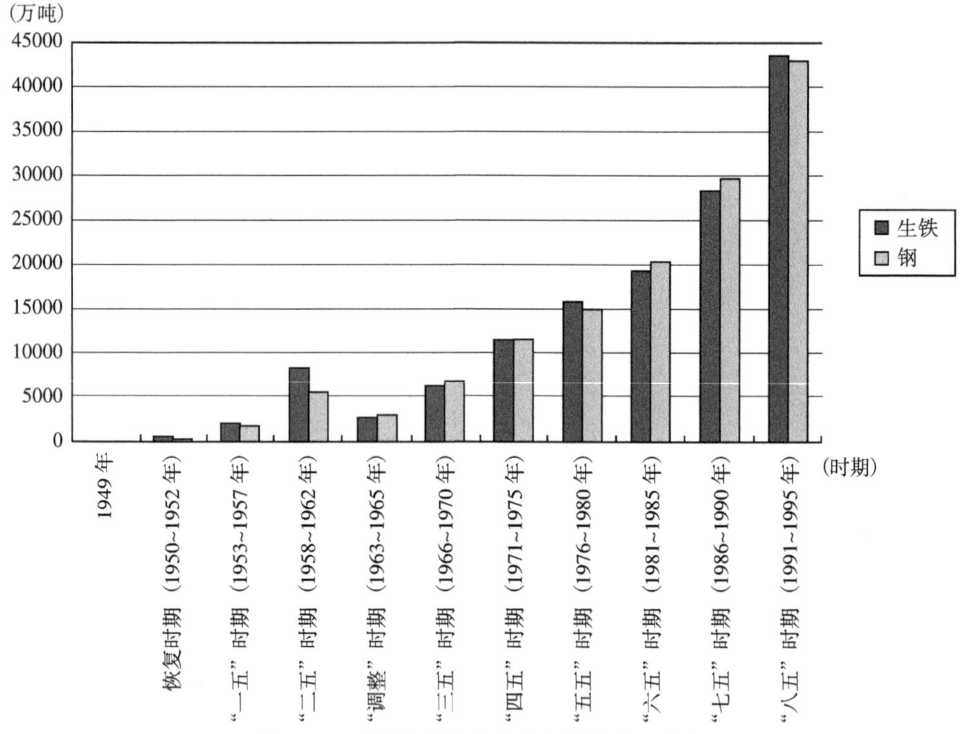

图 10-1　我国钢铁产业生产规模的发展演变

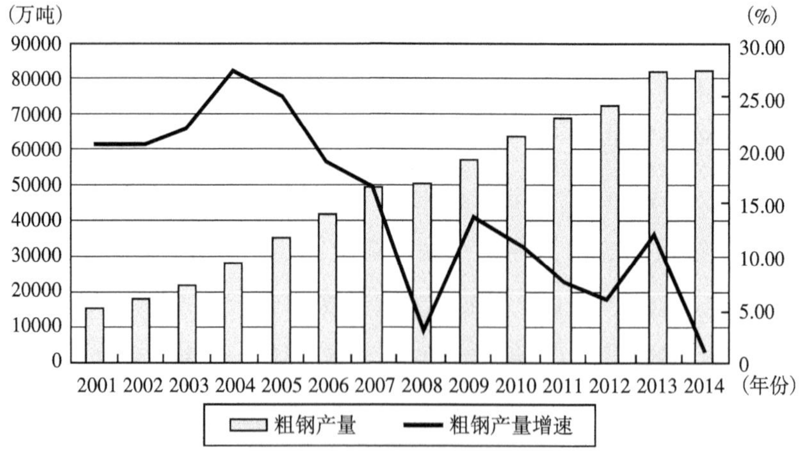

图 10-2　2001 年以来我国钢铁产业的飞速发展

年中国产粗钢 8.23 亿吨，约占世界粗钢产量的 49.5%，钢铁产业发展取得了举世瞩目、令世界称奇的成绩。

二、钢铁产业地位演变和可持续发展的重要性

钢铁产业是国民经济的基础性材料产业。发达国家的实践表明，钢铁是推动工业革命和发展的最重要基础，工业化和经济腾飞通常都是从钢铁产业的快速发展开始起步的。比较典型的是，美国借助于钢铁产业开创了铁路和汽车时代，成就了美国的全球霸主地位。日本和韩国利用后发优势，钢铁产业发展壮大后，迅速发展了具有全球竞争力的汽车和造船工业。新中国成立初期，钢铁产业被置于优先发展地位，钢被提到了与粮食并重的地位，“以钢为纲”虽然导致了全民“大炼钢铁”的悲剧，但把钢铁产业发展变成实现“大国梦”、“强国梦”的寄托，也从侧面衬托出钢铁产业在国民经济发展中的重要性和特殊地位。

钢铁生产涉及部门庞杂，与上游的资源、能源、交通运输和下游的机械、汽车、造船、建筑、家电和信息产业等都密切相关，产业关联度高。鉴于钢铁对其他相关产业发展水平的重要影响，至少在 20 世纪 90 年代中期以前的相当长一段时间内，钢铁生产能力的强弱成为衡量国家工业化程度和综合国力的重要标志之一。从我国的情况来看，在 20 世纪 90 年代中期以前，钢铁产业固定资产投资占全社会固定资产投资的比例大约维持在 2.5%，最高如 1993 年可达 10%，占制造业固定资产投资的平均比例超过 7%。此后虽然有所下降，但钢铁产业增加值占全国工业增加值的比重基本上维持在 3%~6%。2000 年以后，钢铁产业超高速发展再次成为拉动国民经济增长的主要贡献点。据国家统计局统计，中国钢铁产业总资产对国民经济增长的贡献率由 2000 年的 6.18%上升到 2004 年的 14.02%①。因此，一方面，国民经济快速发展产生的强劲需求促进了钢铁产业的快速发展，另一方面，由于我国国民经

① 欧新黔，刘江. 中国产业发展与产业政策（2006）[M]. 北京：新华出版社，2007.

济的快速增长在相当大的程度上是依赖固定资产投资超常增常的拉动作用。钢铁产业的快速甚至超速发展，极大地促进了中国的工业化和城市化进程，为国民经济快速发展做出了巨大贡献，体现了钢铁产业对促进国民经济快速发展的独特作用。

从材料科学的发展来看，钢材将仍是人类社会 21 世纪使用的最主要的材料之一。目前我国正处于工业化进程的重化工阶段，由于钢铁产业是典型的资金、资源、能源密集型产业，又具有比较明显的行业周期性，近年来钢铁产业超高速发展的同时，钢铁产业的限制因素和问题开始集中显现，不仅给资源、能源、环境等带来巨大压力，也进一步加大了宏观经济和钢铁产业自身的运行风险，加剧了实施宏观调控和调整经济增长方式的难度。中国的工业化、城镇化过程及参与全球经济的竞争需要一个“又好又快”、“科学发展”的环境，仍然至少需要 15~20 年的时间。在此期间，虽然结构调整、产业升级和国民经济乃至人类社会对可持续发展的追求对钢铁产业的影响不可避免，甚至从长期看，钢铁产业投资和产值占有的比重会呈下降趋势，但钢铁产业作为国民经济的重要基础产业和实现工业化、提升城镇化的支撑产业地位不会改变。钢铁产业可持续发展不仅关系到钢铁产业自身面临的资源能源和环境制约，也直接关系到国民经济和社会的可持续发展。

第二节　我国钢铁产业技术创新模式分析

一、钢铁冶炼技术体系的演变

钢铁产业的快速和健康发展离不开技术创新推动的冶炼技术进步，这也是技术创新最主要的任务。从“八五”开始，钢铁产业发展重心由数量、规模扩张转向质量提高和结构调整，“九五”期间，市场竞争环境的变化进一步促进钢铁产业加快了冶炼技术现代化的步伐。据统计，从“八五”末到“九五”末，我国钢铁产业达到国际先进水平的装备从10%提高到30%。到“十五”末，主要冶炼技术和装备在国有大中型企业中已发展成熟，甚至部分领域达到世界领先水平。

在炼铁技术进步方面，能耗高、质量较低的竖炉被逐步淘汰。2006年，链篦机—回转窑法生产球团产量占全国球团总产量的57.55%，首次超越竖炉产量，球团生产技术体系发生重要转折。带式烘焙机已开始在一些企业得到应用。武钢集团等大型企业的球团生产技术达到国际领先水平。目前我国已能自主设计、制造大型现代化烧结机和70万~500万吨/年的带式球团生产设备。自主设计、制造的265~450平方米级的大型烧结机组具备国际先进水平。一些先进的技术和工艺如自动配料、强力混均、综合配矿、小球烧结、球团烧结、低温烧结、高效点火、偏析布料和余热回收等都有不同程度的应用。高炉炼铁技术装备已基本可立足于国内，并开始有部分出口。首钢、钢铁研究总院和北京科技大学等单位联合完成了拥有自主知识产权的中国第一座全干法高风温超大型高炉（5500立方米）的设计、建造及冶炼技术研究开发与应用，实现了超大型高炉关键技术和重大装备的自主创新。低硅冶炼、高炉提高顶压技术快速进步，高炉炉顶余压TRT发电、高炉煤气发电和综合利用技术已发展成熟，应用不断普及。截至2013年底，重点钢铁企业1000立方米以上高炉生产能力所占比例已达60%以上，一些重点大型骨干企业的计算机自动控制和管理水平已达到国际先进水平。

在炼钢技术进步方面，原冶金部于1982年开始成立转炉协调组，推动技术改造和转炉应用，实现从“经验炼钢”向“科学炼钢”的转变。与国外相比，氧气转炉在我国的推广和普及时间较长，到2001年底平炉全部被淘汰，这是我国钢铁冶炼史也是钢铁产业发展史上的一个技术进步里程碑。目前我国炼钢装备已实现基本立足国内，并向大型化发展。尤其是近年来，转炉大型化发展迅速，截至2013年底，超过200吨的转炉达45座，设备产能近1亿吨。重点钢铁企业转炉吨位在100吨及以上的有345座，占总座数的

53.7%，占总年产能力的67.5%。中国100吨及以上转炉基本达到国外同类装备的先进水平。转炉溅渣护炉技术虽然从20世纪90年代中期才开始引入，但普及迅速，成效显著。1999年开始在全国推广，除极少数厂外，大、中、小转炉都有应用。目前我国已拥有自主的复吹转炉溅渣护炉技术，2002年底应用溅渣护炉技术的转炉产钢量比超过95%。这些技术的应用促进了钢材生产环节的解析和重组，使炼钢过程更加紧凑、优化，从而极大地提高了钢的成材率，提高了转炉利用系数和生产效率，减少原料、燃料消耗，减少废弃物和污染物排放，并采用循环经济技术，促使钢材生产更加清洁化。通过TRT发电、煤气综合利用，许多大型转炉实现了负能炼钢，2013年重点钢铁企业转炉炼钢工序平均能耗降低到了-7.81千克标准煤/吨，转炉煤气利用率达到99.94%。

在连铸和轧钢技术进步方面，从“六五”时期开始，原冶金工业部即开始推动铸机工艺、设备的研究开发，制定相应发展规划，但由于对连铸与其他冶炼生产流程的关联性认识不足，发展并不顺利。1988年，全国第一次连铸会议召开，确定了“以连铸为中心，以炼钢为基础、设备为保证”的发展战略，1992年底基本上解决了铸机达标问题。20世纪90年代后，连铸技术及应用日臻成熟，普及和替代模铸发展较为迅速。20世纪90年代末，全连铸技术已为大多数企业所选用。与此同时，高效、高速连铸技术，近终形技术和薄板坯连铸连轧技术也迅速得到应用。目前中国已拥有世界上各种类型的连铸机，并能自主设计和制造。1990~2006年，中国钢铁行业连铸比从25.07%提高到98.57%，超过世界平均水平，创造了世界钢铁行业连铸技术应用普及和连铸比提升的一个奇迹。连铸技术应用打开了模铸—开坯造成的钢厂生产流程的技术“瓶颈”，不仅使炼钢从“平炉—模铸”技术体系升级到“转炉—连铸—连轧”技术体系，也带动了相关工序、装置和工艺的进步，进一步促进了新技术体系的成熟。目前，中国不仅建成了一批具有国内外先进水平的轧机生产线，更实现了大型高效板坯连铸机自主设计与集成，拥有自主知识产权。

二、对钢铁产业技术进步的简要评价和反思

总的来看，我国钢铁冶炼技术的进步无疑是巨大的。但炼铁技术体系的进步主要在装备的大型化、操作的自动化和生产的高效化与清洁化上，烧结/球团、焦化、高炉仍是绝对的技术路线。从世界范围来看，这也是主要的炼铁工艺路线，所不同的是，在我国使用烧结矿比球团矿的比例更高。非高炉炼铁主要包括直接还原炼铁和熔融还原炼铁。2000 年世界直接还原炼铁总量达 4320 万吨，中国直接还原炼铁规模很小，2006 年只生产铁水 20 万吨，与 4 亿多吨的铁水总产量相比，几乎可以忽略不计。近十年来，熔融还原炼铁发展较快，中国在这方面跟进较慢，宝钢集团引进的 Corex3000 技术新建的 150 万吨铁水于 2007 年底才开始投产。此外，中国钢铁研究总院开发的低温快速还原炼铁新技术得到了国家有关部门的支持，但现在只是完成了基础理论研究工作，反应器研发和工艺研究尚未完成。

学术界和业界普遍认为，20 世纪钢铁产业最大的三个技术进步分别是氧气转炉炼钢、连续铸钢和薄板坯连铸连轧，全部与炼钢技术体系有关。中国炼钢工艺完全淘汰了平炉，实现了“从平炉—模铸”到“转炉—连铸”的转变，连铸已达国际先进水平，连铸连轧和薄板坯连铸连轧正在大中型企业迅速推广。因此，在此意义上，中国炼钢技术体系发生了革命性的变化。此外，装备大型化、操作自动化和生产的高效化与清洁化正在迅速推广，相关工艺也取得了巨大进步。

此外，我们也应看到中国钢铁冶炼技术与国外发达国家之间的差距。首先，创新水平尤其是原始创新水平较低，主要的先进冶炼设备还依赖引进，自行设计、制造能力还相对较弱。大型装备成套化技术和新型工艺、装备研究与开发相对落后。创新点多，但大多是二次创新和应用层次创新，原始创新很少。其次，设备大型化与生产的高效化和清洁化与发达国家和国际先进水平存在较大差别。以高炉为例，如表 10-1 所示，截至 2013 年底，中国钢铁工业协会会员中炼铁高炉的平均容积从 2005 年的 500 立方米增加到超过

1000 立方米，设备大型化成效巨大，但 1000 立方米以下高炉产能仍高达 30%左右，3000 立方米以上高炉产能约 15%。2007 年 5 月底，日本国内运行的 28 座高炉中有 11 座高炉内容积超过 5000 立方米[①]，没有低于 1000 立方米的高炉。2006 年，我国有高炉 1250 座，1000 立方米以下的有 1130 座，占炼铁能力的 60%以上，小于或等于 300 立方米的高炉有 700 多座，与国际水平存在较大差距[②]。由于设备规模小，影响了精料工艺的优化，资源、能源和辅料等物耗水平高，而环保水平低，也影响到钢铁产业的整体产品结构。最后，先进技术和设备的应用还不够普及。由于中国钢铁企业数量多，地域分散，大量规模小、技术和经济实力较弱的企业引进和采用先进技术和设备相对较慢，甚至国家要求限制和淘汰的落后工艺和设备如小高炉和小转炉仍占有较高比重。钢铁产业集中度低，21 世纪以来钢铁产业的超高速发展，甚至出现连续的逆集中化现象，低水平重复建设和低水平产能占有较大市场份额。因此，中国钢铁产业实际上是处于先进技术和装备与落后技术和装备并存、多层次共同发展的局面。

表 10-1　2012~2013 年中钢协会员炼铁设备情况

容积规格（立方米）	2012 年			2013 年		
	设备数量（座）	生产能力（万吨，年末）	占比（%）	设备数量（座）	生产能力（万吨，年末）	占比（%）
5000 以上	3	1348	1.88	3	1348	1.85
4000~4999	12	4143	5.77	13	4621	6.34
3000~3999	19	5109	7.12	19	5179	7.10
2000~2999	69	13712	19.10	73	14487	19.87
1000~1999	217	24680	34.38	225	25820	35.42
300~999	383	22518	31.37	350	21306	29.23
299 以下	10	283	0.39	6	138	0.19

注：产能占比为笔者计算所得。

资料来源：《中国钢铁工业年鉴》（2014）。

① 日本钢铁企业以高炉扩容扩大规模 [N]. 宝钢日报，2007-07-03.

② 曾培炎. 钢铁产业是节能减排潜力最大的行业之一——在国务院钢铁产业关停和淘汰落后产能工作会议上的讲话 [Z]. 2007-04-27.

三、我国钢铁产业的技术创新模式

纵观我国钢铁冶炼技术体系的演化过程，实际上走的是一种由引进、模仿、消化、吸收的渐进式创新道路。到目前为止，虽然建立了自主创新体系，但没有取得突破性业绩。

新中国成立初期，钢铁产业整体落后，中国钢铁企业的技术实力相对较弱，这决定了我们只能采取跟踪策略，引进或模仿国外技术。通过设备、技术和操作工艺引进，提高钢铁生产能力，提高钢铁产品的自给率，发展壮大钢铁企业经济实力、竞争力和创新能力。这实际上体现了落后国家的“后发优势”。通过近 50 年持续的引进、消化、吸收，中国已能设计、制造钢铁全流程的冶炼成套设备。在一些局部工艺操作技术环节，通过学习、实践和不断的渐进式创新，中国也已经具有了一些达到国际先进技术水平的自主技术。

但是，我国钢铁产业和其他产业一样，这种跟踪引进持续的时间太长，以至于 50 多年来一直跟在别人的后边，直到我们已经成为世界第一大产钢国，仍然缺乏系统性的具有自主知识产权的技术体系，更没有形成自己的完整的技术优势。

与国外相比，我国的钢铁产业技术创新模式存在的主要问题是企业的自主地位不够。过去，由国家主导的研究开发与企业生产脱离的科技体制制约了技术创新。到了 20 世纪 90 年代，当企业成为创新主体以后，钢铁行业的技术创新才有所加快。宝钢是一个典型的例子，1978 年开始兴建宝钢一期工程时，中国还不具备自主建设现代化大型钢铁联合企业的能力，设计和建设完全由外方总承包，除少部分设备由国内制造外，主体装备全套引进，国产化率只有 12%。一期工程建成后，随着改革开放的日益深入，到了 20 世纪 80 年代后期，企业逐渐有了自主权，宝钢在消化吸收一期引进技术的基础上，在第二期项目建设中，采取了国内外合作设计的方式，部分主要设备也是合作制造的模式，国产化率提高到 61%。20 世纪 90 年代，宝钢的技术创新明显加快了步伐，新建的宝钢三期则完全以国内设计和制造为主，只有少数关键设备靠进口解决，并由国内总集成，国产化率超过 80%。据统计，宝钢一期、二期引进技术消化吸收率达 71.9%，创新达 11.3%，三期消化吸收率为 70.3%，创新达 8.1%[①]。目前宝钢的技术创新已经由引进、消化、吸收逐渐发展到二次创新、集成创新和自主创新并存的阶段[②]。宝钢技术创新能力的发展过程正是中国钢铁冶炼技术创新模式的一个缩影。

中国钢铁产业发展采取由技术引进、消化吸收、模仿、渐进创新到自主创新和合作创新的发展模式，是由特定历史时期和钢铁产业基础尤其是创新能力基础决定的。据统计，中国大型钢铁企业研发投入占销售收入的比重平均不足 1%，除去人员工资和基本建设等支出，真正用于科研投入的比例不到 0.5%，而韩国为 1.75%，日本为 1.25%~2%。我国多数钢铁企业虽然建立了研发系统，但多数研发系统的任务是维持生产技术体系的正常运行，只有少数几家企业立足于长远搞真正的技术研发。创新能力相对较强的宝钢 1995 年才成立技术中心，1999 年开始成立宝钢研究院。中国钢铁产业的研发工作现在仍然主要由大学和研究院所在做，科研与生产脱节的问题依然存在。

从技术创新对象和内容来看，由于我国钢铁产业在改革开放后进入顺利发展阶段时，现代钢铁产业的技术体系已基本成熟，且发达国家由于已完成工业化，钢铁产业转变为“朝阳产业”，因此，我国钢铁产业的技术创新首先是在引进、消化吸收已成熟技术的基础上进行的产品创新，其次是设备国产化以及操作工艺的普及推广。因此，我国钢铁产业的技术创新实际上走的是一条以集成创新为主推动产品创新的渐进性创新策略和道路。由于设备进化是产业发展的基础，因此设备进化自然是最大的成效，然后是与世界钢铁产业同步实现了流程优化和流程简化，连铸技术和连铸比的提高就是最好的例证。这种创新策略对于迅速做大产业规模、满足国民经济和社会发展对钢铁产品的需求来说，是一条必经之路。

---

① 潘贻芳等. 钢铁企业技术创新的模式与策略［J］. 钢铁，2004（1）.
② 谢企华. 宝钢技术创新体制的改革与发展［J］. 中国钢铁业，2005（11）：10-13.

总的来看，当前我国钢铁企业的自主创新能力，尤其是原始的过程创新和重大工艺创新能力还比较弱。即使在今天，一些先进的大型设备，如炼焦机、带式焙烧机等都需要直接进口，重大装备的对外依赖程度还比较高。因此，在未来一个时期内，要真正实现由“钢铁大国”向“钢铁强国”的转变，就必然要加大自主创新力度，实现从引进、消化吸收、模仿、渐进式创新到合作创新和自主创新模式的转变，将中国建设成为钢铁产业的技术创新中心。与此同时，随着中国钢铁产业技术创新能力的不断提高，目前“发达国家已由出售技术与装备开始转向与中国同行共同研发，甚至在中国建立研发机构，联合进行前沿科技成果的产业化开发”,① 这表明世界钢铁产业创新开始出现向中国转移的趋势。同时，这一变化趋势也展示出了市场经济条件下，技术创新与制造中心一体化的规律性。

第三节　技术创新与钢铁产业发展面临的挑战和出路

一、可持续发展缺乏节能减排降耗的空间和潜力

钢铁产业是材料产业。在现有长流程技术体系中，钢铁产业的技术经济特性决定了其资源密集型和污染高排放型的性质。但钢铁产业发展的主要原燃料中，铁矿石和石油对外依存度都已超过 50%。煤炭虽然储量丰富，但实际上 2013 年的储采比也仅为 31 年，远低于世界平均水平和多数发达国家。尤其需要注意的是，我国炼焦煤查明储量仅 2800 亿吨左右，占世界炼焦煤探

---

① 中国金属学会，中国钢铁工业协会. 2006~2020 年中国钢铁产业科学与技术发展指南［M］. 北京：冶金工业出版社，2006.

明资源量的 13%。探明焦煤储量约 662 亿吨，只占整个煤炭资源储量的 6%。我国优质煤储量少，且煤炭消耗不仅是污染高排放的重要因素，而且其碳排放因子也远高于其他燃料。

从环境角度来看，说钢铁产业是“排污大户”并不为过，尤其是废气污染物排放。作者根据环保部发布的《2013 年环境统计年报》计算发现，如表 10-2 所示，2013 年钢铁冶炼企业排放二氧化硫占全国总排放的 9.75%，占工业排放的 10.86%。在所有 41 个工业行业中，钢铁产业的二氧化硫排放量仅次于电力、热力生产和供应业，居第二位。氮氧化物排放量占全国总排放的 2.49%和工业总排放的 3.59%。烟（粉）尘排放量各占全国总排放的 4.84%和工业总排放的 5.66%。在所有 41 个工业行业中，钢铁产业的氮氧化物排放量和烟（粉）尘排放量均居第三位。此外，钢铁产业排放温室气体占全国人工活动总排放的比重也在 9%左右，明显高于 5%~7%的世界平均水平。在废水、废渣及其他污染物排放方面，钢铁产业也占有较高比重。

表 10-2　2013 年钢铁冶炼企业废气排放情况

污染物	钢铁冶炼企业排放（万吨）	全国总排放（万吨）	占全国总排放比重（%）	工业总排放（万吨）	占工业总排放比重（%）
二氧化硫	199.3	2043.9	9.75	1835.2	10.86
氮氧化物	55.5	2227.4	2.49	1545.6	3.59
烟（粉）尘	61.9	1278.1	4.84	1094.6	5.66

资料来源：根据环保部发布的《2013 年环境统计年报》整理并计算所得。http://zls.mep.gov.cn/hjtj/nb/2013tjnb/.

显然，在当前我国整体环境形势严峻的情况下，钢铁产业首当其冲成为污染治理和发展循环经济的重点对象是顺理成章的事情。在我国工业化尚未完成的情况下，要实现钢铁产业的可持续发展就必须极大地缓解其面临的资源环境压力。但我们还应看到，从“十一五”开始，我国钢铁企业开始大规模正式推动循环经济发展，其中鞍本钢铁集团、攀钢、包钢、济钢、莱钢、宝钢、太钢、马钢、福建三钢、重钢 10 个企业被确立为国家循环经济试点单位，一大批钢铁企业被确立为各省市等地方循环经济试点单位。依靠技术创新，综合采取各种措施，节能、节水和能源回收利用、固废综合利用等均取得了显著成效，如图 10–3 和图 10–4 所示。重点能源统计钢铁企业 2010 年平均吨钢综合能耗与 2005 年相比下降了 13%，万元工业增加值下降了 23.16%，各主要工序能耗也均出现了不同幅度的下降。水重复利用率超过了 97%，直接导致新水单耗从超过 8 吨下降到 4 吨左右。经济价值较高的主要固废如高炉渣、钢渣和尘泥利用率均超过了 90%，副产煤气利用方面转炉煤气利用率稍低，但也超过了 90%。干熄焦率从 2005 年的 30%提高到 80%，高炉 TRT 配套率达到 90%左右，干熄焦套数、能力以及 TRT 数量和能力，均居于世界首位。

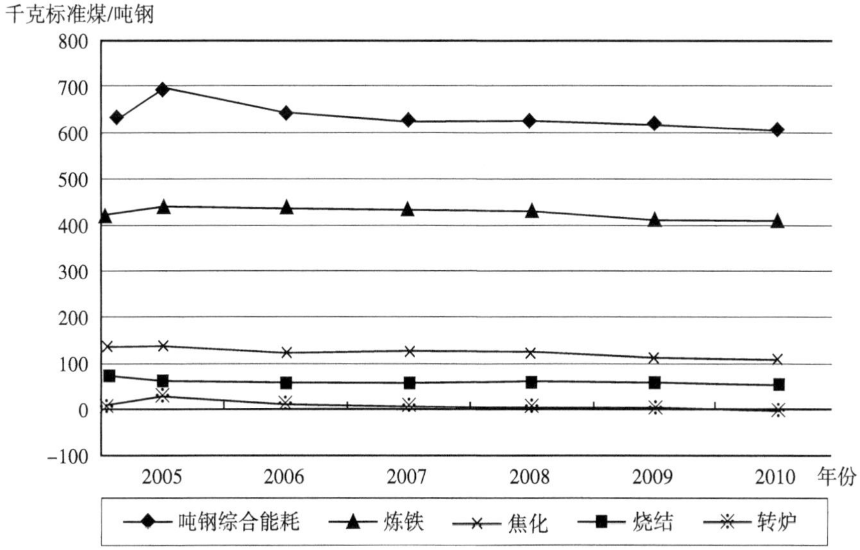

图 10–3　钢铁产业综合能耗与主要工序能耗变化

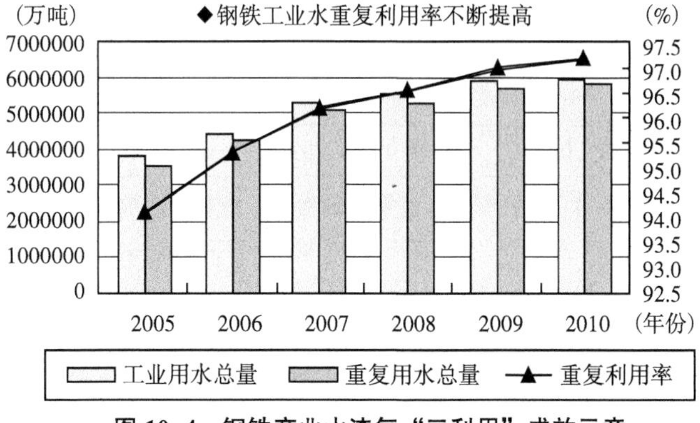

图 10–4　钢铁产业水渣气“三利用”成效示意

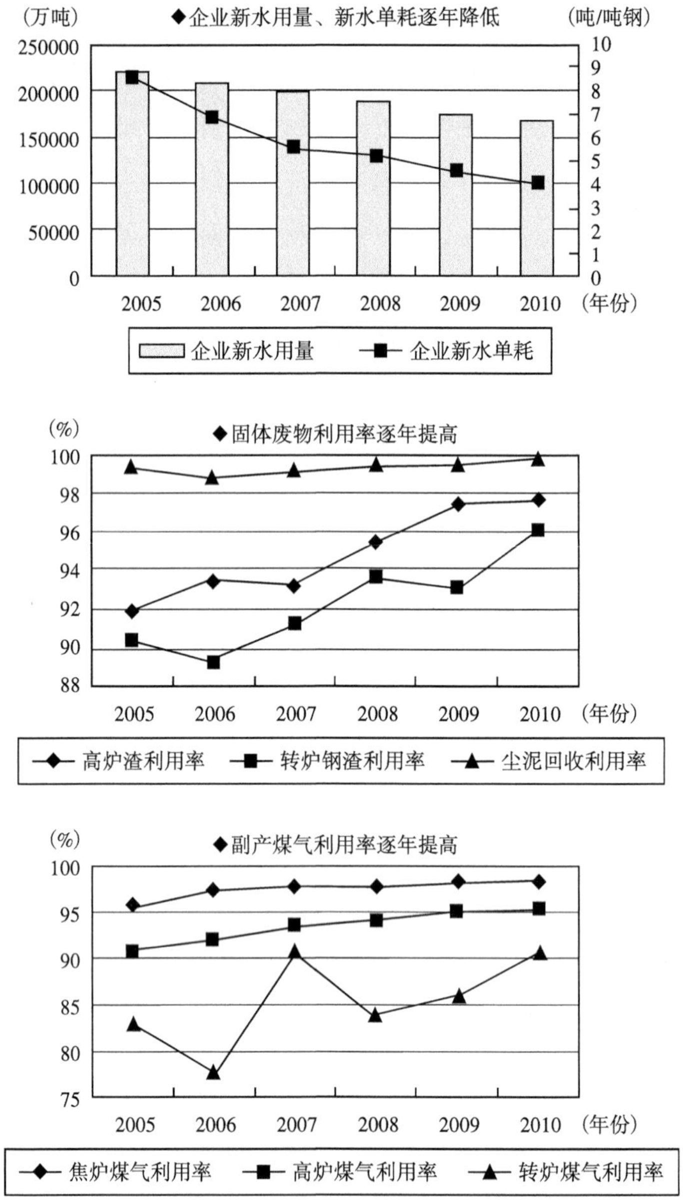

图 10-4 钢铁产业水渣气“三利用”成效示意（续）

资料来源：黄导.“十二五”钢铁产业环境保护面临的挑战与对策建议［Z］. 九省市金属学会领导专家座谈会，2011.

图 10-3 和图 10-4 表明，在现有技术体系下，通过从“十一五”以来发展循环经济和技术创新的推动来看，钢铁产业节能减排降耗的潜力和空间并

不大。针对我国钢铁企业技术水平参差不齐、产业集中度低的问题，有研究曾指出，我国钢铁产业整体水资源消耗、能源消耗和污染排放水平与国际先进水平相差 20%左右。事实上，近年来我国钢铁产业整体技术水平提升较快，通过技术创新和大力发展循环经济，中外钢铁企业的资源能源消耗和污染排放水平虽然仍存在一定差距，但并不至于相差 20%左右。另外，由于我国钢铁产业规模巨大，即使钢铁产业整体资源能源利用效率提升 10%左右，同时污染排放水平降低 10%~20%，仍然无法从根本上缓解面临的资源能源和环境压力。

二、提升技术水平的潜力在缩小、难度在加大

有研究① 指出，技术自主创新能力、自动控制系统开发能力、高端产品研发能力和重大冶金装备制造能力等方面，与世界先进水平相比仍然存在明显的技术劣势，产品结构就是重要的结果。例如，虽然我国钢产品规模居世界第一，且大量出口，但与此同时还需要大量进口高技术含量的冷轧薄宽带、彩涂板等高附加值产品。据统计分析，2011 年，我国钢材出口均价为 1049 美元/吨，但进口均价则为 1389 美元/吨。产品进出口结构失衡实际上就是技术创新能力不强的重要体现。

毋庸讳言，与日本和欧洲等钢铁先进国家相比，我国钢铁产业整体技术水平仍存在一定差距。这主要是因为我国先进钢铁技术主要集中于少数大企业，相当一部分钢铁企业设备大型化与生产的高效化和清洁化，以及工艺操作水平和现代信息技术的管理水平等与发达国家和国际先进水平存在较大差距。表 10-1 中我国 1000 立方米以下高炉炼铁能力占比仍达到 30%左右即是一个例证。由于设备规模小，资源、能源和辅料等物耗水平高，污染排放强度大，循环经济发展也受到很大制约，但简单淘汰这些落后产能必然造成巨

① 高洪成，娄成武."十二五"期间中国钢铁产业发展的战略思考与路径选择［J］. 中国软科学，2012（6）.

大的投资损失。在当前经济“新常态”下，如进行改造，不仅将可能加剧产能过剩，钢铁企业自身也面临投资难的困境。

近十年来中国钢铁产业大力推动淘汰落后和技术创新，钢铁产业发挥了后发优势，装备水平和工艺技术大幅提升①，整体技术水平基本改变了落后状态，正在稳步迈向国际先进水平。由于我国是最大的钢铁生产国，目前国际上最重要的钢铁冶金设备都是首先在中国使用。不仅大中型企业主体设备在世界上是先进的，从产业运行的技术经济指标来看，整体技术水平与国际先进水平的差距已大大缩小。例如，大中型高炉的技术经济指标已达到世界先进水平。1000 立方米级高炉技术指标与国外相当，4000 立方米和 5000 立方米级高炉技术指标整体优于国外。与国际先进钢铁企业相比，我国钢铁产业技术创新能力的落后主要体现在创新体制机制不完善、自主创新能力不强、产品创新能力薄弱，先进核心装备制造能力和大型装备的成套化技术较为薄弱，主要依靠引进和模仿先进生产技术和高端产品研发。

由此可以看出，在现有占主导的长流程技术体系下，依靠消化、吸收和模仿再创新的渐进式创新实现操作工艺技术水平的提高，此潜力和空间已经非常小，进一步推动技术创新的难度非常大。

三、加强钢铁产业技术创新的出路

技术创新能力薄弱成为中国钢铁产业的根本缺陷，也是制约钢铁产业发展的诸多深层次问题的根源所在。毫无疑问，解决中国钢铁产业面临的资源环境压力，加强产品创新，提高国际竞争力，实现可持续发展，最终仍然要依靠技术创新来解决。但是，我国钢铁产业生产规模总量大，如上所述，按照常规发展模式，即使按照“高炉—转炉”长流程钢铁能耗、污染排放世界先进水平值，我国节能减排压力仍然非常大，但节能减排降耗潜力和空间并

① 刘振江. 在钢铁行业技术创新大会上的讲话［EB/OL］. http：//www.steelplanning.cn/hyyw/201411/t20141124_23799.html.

不大。例如，以温室气体减排为例，根据中国钢铁工业协会统计和相关研究分析，1998 年我国钢铁产业吨钢二氧化碳排放水平大约为 2500 千克/吨。经过十多年发展，由于吨钢可比能耗下降，当前的吨钢二氧化碳排放水平显然要低很多。国外曾估计长流程冶炼吨钢二氧化碳排放水平大约为 2198 千克/吨[①]。由此可见，实际上我们的节能减排降耗空间已非常小了。

另外，我国工业化和城镇化尚未完成，钢铁产业尚有较大的发展潜力。根据工业化过程中钢铁产业的发展演变规律，我国基本完成工业化时，粗钢产量最高将达到 12 亿吨[②]。由于钢铁产品创新导致钢铁材料的技术进步，如钢铁寿命延长等，未来即使钢产量达不到如此的高峰，但目前超过 8 亿吨的产量也需要认真对待。尤其是从发达国家的实际情况来看，完成工业化之后钢需求达到高峰后也不会有大幅度的下降，这是中国钢需求面临的长期性。我国的资源、能源和环境无论如何也难以支撑在传统模式下钢铁产量长期维持这一水平，因此不仅必须采用循环经济模式，更必须通过非常规的技术创新路径，也就是应在渐进性创新和突破性创新的基础上，把握新一代钢铁可循环生产流程技术体系的机会，寻求实现钢铁冶炼技术体系的变革。这也意味着我国有可能实现在钢铁产业技术革命的进程中实现“超车”，从而避免始终跟在日本和欧洲钢铁企业后面继续模仿和追赶的技术创新道路。

从技术创新对象选择来看，由于在长流程钢铁产业技术体系中，转炉炼钢和连铸技术的发展不仅趋于成熟，而且钢铁产业的主要污染和能耗、水耗均发生在炼铁系统中。以温室气体排放为例，目前炼铁系统集中了超过 90%的温室气体排放，按 90%计算，目前高炉吨铁二氧化碳排放水平大约为 1978 千克/吨。相反，熔融还原炼铁技术的“革命性”已初步体现出与传统的长流程炼铁技术相比的优越性。目前已完成或正在进行工业规模试验的熔融还原炼铁技术，不仅可满足生产高质量铁水需求，还可以实现吨铁能耗平均下降

---

① 杨晓东，张玲. 钢铁产业温室气体排放与减排 [J]. 冶金环境保护，2005（2）.

② 彭绪庶，齐建国. 中国钢铁产业：控制出口，还是主导世界？——钢铁产业需求前景与发展战略解析 [J]. 山东科技大学学报（人文社科版），2008，10（6）.

15%~20%。在理论上，由于不使用或大大减少使用焦炭，污染可减排70%以上。因此，未来技术体系的变革不仅应该也最有可能发生在炼铁系统，即非高炉炼铁技术体系对高炉炼铁技术体系的替代。

走一条非常规的技术创新道路，不仅是因为目前我国钢铁产业的整体技术水平有了突飞猛进的发展，同时也已有了一定的基础。从理论和实践来看，熔融还原技术不仅是非高炉工艺的代表，也是最有可能替代高炉炼铁工艺的技术体系。宝钢Corex3000项目建设虽然遇到了一定挫折，但更多的是在宏观经济波动背景下的问题。Corex技术在我国的实践也为钢铁产业未来走出一条非常规的技术创新道路进行了有益的探索。

第四节　面向新技术革命的钢铁产业技术创新战略选择

通过上述分析可以看出，要缓解我国钢铁产业发展面临的资源能源和环境约束，实现钢铁产业的可持续发展，支撑我国工业化和城镇化发展，必须结合循环经济模式，把我国建设成为世界钢铁技术创新中心。从钢铁工业发展史来看，德国可谓钢铁生产大国或钢铁冶炼技术大国，日本和韩国可谓依托率先采用冶炼技术创新成果的大国；我国现在是世界钢铁产量“超级大国”，但仍无法成为“钢铁强国”。中国要成为世界钢铁超级强国，必须利用国家实施自主创新战略的大好机遇，向世界钢铁技术创新中心的方向努力。同时，建设世界钢铁技术创新中心，也是发展成为世界“钢铁强国”的必然之路。

显然，要建设世界钢铁技术创新中心，破解钢铁产业发展面临的资源能源和环境约束，现有的技术创新模式无法实现这一历史性任务。从依靠技术创新推进钢铁产业循环经济发展的角度看，要针对存量，也就是加快在现有钢铁企业中推广先进技术，努力缩小与世界先进水平之间的差距；更重要的是，要加快引进和完善熔融还原技术，促进再次实现钢铁产业生产技术体系的变革，争取在新生产技术体系占主导的钢铁产业中占据领先地位。

关于推进熔融还原技术问题，首先，国家应该进一步明确钢铁产业技术创新的方向，加速对 Corex 和 HIsmelt 技术的引进、消化、吸收的进程，加大试验开发和推广力度。钢铁产业不存在自然垄断现象，经过改革开放几十年的发展，行政性垄断力量也已大大弱化。钢铁产业已发展成为较成熟的竞争性产业，中国已连续十多年成为世界第一产钢大国，这既是钢铁产业技术进步的结果，也是市场竞争的结果。目前已经形成了一批具有一定规模和实力的钢铁企业，大多数企业已具备适应市场经济的能力。因此，国家应放松审批管制，改变过去不公开的政府指定和申请审批机制，通过招投标机制，面向全国公平公开遴选有意向且合乎资质的企业，让不同企业选择不同的技术路线开展试验，在生产实践中进行消化吸收和二次创新。这既是我国经济体制改革和转换政府职能的内在要求，也可以更好地发挥市场配置资源的基础性作用，培育企业市场主体的竞争能力，促进企业真正在引进熔融还原技术后，做好进一步的消化、吸收和二次创新工作。

其次，由于熔融还原非高炉炼铁技术体系属于钢铁产业关键共性技术，因此，国家应该将 Corex 和 HIsmelt 技术体系的引进、消化、吸收和创新作为未来 5 年国家钢铁产业节能减排的重点攻关工程，实施与节能减排挂钩的财政、税收和金融政策，在财政税收和融资政策等方面给予全面支持。

最后，尤其值得注意的是，要充分考虑新技术体系的不确定性和市场风险，对主动引进前沿技术并进行消化吸收和再创新的所有企业，不论其所有制如何，应给予其相同的待遇。

参考文献

［1］Grossman G. M.，Kmeger A. B. Environmental Impacts of the North American Free Trade Agreement［Z］. NBER Working Paper No.3914，1991.

［2］Grossman G. M.，Kmeger A. B. Economic Growth and the Environment［J］. Quarterly Journal of Economics，1995（2）：353-377.

［3］W. J. Abernathy，J. M. Utterback. Patterns of Industrial Innovation［J］. Technology Review，1978，80（7）：40-47.

［4］L. Hooey，J. Wikstr，et al. 高炉炼铁技术的未来——北欧的研发［J］. 世界钢铁，2011（11）.

［5］T. Umadevi，et al. 烧结工序中转炉渣的优化利用［J］. 世界钢铁，2011(3).

［6］鲍健强，方申国，陈明. 用循环经济理念重构传统经济流程［J］.自然辩证法研究，2007（4）.

［7］陈傲. 循环经济技术范式变革与企业技术创新的生态化转向［J］. 科学学与科学技术管理，2007（5）.

［8］陈丰，吴少鹏，陈美祝，束冬林. 钢渣沥青混凝土的制备与应用［J］. 筑路机械与施工机械化，2010（9）.

［9］干勇. 钢铁生产流程发展及先进钢铁材料研究的展望［J］. 宝钢技术，

2007（1）.

［10］工信部. 关于钢铁产业节能减排的指导意见［Z］. 工信部节〔2010〕176 号.

［11］方孺康. 钢铁产业与循环经济［M］. 北京：中国轻工业出版社，2009.

［12］冯之浚. 循环经济的范式研究［J］. 中国软科学，2006（8）.

［13］弗里曼，佩雷斯. 结构调整危机：经济周期与投资行为［A］//G. 多西等. 技术进步与经济理论［M］. 钟学义，沈利生，陈平等译. 北京：经济科学出版社，1992.

［14］胡俊鸽，高战敏. Corex，Finex 和 HIsmelt 技术的发展近况［J］. 钢铁研究，2007，35（4）.

［15］黄劲松. 基于循环经济的生态化技术创新［J］. 生态经济，2007（12）.

［16］雷仲存，朱伟明. 串级用水技术在钢铁生产工艺中的应用［J］. 冶金动力，2008（3）.

［17］李康. 循环经济理论思索［J］. 环境科学研究，2007，20（1）.

［18］林慧岳. 基于循环经济的技术创新活动［J］. 自然辩证法研究，2006，22（2）.

［19］柳克勋，王林森. 长流程钢铁企业发展循环经济的模式［J］. 再生资源与循环经济，2009，2（7）.

［20］柳卸林. 技术创新经济学［M］. 北京：中国经济出版社，1993.

［21］刘光岭，李伟. 循环经济条件下的技术创新研究［J］. 经济纵横，2008（5）.

［22］刘继莉. 浅析循环经济的技术支撑体系研究［J］. 中国科技信息，2008（20）.

［23］刘金源. 工业化时期英国城市环境问题及其成因［J］. 史学月刊，2006（10）.

［24］刘文权. 高炉大型化和竞争力初步分析［J］. 技术经济，2006（3）.

［25］刘贤逑. 用碱性转炉钢渣作磷肥试验初步报道［J］. 钢铁，1958（5）.

［26］梅雪芹. 环境史学与环境问题［M］. 北京：人民出版社，2004.

［27］苗利利等. 唐钢城市中水与工业废水综合利用工程［J］. 中国给水排水，2011（10）.

［28］南京钢铁联合有限公司.《钢铁产业含铁尘泥处置及回收利用技术规范》编制说明［Z］. 2010.

［29］潘贻芳等. 钢铁企业技术创新的模式与策略［J］. 钢铁，2004（1）.

［30］彭绪庶，齐建国. 中国钢铁产业：控制出口，还是主导世界？——钢铁产业需求前景与发展战略解析［J］. 山东科技大学学报（人文社科版），2008，10（6）.

［31］彭毅. 攀钢高炉渣提钛技术进展［J］. 钛工业进展，2005（3）.

［32］齐建国，尤完. 发展循环经济：背景与对策［J］. 新视野，2005（6）.

［33］齐建国，尤完，杨涛. 现代循环经济理论与运行机制［M］. 北京：新华出版社，2006.

［34］任庆华，赵明琦. 利用高炉渣生产硅肥技术综述［J］. 安徽冶金，2005（1）.

［35］沙永志，曹军. 我国炼铁工艺技术的进步［C］. 第八届（2011）中国钢铁年会论文集，2011.

［36］王社斌，许并社等. 钢铁生产节能减排技术［M］. 北京：化学工业出版社，2009.

［37］王维兴. 钢铁企业发展循环经济的技术支撑［J］. 中国钢铁业，2007（6）.

［38］王维兴，荣广. 钢铁产业节能的思路和途径［J］. 中国钢铁，2007（3）.

［39］王晓娣. 转炉渣的性能及其应用［Z］. 2010年全国炼钢、连铸技术及生产年会，2010.

[40] 韦行. 中国钢铁产业需建立循环经济技术支撑体系 [J]. 上海金属，2009（1）.

[41] 吴秀兰. 国外废旧轮胎处理和循环利用的最新进展 [J]. 轮胎工业，2000，20（2）.

[42] 许庆瑞. 技术创新管理 [M]. 杭州：浙江大学出版社，1990.

[43] 杨建夏等. 钢铁企业 ERP 系统 [Z]. 上海宝信软件股份有限公司，上海市企业标准：Q/HYBX 031-2007，2007.

[44] 殷瑞钰. 中国钢铁产业的崛起与技术进步 [M]. 北京：冶金工业出版社，2004.

[45] 殷瑞钰. 冶金流程工程学（第 2 版）[M]. 北京：冶金工业出版社，2009.

[46] 袁丽静. 循环经济与技术创新问题研究——以钢铁产业为例 [M]. 大连：东北财经大学出版社，2011.

[47] 诸大建. 从可持续发展到循环型经济 [J]. 世界环境，2000（3）.

[48] 袁丽静. 基于循环经济、技术创新关系的理论研究 [J]. 经济研究导刊，2008（3）.

[49] 臧惠林. 我国南方利用钢铁冶金渣作农肥的初步总结 [J]. 农业环境科学学报，1986（3）.

[50] 张杭. 钢铁产业发展政策 [M]. 长春：吉林音像出版社，2005.

[51] 张华. 循环经济的技术范式与技术创新 [J]. 西南民族大学学报（人文社科版），2007（9）.

[52] 张寿荣. 钢铁产业与技术创新 [Z]. 2004 年武钢科技周上的讲话，2004.

[53] 张伟，杨淑敏，周向玲，卢红霞. 直接烧结法制备高炉渣微晶玻璃的研究 [J]. 新疆大学学报（自然科学版），2010（2）.

[54] 张向东，郑奕. 全国 39 家城市型钢厂需五年内搬离城市 [N]. 经济观察报，2011-03-29.

［55］中国金属学会，中国钢铁工业协会. 2006~2020 年中国钢铁产业科学与技术发展指南［M］. 北京：冶金工业出版社，2006.

［56］周渝生，李维国. 关于钢铁厂与城市协调发展及熔融还原新技术的考察［J］. 中国冶金，2004（1）.